Asociación Latinoamericana de Estudios Germanísticos
Associação Latino-Americana de Estudos Germanísticos
Lateinamerikanischer Germanistenverband

Herausgegeben von Olivia C. Díaz Pérez

Band 4

Herzig / Pfleger / Pupp Spinassé / Sadowski (Hrsg.)

Transformationen: DaF-Didaktik in Lateinamerika

D1718327

Asociación Latinoamericana de Estudios Germanísticos
Associação Latino-Americana de Estudos Germanísticos
Lateinamerikanischer Germanistenverband

Band 1 Olivia C. Díaz Pérez, Florian Gräfe und Rolf G. Renner (Hrsg.)

Intermedialität und Alterität, Migration und Emigration. Tendenzen der deutschsprachigen Literatur

ISBN 978-3-86057-876-6

Band 2 Olivia C. Díaz Pérez, Florian Gräfe, Juliana Perez und Friedhelm Schmidt-Welle (Hrsg.)

Transformationen der Erinnerung und der Wirklichkeit in der Literatur

ISBN 978-3-86057-877-3

Band 3 Christian Fandrych, Adriana R. Galván Torres, Werner Heidermann, Ulrike Pleß und Erwin Tschirner (Hrsg.)

Text, Diskurs und Translation im Wandel. Transformationen in der lateinamerikanischen Germanistik

ISBN 978-3-86057-878-0

Band 4 Katharina Herzig, Sabine Pfleger, Karen Pupp Spinassé und Sabrina Sadowski (Hrsg.)

Transformationen: DaF-Didaktik in Lateinamerika. Impulse aus Forschung und Unterrichtspraxis

ISBN 978-3-86057-879-7

Katharina Herzig / Sabine Pfleger
Karen Pupp Spinassé / Sabrina Sadowski (Hrsg.)

Transformationen: DaF-Didaktik in Lateinamerika

Impulse aus Forschung und Unterrichtspraxis

Asociación Latinoamericana de Estudios Germanísticos
Associação Latino-Americana de Estudos Germanísticos
Lateinamerikanischer Germanistenverband

4

Herausgegeben von Olivia C. Díaz Pérez

Bibliografische Information der Deutschen Nationalbibliothek

Die Deutsche Nationalbibliothek verzeichnet diese Publikation in der Deutschen Nationalbibliografie; detaillierte bibliografische Daten sind im Internet über <http://dnb.ddb.de> abrufbar.

Gedruckt mit freundlicher Unterstützung

der Asociación Latinoamericana de Estudios Germanísticos (ALEG),

des Deutschen Akademischen Austausch Dienstes (DAAD)

und der Universidad de Guadalajara.

Asociación Latinoamericana de Estudios Germanísticos
Associação Latino-Americana de Estudos Germanísticos
Lateinamerikanischer Germanistenverband

Deutscher Akademischer Austausch Dienst
Servicio Alemán de Intercambio Académico

© 2014 · Stauffenburg Verlag Brigitte Narr GmbH
Postfach 25 25 · D-72015 Tübingen
www.stauffenburg.de

ISBN 978-3-86057-879-7

Danksagung

Zur Entstehung der in diesem Band veröffentlichten Beiträge haben zahlreiche Personen und Institutionen beigetragen, denen wir an dieser Stelle danken möchten.

Zunächst gilt unser Dank dem Lateinamerikanischen Germanistenverband (ALEG), der die Organisation seines XIV. Kongresses der Universität Guadalajara anvertraut hat. Vom 5. bis zum 9. März 2012 tauschten sich in Guadalajara Germanisten und Germanistenverbände in akademischer Forschung und Lehre im Bereich der deutschen Sprache sowie der deutschsprachigen Literatur und Kultur in Lateinamerika aus.

Ganz besonderer Dank gilt den Autoren, die ihre Beiträge zur Veröffentlichung bei uns eingereicht haben. Herzlich danken wir auch den externen Gutachtern, deren wertvolle Unterstützung uns sehr geholfen hat.

Dem Deutschen Akademischen Austauschdienst (DAAD), dem Lateinamerikanischen Germanistenverband und der Universität Guadalajara danken wir für die Finanzierung dieses Bandes; ohne ihre Unterstützung wäre diese Veröffentlichung nicht möglich gewesen.

Unser Dank gilt auch dem Stauffenburg Verlag für seine Bereitschaft, die hier vorgelegten Beiträge zu veröffentlichen.

Besonderer Dank gebührt Sabrina Sadowski, für ihre tatkräftige Unterstützung bei der Vorbereitung der Drucklegung.

Ganz herzlich möchten wir schließlich Diana Rode und Denise Gensel für ihre wertvolle Unterstützung danken.

Inhaltsverzeichnis

Danksagung.. 5

Vorwort 9

Karen Pupp Spinassé
Sprachenpolitische und didaktische Reflexionen über den
Deutschunterricht in einem bilingualen Kontext Brasiliens 13

Kristina Peuschel
Curriculumentwicklung für spezifische Zwecke – Szenarien
für die Sprachausbildung im Germanistikstudium 31

Katharina Herzig
Zielgruppen- und standortspezifischer DaF-Unterricht mit
mexikanischen Studierenden: Handlungszielorientierung.......................... 43

Sabine Pfleger
Die Rolle des Lehrers im interkulturellen Unterricht Lateinamerikas:
eine Skizze am Beispiel Mexikos 61

Peter Bickelmann
Interkultureller Deutschunterricht an Deutschen Schulen im
spanischsprachigen Südamerika 77

Diana Hirschfeld
Funktioniert die formative Evaluation wirklich? Metaevaluation
eines Portfolioprojekts 91

Isabel Heller
Standardisierte Leistungsmessung (DaF) an einem universitären
Sprachenzentrum in Brasilien 109

Simone Auf der Maur Tomé
Erwerb von Textkompetenz im universitären Kontext:
Lernangebote und Grenzen gängiger DaF-Lehrwerke der
Niveaustufe B2 – ein Erfahrungsbericht... 119

Norma Wucherpfennig
Wissenschaftssprache im DaF-Unterricht mit Studierenden
aller Fakultäten: Vorschläge zur Arbeit mit fachübergreifenden
Redemitteln 133

Mario López-Barrios
Lexik und Interkomprehension in drei germanischen Sprachen
(Deutsch, Englisch, Niederländisch): Ergebnisse und didaktische
Implikationen einer lexikalischen Analyse 151

Valeria Wilke
Verstehensprozesse beim Lesen in verwandten Sprachen 161

Diana Rode
Die Arbeit mit Literatur im DaF-Unterricht am Beispiel von
„Eva, Wien", einer Hueber Lese-Novela 175

Sabrina Sadowski
Lasst uns texten! Zielgruppenspezifischer DaF-Unterricht unter
besonderer Berücksichtigung der Fertigkeit Schreiben 189

Nils Bernstein
Phraseodidaktische Vorschläge anhand der Liedtexte Rainald Grebes...... 201

Rogéria Costa Pereira
Die Integration elektronischer Medien in den DaF-Unterricht
am Beispiel von Moodle und einem Weblog 215

Mathias Sannemann
Skype-Konferenz der Deutschen Schule Guadalajara (Mexiko)
mit der Ganztagsschule Maria-Montessori Jena (Deutschland)
– ein Erfahrungsbericht.. 231

Ulrike Pleß
Übersetzen im DaF-Unterricht.. 245

Vorwort

Im Rahmen des XIV. Kongresses des Lateinamerikanischen Germanistenverbandes (ALEG) trafen sich vom 5. bis 9. März 2012 Wissenschaftlerinnen und Wissenschaftler aus den Bereichen Literatur- und Kulturwissenschaften, Didaktik, Linguistik und Übersetzungswissenschaft am geisteswissenschaftlichen Zentrum der *Universidad de Guadalajara*, um unter dem Titel *Transformationen: Lateinamerikanische Germanistik im Wandel* aktuelle Entwicklungen in den jeweiligen Fachgebieten vorzustellen und zu diskutieren. Der vorliegende Band veröffentlicht eine Auswahl der auf dieser Tagung in den beiden Didaktiksektionen präsentierten Vorträge.

Auf unterrichtspraktischer Ebene wird in mehreren Beiträgen die Umsetzung innovativer didaktisch-methodischer Ansätze in lateinamerikanischen DaF-Lernkontexten beschrieben. In diesem Zusammenhang geht es u. a. um Textkompetenz, Leseverstehen, prozessorientiertes Schreiben, *Blended-Learning*-Konzepte, die Rolle der Wissenschaftssprache sowie der Übersetzung im DaF-Unterricht.

Im Bereich theoretischer Reflexionen und empirischer Forschung stehen u. a. sprachenpolitische, curriculare und interkulturelle Fragen, Lerner- und Inhaltsorientierung insbesondere in akademischen DaF-Lernkontexten, Evaluation und Interkomprehension im Mittelpunkt. Dabei werden sowohl bereits bestehende Forschungsprojekte vorgestellt als auch didaktische Forschungsdesiderate im lateinamerikanischen Kontext identifiziert.

Die thematische Vielfalt der Beiträge, aber auch die aus den standort- und zielgruppenspezifischen Voraussetzungen hergeleiteten Begründungen für spezifische Unterrichtsinhalte, für methodisch-didaktische Konzepte oder auch für theoretische Reflexionen und Forschungsprojekte zeugen von einer breit aufgestellten DaF-Didaktik, die unterschiedliche Lernerbedürfnisse und DaF-Lernkontexte wahrnimmt und diese bedient. Eine spannende Lektüre des Buches ergibt sich schon allein aus dem Vorsatz, diese vielfältigen DaF-Lernkontexte in Lateinamerika zu erkunden, wobei hier natürlich nur eine kleine Auswahl aus dem großen Spektrum präsentiert werden kann.

Der Beitrag von Pupp Spinassé setzt sich mit sprachenpolitischen Fragen des brasilianischen Kontextes auseinander und fokussiert dabei didaktische Aspekte des DaF-Unterrichts in spezifischen mehrsprachigen Kontexten in Südbrasilien (Portugiesisch-Hunsrückisch). In einem in diesem Zusammenhang laufenden Forschungsprojekt an der *Universidade Federal do Rio Grande do Sul* geht es um die Entwicklung von Strategien und Materialien für den DaF-

Unterricht an Schulen, wobei Elemente der Mundart zugunsten des Erlernens des Hochdeutschen genutzt werden sollen.

Ebenfalls im brasilianischen Kontext ist der Beitrag zur empirischen Curriculumforschung von Peuschel angesiedelt. Auf der Grundlage von Bedarfs- und Bedürfnisanalysen wurden zunächst sprachliche Herausforderungen am Übergang zwischen sprachpraktischer Grundausbildung und Spezialisierung im Germanistikstudium an der *Universidade de São Paulo* identifiziert, um darauf aufbauend Szenarien für die Sprachausbildung der Germanistik-Studierenden zu entwickeln.

Herzig analysiert die standort- und zielgruppenspezifischen Bedingungen des DaF-Unterrichts an der *Universidad de Guadalajara* in Mexiko, wobei sie sich auch kritisch mit dem Einfluss des Gemeinsamen europäischen Referenzrahmens auseinandersetzt. Daraus entwickelt sie einen handlungszielorientierten Ansatz und stellt eine Möglichkeit für die praktische Umsetzung am Beispiel von interessegeleiteten Navigationsaufgaben im plattformgestützten DaF-Unterricht vor.

Pfleger fokussiert in ihrem Beitrag die mit der „interkulturellen Wende" verbundenen Probleme in Bezug auf die veränderte Rolle des Fremdsprachenlehrers im mexikanischen Kontext. Dabei geht es um die aus diesem Paradigmenwechsel erwachsenen veränderten Herausforderungen an den einzelnen Lehrer und an die Aus- und Weiterbildungssituation verbunden mit der Frage, wie ein interkultureller Klassenraum gestaltet werden kann.

Ebenfalls im Paradigma der Interkulturalität ist der folgende Beitrag angesiedelt: Bickelmann untersucht exemplarisch an der Deutschen Schule Barranquilla in Kolumbien LernerInnenkulturen und zeigt auf, wie diese für den DaF-Unterricht an deutschen Schulen im spanischsprachigen Südamerika ermittelt werden und in einem fächerverbindenden Unterricht sinnvoll in das Unterrichtsgeschehen eingebunden werden können.

Hirschfeld stellt einen Teil ihrer im Rahmen des Masterstudienprogramms für Angewandte Linguistik der *Universidad Nacional Autónoma de México* entstandenen Forschungsarbeit vor. Dabei geht es in einer Fallstudie um eine Metaevaluation, die dazu dient, den Prozess einer formativen Evaluation im DaF-Unterricht besser verstehen und beurteilen zu können.

Heller präsentiert Überlegungen zur Standardisierung von Sprachtests für die Niveaustufe A1 am Sprachenzentrum der *Universidade Federal do Paraná* in Brasilien und stellt die verschiedenen, darauf bezogenen Prozesse und Entwicklungsstufen der Aufbereitung vor.

Auf der Maur Tomé geht in ihrem Beitrag auf die Förderung der Textkompetenz universitärer DaF-Lernender (Niveaustufe B2) an der *Universidade do Porto* in Portugal ein. Dabei geht es sowohl um die Rezeption als auch um die

Produktion von Texten, wobei Textkompetenz als ein Wechselspiel zwischen der Rezeption und der Produktion von Texten verstanden wird.

Die Integration von Wissenschaftssprache in den universitären DaF-Unterricht ist der Schwerpunkt des Beitrags von Wucherpfennig. Dabei wird zum einen die Notwendigkeit der Einbeziehung von Wissenschaftssprache in das Curriculum an der brasilianischen *Universidade Estadual de Campinas* schon auf den unteren Niveaustufen begründet, zum anderen werden standort- und zielgruppenspezifische konkrete Inhalte vorgestellt und Vorschläge für deren didaktische Umsetzung auf unterrichtlicher Ebene gemacht.

López-Barrios stellt ein Projekt der *Universidad Nacional de Córdoba* in Argentinien vor, das die Erstellung eines Lehrgangs zur simultanen Entwicklung von Leseverstehen in den germanischen Sprachen Deutsch und Niederländisch auf der Grundlage elementarer Englischkenntnisse zum Ziel hat. Die Leser sollen Inferenz- und Transferstrategien anwenden, die im Zusammenspiel mit ihrem Weltwissen aktiv an der Sinnkonstruktion der fremdsprachlichen Texte mitwirken.

In Verbindung dazu stellt Wilke (ebenfalls *Universidad Nacional de Córdoba*, Argentinien) theoretische Grundlagen sowie methodische Aspekte der Projektdurchführung vor und bespricht dabei aus der Perspektive des Interkomprehensionsansatzes die Entwicklung von Lernmaterialien zur Vermittlung der Lesefertigkeit in den germanischen Sprachen Englisch, Deutsch und Niederländisch für spanischsprechende erwachsene Lernende.

Um das Lesen im DaF-Unterricht geht es auch im Beitrag von Rode. Sie präsentiert ein an der mexikanischen *Universidad de Guadalajara* bereits erprobtes Unterrichtskonzept für die Arbeit mit einer Lese-Novela im DaF-Unterricht für Anfänger, in dem kommunikative, landeskundliche, lesestrategische, lexikalische sowie grammatische Aspekte behandelt werden.

Ein weiteres, ebenfalls für die Zielgruppe geisteswissenschaftlicher Studierender an der *Universidad de Guadalajara* entwickeltes Unterrichtskonzept wird von Sadowski vorgestellt, hier mit dem Fokus auf der Fertigkeit Schreiben. Dabei werden DaF-Anfänger gleichzeitig an das prozessorientierte Schreiben und an die studentische Alltagsrealität in den deutschsprachigen Ländern herangeführt.

Der auch im mexikanischen Kontext entstandene Beitrag von Bernstein geht der Vermittlung von Phraseologismen im Fremdsprachenunterricht nach und untersucht dabei die Produktivität des didaktischen Vierschritts des Erkennens, Entschlüsselns, Festigens, Verwendens. Bernstein stellt anhand ausgewählter Liedtextbeispiele Rainald Grebes Didaktisierungsmöglichkeiten von Phraseologismen für den DaF-Unterricht vor.

Costa Pereira beschreibt ein Blended-Learning-Projekt: An der *Universida-*

de Federal do Ceará im Nordosten Brasiliens wird der DaF-Präsenzunterricht (Niveaustufe A1) durch ein digitales Medienangebot ergänzt. Dabei können die Lernenden zwischen einem virtuellen Klassenraum auf der Lernplattform Moodle und einem Weblog wählen, um im Präsenzunterricht behandelte Themen zu vertiefen und zu erweitern. Es werden außerdem ausgewählte Ergebnisse der studentischen Evaluation dieses Angebots vorgestellt.

In Sannemann wird von einem bilateralen Videokonferenzprojekt zwischen der deutschen Ganztagsschule „Maria Montessori", Jena, und der Deutschen Schule Guadalajara, Mexiko, berichtet, in welchem die Sprachkompetenz der Schüler in der jeweiligen Fremdsprache sowie ihr Interesse an Zielsprache und -land durch Skype-Gespräche gefördert werden.

Abschließend stellt Pless Reflexionen über die Formen der Übersetzung an, die auf verschiedenen Niveaustufen in den Fremdsprachenunterricht integrierbar sind. Die dargestellte Theorie wird durch praktische Beispiele aus dem DaF-Unterricht auf verschiedenen Niveaustufen in einsprachigen Gruppen mit Spanisch als Muttersprache an der *Universidad de Guadalajara* in Mexiko veranschaulicht.

Insgesamt gibt der vorliegende Band einen multiperspektivischen Einblick in die lateinamerikanische DaF-Didaktik und spiegelt damit auch die aktuellen Transformationen des Faches in Lateinamerika wider: In den Beiträgen finden sich u. a. schulische und universitäre, unterrichtspraktische und theoretische, lateinamerikanische und europäische Perspektiven wieder – und zwar nicht in binären Oppositionen, sondern in neuen Kombinationen und Symbiosen, was sich vielleicht auch wieder impulsgebend auf das Fach in den deutschsprachigen Ländern auswirken kann. Auch unsere Arbeit als Herausgeberinnen wurde von solch einer Multiperspektivität getragen und bereichert.

Guadalajara, Leipzig, Mexiko-Stadt, Rio Grande do Sul im Juli 2013

Sprachenpolitische und didaktische Reflexionen über den Deutschunterricht in einem bilingualen Kontext Brasiliens

Karen Pupp Spinassé, Universidade Federal do Rio Grande do Sul

1. Einleitung

Deutsch ist eine der meistgelernten Sprachen in Brasilien, sei es in der Schule, in Sprachkursen oder an der Universität. Insgesamt schätzt man, dass ca. 91.788 Menschen die deutsche Sprache in Brasilien lernen – und die Mehrheit (etwa 53.000 davon) lernt das Deutsche im schulischen Bereich.[1]

Eine sehr große Anzahl von DaF-Schulen befindet sich in der Südregion Brasiliens, wo eine starke deutschsprachige Einwanderung stattfand (vgl. Neumann 2000). In den Bundesländern im Süden gibt es noch Ortschaften, in denen neben dem Portugiesischen weiterhin auch Dialekte des Deutschen gesprochen werden. Viele Schüler in diesen Kontexten bringen also zu ihrem Deutschunterricht gewisse sprachliche Vorkenntnisse mit, die zum Erlernen des Hochdeutschen beitragen könnten. Dennoch wird diese Vorkenntnis oft nicht berücksichtigt und somit im Unterricht nicht einbezogen – was vielleicht von Vorteil wäre.

Ein solcher mehrsprachiger Kontext ist mein Forschungsobjekt in einem Projekt, das an der Universidade Federal do Rio Grande do Sul (Bundesuniversität zu Rio Grande do Sul – UFRGS) durchgeführt wird. Das Ziel dieses Forschungsprojekts (im 5. und 6. Kapitel näher dargestellt) ist, die Situation des DaF-Unterrichts in Sprachkontaktregionen Portugiesisch-Hunsrückisch zu erforschen und zu beschreiben, und dabei mit den Lehrern vor Ort Materialien und didaktische Strategien zu entwickeln, die zu einem verbessertem Lernerfolg beitragen können.

Im Rahmen des Projekts werden in verschiedenen Städten Untersuchungen durchgeführt. In diesem Sinne und basierend auf vorläufigen Ergebnissen meiner Forschung möchte ich in diesem Beitrag mögliche sprachenpolitische sowie didaktisch-methodische Maßnahmen darstellen, die zu einer Transfor-

---

[1] Informationen aus dem Jahrgang 2010, verfügbar unter http://www.auswaertiges-amt.de/cae/servlet/contentblob/364458/publicationFile/156367/PublStatistik.pdf (letzter Aufruf am 28.08.2013).

mation des DaF-Unterrichts in den entsprechenden Regionen führen könnten. Das Ziel ist es, den Kontext zu präsentieren und über methodische Ansätze zu reflektieren, die dabei helfen können, die betreffende (lokale) allochthone deutschsprachige Varietät zugunsten des Lernerfolges im Deutschunterricht einzusetzen.

Damit der untersuchte Kontext besser verstanden werden kann, ist es wichtig, verschiedene Rahmeninformationen ebenfalls zu präsentieren. Die Situation der in Brasilien vorhandenen Sprachen, des Fremdsprachenunterrichts im Allgemeinen sowie der deutschen Sprache in Schule und im Alltag sind Themen, die in den nächsten Kapiteln behandelt werden und dabei helfen, die Forschungsziele und die didaktischen Vorschläge und Reflexionen besser nachvollziehen zu können.

2. Die Mehrsprachigkeit und der sprachenpolitische Rahmen Brasiliens

Obwohl es von vielen nicht wahrgenommen wird, ist Brasilien ein sehr plurilinguales Land (vgl. Oliveira 2000). Sehr oft und intensiv wurde im Laufe der Geschichte dieses Landes Propaganda für einen Pseudo-Monolingualismus gemacht (vgl. Cavalcanti 1999; Mariani 2008); dabei war das Ziel immer, Brasilien als eine starke, selbstständige und einheitliche Nation zu präsentieren. Durch diese Idee jedoch, dass in Brasilien nur Portugiesisch gesprochen wird bzw. gesprochen werden soll, wurden weitere, ebenfalls im Alltag in bestimmten Regionen Brasiliens gesprochene Sprachen vernachlässigt (vgl. Mariani 2008; Seyferth 1999; Altenhofen 2004). Das hat dazu geführt, dass das Land heute eine nicht besonders effiziente oder stark ausgeprägte Sprachenpolitik hat, und wenn sprachenpolitische Maßnahmen seitens der Bundesregierung doch vorgenommen werden, sind diese nicht umfassend genug.

Was das Angebot von Fremdsprachen an Schulen angeht, gelten die Rahmenrichtlinien für Erziehung (*LDB – Lei de Diretrizes e Bases*). In ihnen wird festgelegt, dass „ab der fünften Klasse mindestens eine moderne Fremdsprache obligatorisch unterrichtet werden muss und deren Bestimmung der lokalen schulischen Gemeinde zugestanden wird, sofern es für die Institution möglich ist".[2]

Diese freie Auswahl seitens der lokalen schulischen Gemeinden wird je-

---

[2] Frei übersetzt aus Absatz 5 im Originalen: „*§5° Na parte diversificada do currículo será incluído, obrigatoriamente, a partir da quinta série, o ensino de pelo menos uma língua estrangeira moderna, cuja escolha ficará a cargo da comunidade escolar, dentro das possibilidades da instituição*" (Ministério da Educação 1996).

doch nicht in einer Weise genutzt, die zu einer größeren sprachlichen Diversifikation führt. Die englische Sprache gilt vielen als *lingua franca*, die unbedingt gelernt werden muss. Da das Gesetz nur eine Fremdsprache als Pflichtfach vorsieht, wird in der Mehrheit der Schulen dann nur Englisch als Fremdsprache unterrichtet. Außerdem ist das schulische Curriculum in Brasilien relativ unflexibel und für die wenigen Unterrichtsstunden pro Woche[3] überlastet. Daher fällt es oft sehr schwer, eine zweite Fremdsprache anzubieten. Wo dies doch erfolgt, bietet die Schule meistens dann maximal nur noch eine weitere Fremdsprache an (s. u.).

Das Problem dabei ist also, dass „mindestens eine Fremdsprache" letztendlich in der großen Mehrheit der Fälle „nur eine" oder „maximal zwei" Fremdsprachen bedeutet. Man sollte aber nicht nur eine oder zwei, sondern möglichst viele Fremdsprachen lernen: Mindestens zwei sollten zum Standardangebot für alle Schüler gehören – das ist aber aus den oben dargestellten Gründen nicht der Fall. Es fällt den Gemeinden sehr schwer, selbst zu entscheiden, da die Struktur so eine freie Entscheidung in der Tat nicht ermöglicht: Englisch muss angeboten werden, und Unterrichtsstunden für andere Fremdsprachen sind nur sehr schwer zu organisieren.

Die meisten Schulen, in denen man eine weitere Fremdsprache lernen kann, bieten Spanisch an. Das lässt sich wegen der Nachbarschaft mit so vielen spanischsprachigen Ländern erklären. Allerdings ist das für viele Regionen nicht so selbstverständlich: Es gibt zahlreiche Kontexte – vor allem ehemalige Einwanderungsregionen –, in denen eine andere Fremdsprache (die von den jeweiligen Einwanderungsgruppen) vielleicht interessanter und wegen der Verbindung sinnvoller wäre. Es wird deswegen in den curricularen Vorgaben vorgesehen, dass in diesen Regionen die Kinder in der Schule die Sprache des Landes lernen können, aus dem die ausgewanderten Vorfahren gekommen sind (Ministério da Educação 1998: 23).

Das wäre aber nur etwas sehr Positives, wenn die Struktur des Schulsystems anders gestaltet wäre; im bestehenden Format bieten viele Schulen dieser Regionen weiterhin nur Englisch an, da das Angebot einer weiteren Fremdsprache erschwert ist und da die Schüler sowieso unbedingt Englisch lernen müssen, wollen und sollen. Das heißt, obwohl das Erlernen einer weiteren Fremdsprache sprachenpolitisch vorgesehen wird, bleibt die Auswahl aufgrund der niedrigen Anzahl von Stunden in vielen Regionen begrenzt.

---

[3] Der Unterricht in öffentlichen und in der großen Mehrheit der privaten Schulen in Brasilien findet entweder vormittags oder nachmittags statt, jeweils fünf bis sechs Unterrichtsstunden. Das macht insgesamt 25 bis 30 Unterrichtsstunden pro Woche. Im regulären Curriculum beträgt der Fremdsprachenunterricht davon nur zwei Unterrichtsstunden.

Die Auswahl der Fremdsprachen im Schulbereich konzentriert sich also auf quasi nur zwei Sprachen, und zwar auf Englisch und Spanisch, denn es sind die am weitesten verbreiteten Sprachen, die numerisch gewichtigen Sprachen und im Fall des Spanischen ist es außerdem noch die Sprache der Nachbarländer. Idealer wäre jedoch, dass den Menschen auch ermöglicht würde, die Sprachen bzw. Ausgangssprachen der Varietäten zu lernen, die in dem jeweiligen Land als Zweitsprache, Minderheitensprache bzw. Migrantensprache vorkommen (z. B. in Regionen, in denen Hunsrückisch gesprochen wird, sollte in der Praxis Hochdeutsch, seine Ausgangssprache, wenigstens angeboten werden). Auch nicht-europäische Sprachen sollten für ein echtes vielfältiges Angebot in den Schulen gelehrt werden.

Es gibt bereits eine gewisse Anzahl von Schulen in Sprachkontaktregionen Hunsrückisch-Portugiesisch, die Hochdeutsch als Fremdsprache anbieten. Dennoch, weil andere Fremdsprachen bevorzugt werden, ist das Interesse am Deutschen (seitens der Schüler sowie der Institution) nicht besonders hoch, und didaktische Probleme tauchen auf – weshalb wir im Rahmen des Forschungsprojektes eine Arbeit in Bezug auf lernerzentrierteres Lernen an solchen Schulen durchführen.

Außer den zahlreichen Einflüssen der in Brasilien eingeführten afrikanischen Sprachen auf das Portugiesische gibt es im Land ca. 180 autochthone Sprachen (indigene Sprachen) und über 30 allochthone Sprachen (Immigrantensprachen) (Oliveira 2000: 83-84). Bei den letzteren handelt es sich um Sprachen, welche die Einwanderer zur Zeit der Einwanderung gesprochen haben. Verschiedene Gruppen haben sich in Brasilien im Laufe des 19. und 20. Jahrhunderts niedergelassen: Pommer in Espírito Santo, Schweizer in Rio de Janeiro, Holländer in Pernambuco, Japaner in São Paulo, Ukrainer in Paraná, Deutsche, Italiener, Polen u. a. in Rio Grande do Sul sind Bespiele von Einwanderergruppen in verschiedenen Regionen Brasiliens.

Erst in den achtziger Jahren hat man angefangen, den Monolingualismus Brasiliens in Frage zu stellen, indem die indigenen Sprachen intensiver erforscht und von der Regierung berücksichtigt wurden. Das war der Anstoß dafür, dass Brasilien sich allmählich als multilinguales Land versteht. Seitdem werden in Bezug auf die autochthonen Sprachen bildungspolitische Initiativen unternommen (Cavalcanti 1999: 395-396), sodass nun der indigenen Bevölkerung gesetzlich das Recht zugesprochen wird, ihre jeweilige Sprache in der Schule zu lernen bzw. die Sprache als Verkehrs- und Unterrichtssprache in der Schule zu verwenden (s. Ministério da Educação 1996: 14; 29).

In Bezug auf die Migrantensprachen gibt es noch sehr wenige bildungspolitische Entschlüsse. In Brasilien ist das Bewusstsein über die eigenen Migrantensprachen noch sehr wenig ausgeprägt und erst seit einigen Jahren hat man angefangen, sie als brasilianische Sprachen anzuerkennen[4] – wie es bei den indigenen Sprachen der Fall ist. Es handelt sich um Varietäten, die aus den jeweiligen Ausgangssprachen der Einwanderer stammen, die sich aber in Brasilien unter bestimmten Bedingungen entwickelt haben und heute noch von vielen (überwiegend als Muttersprache) gesprochen werden. Deswegen werden sie nun – obwohl ihre Korpora[5] noch der Ausgangssprache sehr ähneln – von ihrem Status her als brasilianische Sprachen betrachtet.

Einwanderersprachen in Brasilien findet man vorwiegend in den drei Bundesländern der Südregion. In anderen Bundesländern gibt es sie auch, aber in viel niedrigerer Anzahl. Deswegen beschränke ich mich in diesem Beitrag auf diese Region, und spezifischer auf das Bundesland Rio Grande do Sul, wo ich meine Untersuchungen durchführe. Dabei muss man aber zwei Problembereiche erwähnen: Die Sprecher von Einwanderervarietäten müssen noch gegen sprachliche Vorurteile und für eine kontextspezifische Sprachenpolitik kämpfen.

In über 100 Schulen[6] in Rio Grande do Sul wird zwar das Deutsche als zweite Fremdsprache im Pflichtcurriculum unterrichtet. Das ist im Vergleich zu den anderen Regionen Brasiliens eine bedeutende Ausnahme, die sich vor allem durch das Interesse der Gemeinden an der Sprache der Vorfahren erklären lässt. Da die Rahmenrichtlinien die „freie Auswahl" von Fremdsprachen vorsehen, wird es in dieser Weise genutzt. Das passiert aber eher durch Initiativen der Gemeinden und durch die Unterstützung von deutschen Sprachförderinstitutionen (wie dem Goethe-Institut und der ZfA), als aus sprachenpolitischen Initiativen seitens der Regierung.

Am 05. August 2005 wurde jedoch das Gesetzt Nr. 11.161 verabschiedet, nach dem bis 2010 das Spanische in allen Schulen als zweite Fremdsprache

---

[4] Der Antrag auf das Erstellen eines *Registerbuches der Brasilianischen Sprachen* wurde 2004 dem IPHAN (*Instituto do Patrimônio Histórico e Artístico Nacional* – Institut für das Historische und Kulturelle Erbe Brasiliens) vom derzeitigen Präsidenten der Kommission für Ausbildung und Kultur des Abgeordnetenhauses, Herrn Carlos Abicalil, unter Beratung des IPOL (*Instituto de Investigação e Desenvolvimento em Política Lingüística* – Institut für Forschung und Entwicklung in Sprachpolitik) eingereicht. Im März 2006 hat ein Symposium stattgefunden, in dem die möglichen Handlungen in diesem Sinne sowie die Registerkriterien der Sprachen und das Registerverfahren diskutiert wurden (siehe Morello/Oliveira 2009).

[5] Jede Sprache hat ihren Korpus, also ihr ganzes syntaktisches und lexikalisches Spektrum. Der Begriff steht hier in seiner Pluralform, denn ich möchte an dieser Stelle auf alle Varietäten hinweisen.

[6] Diese ungefähre Zahl wurde durch Informationen des Goethe-Instituts und der Zentralstelle für das Auslandsschulwesen (ZfA) zusammengerechnet.

eingeführt werden muss.[7] Dies hatte die engere Beziehung zu den Nachbarländern als Ziel, ignorierte aber die Situation von Schulen, die gemäß den schon vorhandenen Richtlinien bereits eine andere zweite Fremdsprache anboten – man hatte offensichtlich nur die Situation der Mehrheit der Schulen in ganz Brasilien vor Augen, die nur Englisch als Fremdsprache anbieten.

Letztendlich hat sich in der Praxis nach dem In-Kraft-Treten dieses sogenannten „Spanisch-Gesetzes" sehr wenig geändert, denn im Grunde war nur das Angebot verpflichtend – die Einschreibung war aber für die Schüler freiwillig. Außerdem gilt das nur in der sogenannten Sekundarstufe (10., 11. und 12. Schuljahr); in den anderen Klassen ist für die Schule selbst das Sprachenangebot weiterhin freiwillig. Trotzdem hat das Gesetz für Unruhe gesorgt, denn man wusste nicht, wie man die Fremdsprache ohne eine Planung bezüglich der Unterrichtsstunden und ohne genügend ausgebildete Lehrkräfte einführen könnte. Zudem bestand die Sorge, dass zugunsten des Spanischen die andere in der Schule angebotene zweite Fremdsprache gestrichen würde. Viele Schulen haben dann auch wirklich zunächst Spanisch als Fremdsprache eingeführt, nicht wenige haben diese Entscheidung inzwischen aber wieder rückgängig gemacht und bieten weiterhin lediglich das Englische als Fremdsprache an.

Es kann nicht gesagt werden, dass eine Planung bei sprachenpolitischen Entscheidungen fehlt; sie berücksichtigt aber meistens nur die Mehrheit der Fälle und vernachlässigt die Sondersituationen. Für ENEM (*Exame Nacional do Ensino Médio*) z. B., das neue Prüfungsverfahren für den Hochschulzugang, wurden bis jetzt nur Englisch und Spanisch vorgesehen, obwohl es in Rio Grande do Sul mehr als 100 Schulen gibt, in denen zukünftige Hochschulstudierende Deutsch lernen – wie nun im nächsten Kapitel dargestellt wird.

3.   Die Stellung der deutschen Sprache in Brasilien

Das Deutsche kann in Brasilien an Schulen, Hochschulen und in Sprachkursen gelernt werden. Nach Angaben des deutschen Auswärtigen Amtes gibt es in Brasilien vier deutsche Schulen und ungefähr 255 Schulen mit einem DaF-Angebot. In diesen Institutionen lernen über 53.000 Schüler das Deutsche als Fremdsprache. Darüber hinaus gibt es 49 Hochschulen mit einem DaF-Angebot – die Mehrheit bietet die deutsche Sprache im Rahmen ihres offenen Sprachprogramms an; in 16 davon gibt es einen Studiengang für die deutsche Sprache (normalerweise ist es eine Kombination aus DaF und Germanistik). Nach

---

[7] http://www.planalto.gov.br/ccivil_03/_Ato2004-2006/2005/Lei/L11161.htm.

diesen Angaben lernen 9.550 Studierende das Deutsche im Hochschulbereich – davon studieren etwas 2.000 Deutsch als Hauptfach. Außerdem gibt es weitere 173 Institutionen, die DaF anbieten. In diesen Sprachkursen lernen ca. 16.700 Menschen Deutsch. Insgesamt schätzt man also, dass ungefähr 91.788 Personen in Brasilien die deutsche Sprache lernen.

Wenn man aber die geographische Verteilung dieser Lernenden betrachtet, bemerkt man eine Vorherrschaft der südlichen Bundesländer. Von den 16 Universitäten mit DaF-Studiengang liegen sieben in einem der drei Staaten im Süden; und zwei von den fünf Goethe-Instituten Brasiliens befinden sich ebenfalls im Süden des Landes. Außerdem gibt es in keinem anderen Bundesland so viele DaF-Schulen bzw. Schulen mit DaF-Angebot wie in Rio Grande do Sul.

Man kann sich an dieser Stelle fragen, warum das Deutsche im Allgemeinen von so vielen gelernt wird. Die Welt wird immer plurilingualer, eine einzige Fremdsprache reicht nicht mehr aus. Daher lernen die Menschen generell mehr Fremdsprachen. Außerdem ist Deutsch mit über 105 Millionen Muttersprachlern eine zentrale Sprache in einem mehrsprachigen Europa – und auch Europas zweitmeistgesprochene Muttersprache. Darüber hinaus machen die geographische Lage Deutschlands sowie seine kulturelle und wirtschaftliche Bedeutung die Beherrschung der deutschen Sprache auch weltweit attraktiv (vgl. Duisberg 2006).

In Brasilien ist es nicht anders: Immer mehr Menschen interessieren sich allgemein für (mehrere) Fremdsprachen – und das Deutsche ist eine sehr populäre dabei. Das ergibt sich nach Angaben von Umfragen, die wir im Rahmen des Forschungsprojekts unter 180 Deutschlernenden in Rio Grande do Sul durchgeführt haben (vgl. Pupp Spinassé 2010). Deutsch wird vor allem aus beruflichen Gründen gelernt (um eine bessere Arbeitsstelle zu bekommen), aber auch wegen eines Interesses an der deutschsprachigen Kultur und sehr oft wegen der eigenen Vorfahren, die aus Deutschland nach Brasilien eingewandert waren. Wenn man diese Ergebnisse mit einer ähnlichen, vor einigen Jahren in Rio de Janeiro durchgeführten Umfrage vergleicht (Tavares 2000: 525), findet man immer noch eine Konvergenz zwischen den häufigsten Antworten heraus.

Außer den drei obengenannten Gründen, die häufiger vorgekommen sind, wurden folgende weitere Aspekte genannt: 9% der Befragten halten das Deutschlernen für eine große Herausforderung (was sie dann motiviert); 7% finden das Deutsche „anders" und wollen dieses „Plus" im Leben haben. Unter weiteren Antworten auf die Frage, warum Deutsch gelernt wird, wurde bei den Befragten im Süden sogar genannt, dass Deutsch „leicht" sei.

Aufbauend auf die Arbeit von Tavares (2000) haben auch wir nun 100 Studierenden auf dem Campus (keine Deutschlernenden) folgende Fragen gestellt:

1. Kann dir das Deutsche in deinem beruflichen Leben weiterhelfen?
2. Hast du vor, irgendwann Deutsch zu lernen?
3. Verbindest du mit Deutschland ein positives oder ein negatives Bild?

Die erste Frage wurde von 74,5% der Befragten bejaht, und die zweite von 55,5%: Im Allgemeinen finden die Studierenden, dass das Deutsche nützlich sein kann und zeigen dabei Interesse, einmal die Sprache zu lernen. Zur dritten Frage haben 49,5% geäußert, ein positives Bild in Bezug auf das Deutsche zu haben.

Es wurde auch gefragt, welche Sprache die Studierenden bereits gelernt haben bzw. gerade lernen. Allgemein können bzw. lernen die Befragten schon Englisch und viele auch Spanisch. Nach diesen in den Antworten meist genannten Sprachen nahmen Französisch und Deutsch bei der Befragung dieser Studierenden jeweils die Plätze drei und vier ein.[8] Weitere Sprachen kamen in den Antworten aber auch vor, wie Italienisch, Japanisch, Mandarin und Latein.[9]

Die Lage ist allerdings heterogen: In verschiedenen Institutionen derselben Stadt lassen sich unterschiedliche Ergebnisse feststellen. In Porto Alegre (Hauptstadt Rio Grande do Suls) wurde in drei verschiedenen Institutionen nach der Anzahl von Lernenden für jede Sprache geforscht. Wie erwartet hat die englische Sprache die größte Anzahl von Kursteilnehmenden in allen drei Institutionen; die Stellung der deutschen Sprache schwankt jedoch: Während in der Acele (*Associação Comunitária de Ensino de Línguas Estrangeiras*) das Deutsche den vierten Platz einnimmt, nimmt es unter den Graduierenden an der Universidade Federal do Rio Grande do Sul Platz drei und im NELE (Núcleo de Ensino de Línguas em Extensão – das offene Sprachprogramm der Universität) sogar Platz zwei unter den meistbesuchten Klassen ein.[10]

Diese Daten sagen viel über das Profil der Deutschlernenden in Rio Grande do Sul aus. In den Schulen haben wir ebenfalls motivierte Lernende, denen das Erlernen der deutschen Sprache leicht fällt, was nach Beobachtung und nach den im Projekt durchgeführten Umfragen darauf zurückzuführen ist, dass sie bereits die deutsche dialektale Mundart beherrschen. Der Lernprozess des Hochdeutschen verläuft aber nicht unproblematisch.

---

[8] Als Vergleich: In der Umfrage von Tavares (2000) in Rio stand das Französische vor dem Spanischen.

[9] Wie viele Sprachen diese Menschen bereits können und in welcher Reihenfolge sie gelernt wurden, wurde nicht berücksichtigt.

[10] Angaben vom Jahrgang 2009. Diese Platzierung ist aber nicht stabil und ändert sich von Semester zu Semester.

4. Die deutsche Sprache in Rio Grande do Sul

Wie in den letzten Absätzen dargelegt wurde, lernen viele Menschen in Rio Grande do Sul Deutsch: Über 100 Schulen bieten mehr als 17.000 Schülern Deutsch an. Da dieses Bundesland die meisten deutschsprachigen Einwanderer aufgenommen hat, hat das große Interesse an der Sprache auch damit zu tun. Viele Nachkommen von deutschsprachigen Einwanderern wollen Deutsch lernen – und viele davon haben bereits eine gewisse Vorkenntnis, denn sie sprechen in ihrem Alltag noch eine aus dem Einwanderungsdeutsch stammende Varietät.[11] Ab 1824 begann die große deutschsprachige Einwanderungswelle nach Brasilien (s. Neumann 2000). Als die verschiedenen deutschsprachigen Völker nach Brasilien kamen, brachten sie ihre Dialekte mit; folglich entstand unter ihnen im brasilianischen Territorium Sprachkontakt und der Dialekt der Mehrheit (der Rhein-Moselfränkische Dialekt aus dem Hunsrück) hat sich durchgesetzt (Altenhofen 1996). Selbstverständlich wurden damals bereits Elemente von anderen Mundarten übernommen, denn der Sprachkontakt verursachte viele Entlehnungen, aber die Hauptstruktur der von der Mehrheit gesprochenen Sprache stammt aus dem Dialekt des Hunsrück-Gebietes.[12]

Im Laufe der Jahre hat sich diese Einwanderersprache selbständig entwickelt. Zur Zeit der Nationalisierung unter der Regierung Vargas ab 1937 sowie während des Zweiten Weltkrieges wurde sie verboten – ebenso wie jegliche Äußerung in einer anderen Sprache außer Portugiesisch. Das Deutsche wurde nicht mehr in den Schulen unterrichtet, so dass die Generationen danach die Hochsprache nicht mehr gelernt haben (Neumann 2000: 107). Das hat dazu geführt, dass die Mundart sich immer mehr unter den Sprechern als Verkehrssprache etablierte und sich der Kontakt mit (und folglich die Entlehnungen aus) dem Portugiesischen intensiviert hat (Altenhofen 2004: 84). Das Ziel des Verbotes war, dass alle Bürger nur Portugiesisch sprechen; die Nachkommen der Einwanderer blieben aber weiterhin bilingual: Das Hochdeutsche wurde nicht mehr gelernt, aber neben dem Portugiesischen haben sie den Dialekt als Verkehrssprache der Gemeinde und der Familie weiter erhalten.

Das Verbot und die Propaganda während der Nationalisierung, die politi-

---

[11] Das ist also auch eine Erklärung, weshalb einige Menschen aus diesem Kontext die deutsche Sprache als „leicht" bezeichnen – eine Äußerung, die man in anderen Regionen Brasiliens nicht hören würde.

[12] Auch andere Mundarten, die ebenfalls aus deutschen Dialekten stammen, werden in Brasilien gesprochen, wie das Westfälische, das Pommerische und das Bairische. Allerdings konzentriere ich mich im Rahmen meines Forschungsprojekts auf die Sprache der Mehrheit, deswegen beschäftige ich mich im vorliegenden Beitrag nur mit dieser Varietät, die Hunsrückisch genannt wird.

schen Aspekte zur Zeit des Zweiten Weltkriegs sowie die vielen Entlehnungen vom Portugiesischen haben aber dazu beigetragen, dass die Mundart ein negatives Prestige in der Gesellschaft gewinnt. Bis heute noch erleben die Sprecher die Folgen dieser Periode, indem ihre Sprache, in unserem Fall das Hunsrückische, mit Vorurteilen behaftet ist.

„Hunsrückisch" ist die gängige Bezeichnung – in der Wissenschaft sowie unter vielen Sprechern – für die allochthone Varietät, die sich als Sprache der Mehrheit entwickelt hat. Der Begriff bezieht sich aber auf eine Koine, die interne Differenzen enthält. Nach Altenhofen (1996: 27) ist

> Hunsrückisch (...) der Oberbegriff für eine überregionale Varietät des Deutschen in Rio Grande do Sul/Südbrasilien, die ein Dialektkontinuum darstellt, dessen sprachliche Konstitution auf eine rhein-/moselfränkische Basis zurückgeht und eine Vielfalt sprachkontaktbedingter Elemente anderer deutscher Dialekte sowie insbesondere solche des Portugiesischen einschließt.

Anders als in anderen Regionen Brasiliens, wird Hochdeutsch in Rio Grande do Sul in vielen (hauptsächlich öffentlichen) Schulen als zweite Fremdsprache unterrichtet – und in manchen Fällen sogar als erste; viele Schulen befinden sich in bilingualen Kontexten und viele der Schüler in diesen Kontexten sind zweisprachig (Portugiesisch-Hunsrückisch). Dennoch ist ein großer Teil der Lehrer – auch wenn sie selber zweisprachig sind – für diese Situation von Bilingualismus weder linguistisch noch didaktisch ausgebildet, und oft wissen sie nicht, wie sie mit der Zweisprachigkeit ihrer Schüler umgehen sollen (vgl. Pupp Spinassé 2005).

Der Bilingualismus wird als „Sondersituation" nicht nur von den sprachenpolitischen Initiativen, sondern auch in der Deutschlehrausbildung vernachlässigt. Dass es in vielen Orten Schüler gibt, die bei der Einschulung bereits zwei Sprachen beherrschen, wird meistens nicht berücksichtigt. Deswegen müssen die Deutschlehrerinnen und -lehrer in diesen Kontexten außer mit den bereits erwähnten sprachenpolitischen Schwierigkeiten, wie der „Konkurrenz" mit dem Spanischen, den Widersprüchen in den Rahmenrichtlinien und der Vernachlässigung in den ENEM-Diskussionen u. a., auch noch mit falschen Vorstellungen und Haltungen gegenüber dem Bilingualismus umgehen.

Es gibt aus historischen Gründen z. B. die Vorstellung, dass nur auf dem Land lebende Menschen – die sogenannten Kolonisten – Hunsrückisch sprächen; dass dies weder Deutsch, noch Portugiesisch sei, nur ein „Mischmasch", keine systematische Sprache; dass das Hunsrückische einfach ein falsches Deutsch sei, das korrigiert werden sollte; dass dies eine „schlechte" Sprache sei; dass die Hunsrückischsprecher Schwierigkeiten beim Erlernen anderer

Sprachen hätten usw.[13] Diese und ähnliche diskriminierende Vorurteile gegenüber dieser Bevölkerungsgruppe haben zu einer eher problematischen Beziehung zwischen dem Individuum und seiner Muttersprache geführt.

5. Untersuchungen im Rahmen des Forschungsprojekts

Mein Forschungsprojekt als DaF-Wissenschaftlerin an der Universiade Federal do Rio Grande do Sul beschäftigt sich mit dem Deutschunterricht in spezifischen Sprachkontaktkontexten Portugiesisch-Hunsrückisch und hat als Hauptziel die Erforschung des Erwerbprozesses des Hochdeutschen bei diesen bilingualen Schülern, sowie die Einführung von didaktischen Strategien, die zu einem besseren Erwerb des Hochdeutschen beitragen. Mit anderen Worten zielen wir in unseren Untersuchungen darauf ab, Strategien und Materialien zu entwickeln, die Elemente der Mundart zugunsten des Erlernens des Hochdeutschen nutzen, um die größtmögliche Kompetenz in dieser Sprache zu erlangen.[14]

Die hier dargestellten Daten, Maßnahmen und Ergebnisse sind Teil dieser Untersuchungen, die im Laufe der letzten drei Jahre verschiedene Phasen durchlaufen haben und größtenteils auf empirischer Forschung beruhen. Nach einer Phase von intensiver theoretischer Lektüre über den Kontext, über die Mehrsprachigkeit und über das didaktische Vorgehen für solche Kontexte haben wir erst einmal die Situation des DaF-Unterrichts in den Sprachkontaktregionen Portugiesisch-Hunsrückisch beschrieben (vgl. Pupp Spinassé 2008; 2009).

Diese Phase verlief im Einklang mit der Arbeit eines anderen Forschungsprojekts namens ALMA-H (*Atlas Lingüístico-Contatual da Minorias Alemãs da Bacia do Prata: Hunsrückisch*[15]), mit dem unser Projekt in enger Verbindung steht. Das ALMA-H hat als Ziel die Registrierung, Beschreibung und Kartographierung des Hunsrückischen der vielen Regionen, in denen es gesprochen wird. Die Auswahl von den zu untersuchenden Städten und einige Beispiele von metasprachlichen Äußerungen über das Hunsrückische und das Hochdeutsche erhielten wir von den Untersuchungen des ALMA-H-Projekts.

---

[13] Das sind die allgemeinen Vorstellungen in der Gesellschaft, die herrschenden Mythen in Bezug auf die Dialektsprecher. Diese Meinungen sind sehr häufig und in ganz unterschiedlichen gesellschaftlichen Gruppen zu hören (auch unter Lehrern) (vgl. Altenhofen 2004).

[14] Mehr über das Forschungsprojekt unter <http://www.ufrgs.br/projalma/oqueeh/subprojetos.html#ensino> (letzter Aufruf 15.08.2012).

[15] Sprachkontaktatlas der deutschen Minderheiten im Rio de la Plata-Becken: Hunsrückisch (www.ufrgs.br/projalma).

Wir haben bis zum aktuellen Zeitpunkt in sieben Schulen von fünf Regionen gearbeitet. Durch Umfragen und Interviews haben wir das Profil der Schüler erstellt und dadurch konnten wir ihre subjektiven Einstellungen in Bezug auf die einzelnen Sprachen und auf das Deutschlernen erfassen. In einer nächsten Phase haben wir Unterrichtsstunden beobachtet und mit den LehrerInnen Gespräche geführt, um über das methodisch-didaktische Vorgehen zu reflektieren. Die Veränderung des Sprachbewusstseins der Schüler war zunächst unsere erste Handlungsinitiative, und als jüngsten Schritt haben wir Pilotstunden zur Erarbeitung von Lesekompetenz, Phonetik/Phonologie und Wortschatz konzipiert und durchgeführt (vgl. Kapitel 6).

In den Untersuchungen wird davon ausgegangen, dass die Vorkenntnisse über Strukturen der deutschen Sprache – welche bei Hunsrückischsprechern unseres Erachtens nach zweifelsohne vorhanden sind – zum Erlernen des Hochdeutschen beitragen können (Pupp Spinassé 2005). Dafür mussten aber die Vorstellungen und Einstellungen in Bezug auf die Sprachen erarbeitet und modifiziert werden, damit unzutreffende Vorstellungen nicht weitertradiert werden und damit Hunsrückisch und Deutsch in den eigenen Vorstellungen durch ihre Spezifizitäten deutlich voneinander getrennt werden.

In diesem Sinne ist die Vermittlung von Informationen über die Sprache sehr wichtig, damit die Schüler etwas über ihre Herkunft und Entwicklung erfahren und damit das Interesse an ihr erweckt wird. Die negativen Einstellungen in Bezug auf die Sprache beeinflussen die Lernmotivation im Unterricht; wenn diese Einstellungen verändert werden, kann das Lernen davon profitieren.

Diese zweisprachigen Schüler zeigten ein niedriges Selbstwertgefühl, weil sie sich teils für ihre Sprache schämen – und das passiert, weil es häufig an Informationen in Bezug auf die Muttersprache mangelt und sie unzutreffende Vorstellungen über diese haben.[16] Das führt dazu, dass sie selber Vorurteile gegenüber der Sprache haben, was wiederum die Motivation für das Sprachenlernen im Allgemeinen beeinträchtigt (Pupp Spinassé et al. 2009).

Man hat einerseits Lehrer, die aufgrund mangelnder Information die Mundart als Tabu behandeln, und andererseits Schüler, die selber das „vererbte" Vorurteil weiterprägen, weil die Familie die Wichtigkeit der Minderheitensprache ebenfalls nicht erkennt und sich der vorurteilsbehafteten Meinung der Mehrheit der Gesellschaft anschließt. Außerdem achtet die Schule als Institution meistens auch nicht auf die Pluralität, und Vorurteile werden (auch durch andere Lehrer) aufgebaut.

---

[16] Diese Schlüsse konnten wir aus den Fragebögen sowie aus den Beobachtungen ziehen.

6. Didaktische Überlegungen

In dem oben dargestellten Szenario möchten wir zusammen mit den lokalen Deutschlehrern herausfinden, welche didaktischen Aktivitäten sich dazu eignen, Elemente des Hunsrückischen zugunsten des Erlernens des Hochdeutschen einzusetzen. Das ist das Ziel im Forschungsprojekt und deswegen sieht unsere Methodik im Moment so aus, dass wir in die Schulen gehen, Klassen beobachten, Gespräche mit den Lehrern führen, Materialien entwickeln und sie einsetzen. Wir führen also in Schulen von zweisprachigen Regionen Tests und Pilotstunden durch, damit die Strategien und Materialien für diesen Zweck analysiert und ausgewertet werden können (vgl. Pupp Spinassé im Druck).

Eine wichtige Methodik-Frage dabei war, inwiefern das Deutsche wirklich als Fremdsprache angesehen werden soll. Wir sind schon der Meinung, dass es sich bei Hunsrückisch und Hochdeutsch um zwei verschiedene Sprachen handelt; sie sind aber in vielen Aspekten sehr ähnlich, und diese enge Verwandtschaft muss berücksichtigt werden. Ebenso wie das Spanische den Brasilianern anders beigebracht wird als den Deutschen, weil Spanisch und Portugiesisch sehr eng verwandt sind und die Portugiesischsprecher daher auf Elemente ihrer Sprache für das Erlernen der anderen Sprache zurückgreifen können, sollen die Hunsrückischsprecher ebenfalls ihr Vorwissen der deutschen Struktur beim Deutschlernen aktivieren können. Wir gehen also von einer Methodik „Deutsch nach Deutsch" aus, wie in den Aktivitäten zu den orthographischen Regeln, in denen vom Hunsrückischen ausgegangen wird (s. u.).

Allerdings wurde schon in den ersten Tests deutlich, dass neue didaktische Strategien unnütz sind, wenn die problematische Haltung und die falschen Vorstellungen weiterhin prägend sind. Deswegen haben wir uns als erste didaktische Maßnahme für den Abbau von Vorurteilen entschieden. Aus diesem Grund gibt es bei den Pilotstunden schon am Anfang eine Phase, in der kurz über die Geschichte des Hunsrückischen, seine Entwicklung und seine charakteristischen Merkmale gesprochen wird. Außerdem führen wir in den Schulen auch Aufgaben zur Förderung des Sprachbewusstseins durch, um die Schüler für die Vielfalt zu sensibilisieren (Käfer 2013).

Eine wichtige Entscheidung, die in Bezug auf die Pilotstunden getroffen wurde, bezieht sich auf die Nutzung der eigenen Realität der Schüler als Ausgangspunkt des Sprachenlernens. Ihre deutschen Nachnamen, sowie die Namen von bekannten Geschäften und Plätzen in der Stadt, die ebenfalls auf Deutsch sind, dienen als Ausgangspunkt für die deutschen orthografischen Regeln, aber gleichzeitig werden sie als Beispiele für die Vielfältigkeit der Region benutzt. Wir gehen davon aus, dass die Literalität sowie das Sprachbewusstsein noch vor einer „Alphabetisierung" im Deutschen eine große Rolle spielt und die Lesekompetenz stärker fördert.[17]

Nach dem Pilotunterricht kann man bei den Schülern eine andere Haltung in Bezug auf die Sprachen, besonders auf das Hunsrückische feststellen. Vor dem Unterricht zeigten sie Scham und ein niedriges Selbstwertgefühl – aber auch eine gewisse Neugier, mehr über die Minderheitensprache zu erfahren. Nach dem Unterricht dagegen zeigten sie ein höheres Selbstbewusstsein, ein gestärktes Selbstwertgefühl, sowie Lust auf mehr Informationen über die Sprachen, um ebenfalls anderen davon zu erzählen. Diese veränderte Einstellung wurde in den aufgenommenen Äußerungen der Schüler deutlich, bei Sätzen wie „Es ist dann schön, Dialekt zu sprechen!" oder „Ich erzähle meinem Vater alles, was wir hier heute erfahren haben! Er muss es auch wissen!". Dadurch wird klar, wie wichtig solche lernerorientierten bzw. kontextspezifischen Aktivitäten sind.

Da das Hunsrückische eine Mundart ist, wird oft davon ausgegangen, dass die zweisprachigen Schüler z. B. gut im Hörverstehen, dagegen aber schwach im Leseverstehen wären. Aus diesem Grund haben wir verschiedene Tests und Pilotstunden durchgeführt, die sich stärker auf die Lesekompetenz beziehen. Die Ergebnisse zeigen, dass das Hörverstehen den bilingualen Schülern tatsächlich sehr leicht fällt, wahrscheinlich weil sie viele Wörter durch Assoziation mit dem Hunsrückischen erkennen können. Im Durchschnitt lag die Anzahl von positiver Rückmeldung unter bilingualen Kindern in der untersuchten Schule bei 85%.

Nach der Arbeit am Sprachbewusstsein und der Bearbeitung von orthographischen Regeln konnten dieselben Schüler aber auch im Test zum Leseverstehen sehr gute Ergebnisse erbringen: knapp 80% gaben richtige Antworten. Obwohl sie im Hörverstehen tatsächlich besser abschnitten, waren die Ergebnisse im Leseverstehen nicht schlecht. Im Gegenteil: Beide Ergebnisse liegen sehr nah beieinander.

Es wird in unseren Untersuchungen viel Wert auf lernerzentrierte und kontextbezogene Aktivitäten[18] gelegt, die den bilingualen Schülern in der Tat dabei helfen, leicht und ohne Trauma vom Hunsrückischen ins Hochdeutsche zu gelangen, oder spezifische Lücken für diese Sprecher zu füllen. Deswegen haben wir vor kurzem angefangen, mit Liedern und Reimen in Klassen von kleinen Kindern zu arbeiten. Das Ziel bei den ersten Stunden war, spielerisch die run-

---

[17] Näheres über diese Pilotstunde in Pupp Spinassé et al. 2009 und Käfer 2013.

[18] D. h. Aktivitäten, welche die Realität der Schüler berücksichtigen und von spezifischen Merkmalen ihres Kontextes (der Geschichte der Einwanderung, der dialektalen Muttersprache, der vorhandenen Einflüsse der deutschen Kultur usw.) ausgehen.

den Vokale <ö> e <ü> zu bearbeiten – Laute, die es im Hunsrückischen nicht gibt. Die Ergebnisse zeigen, dass die Schüler nach einigen Wiederholungen die bis dahin unbekannten Laute problemlos aussprechen können – was gegen das Vorurteil spricht, nach der die Hunsrückischsprecher dazu nicht fähig seien.[19]

7. Schlussfolgerungen

In den bis jetzt durchgeführten Untersuchungen ist deutlich geworden, dass die Lehrer lernerorientierte und kontextspezifische Strategien wie die oben erwähnten (vgl. auch Pupp Spinassé im Druck) verwenden sollten, damit das Selbstwertgefühl der bilingualen Schüler gesteigert wird. Die Aktivierung des metasprachlichen Selbstbewusstseins ist dabei sehr wichtig, damit sie die beiden ähnlichen Sprachen Deutsch und Hunsrückisch, die im Allgemeinen falscherweise für dieselbe Sprache gehalten werden (eine richtige und eine falsche Variante derselben Varietät), klar voneinander trennen können. Dadurch wird besser verstanden, dass es nicht um eine Unterscheidung zwischen richtig und falsch geht, sondern eher um die Differenzierung, was Standard und was nicht Standard ist oder welche Varietät in welcher Situation eher angemessen oder eher unangemessen ist.

Aus den Ergebnissen der Tests und der Pilotstunden konnte ebenfalls geschlossen werden, dass die sprachliche „Vorkenntnis" dieser bilingualen Schüler zum Erlernen des Hochdeutschen beitragen kann. Es nützt jedoch nichts, den Unterricht methodisch umzugestalten, wenn die Einstellungen, die Haltung in Bezug auf die Minderheitensprache und die Attitüden noch die alten bleiben. Die erste didaktische Maßnahme ist, die Vorstellung zu ändern und dadurch Vorurteile abzubauen.

Da wir wenig Gelegenheit haben, sprachenpolitische Entscheidungen der Regierungen zu beeinflussen, müssen wir einen Beitrag auf niedrigeren Ebenen der Sprachenpolitik leisten. Indem Minderheitensprachen im schulischen Kontext anerkannt und respektiert werden, schaffen wir eine selbstbewusstere Sprachgemeinschaft, die sich dadurch ihrer Sprachrechte bewusst werden. Die Kinder werden für das Lernen motivierter und das Erlernen des Hochdeutschen wird noch sinnvoller und kann daher erfolgreicher verlaufen.

Obwohl das Hunsrückische nicht unterrichtet wird, muss die Sprache nicht vom schulischen Kontext ausgeschlossen werden. Die Einbeziehung von Elementen des Hunsrückischen im Deutschunterricht (oder einfach das Nichtverbot der Minderheitensprache) trägt dazu dabei, die Mehrsprachigkeit zu

---

[19] Näheres dazu in Pupp Spinassé (im Druck).

fördern und die sprachlich-kulturellen Horizonte zu erweitern. So werden die Schüler für andere Fremdsprachen sensibilisiert und können von den kognitiven Vorteilen des Bilingualismus für einen Lernprozess allgemein profitieren.

Literaturverzeichnis

Altenhofen, Cléo V. (1996), *Hunsrückisch in Rio Grande do Sul: ein Beitrag zur Beschreibung einer deutschbrasilianischen Dialektvarietät im Kontakt mit dem Portugiesischen.* Stuttgart: Steiner.

Altenhofen, Cléo V. (2004), Política lingüística, mitos e concepções lingüísticas em áreas bilíngües de imigrantes (alemães) no Sul do Brasil. In: *Revista Internacional de Lingüística Iberoamericana*, 2, 1, 83-93.

Cavalcanti, Marilda C. (1999), Estudos Sobre Educação Bilíngüe e Escolarização em Contextos de Minorias Lingüísticas no Brasil. In: *D.E.L.T.A.* Vol. 15, Nr. Especial, 385-417.

Duisberg, Peter (2006), Aktuelle Tendenzen weltweit und Herausforderungen für die deutschsprachigen Länder. In: *Info-DaF* 33, 5, 411-437.

Käfer, Maria L. (2013), *A Coscientixação linguística como fundamento para um abordagem plural no ensino de alemão-padrão como língua adicional em contextos blíngues português-hunsrückisch.* (Diss. de Mestrado) Porto Alegre: UFRGS.

Mariani, Bethania S. C. (2008): Entre a evidência e o absurdo: sobre o preconceito linguístico. In: *Cadernos de Letras da UFF*, 36, 27-44.

Ministério da Educação (1996): *Lei de Diretrizes e Bases* (Lei n° 9.394 de 20 de dezembro de 1996), http://portal.mec.gov.br/setec/arquivos/pdf/Legis-Basica.pdf (08.07.2013).

Ministério da Educação (1998): *Parâmetros Curriculares Nacionais (Terceiro e Quarto ciclos do Ensino Fundamental)*, http://portal.mec.gov.br/seb/arquivos/pdf/pcn_estrangeira.pdf (08.07.2013).

Neumann, Gerson Roberto (2000): *A „Muttersprache" (língua materna) na obra de Wilhelm Rotermund e Balduíno Rambo e a construção de uma identidade cultural híbrida no Brasil.* Rio de Janeiro: Faculdade de Letras.

Morello, Rosângela / Oliveira, Gilvan Müller de (2009): *Uma política patrimonial e de registro para as línguas brasileiras*, http://www.ipol.org.br/ler.php?cod=475 (08.07.2013).

Oliveira, Gilvan Müller de (2000): Brasileiro fala português: monolingüismo e preconceito lingüístico. In: Silva, Fábio Lopes da / Moura, Heronides M. de Melo (Hrsg.): *O Direito à fala: a questão do preconceito lingüístico.* Florianópolis: Insular, 83-92.

Pupp Spinassé, Karen (2005): *Deutsch als Fremdsprache in Brasilien: eine Studie über kontextabhängige unterschiedliche Lernersprachen und muttersprachliche Interferenzen*. Berlin: Peter Lang.

Pupp Spinassé, Karen (2008): Os Imigrantes Alemães e seus descendentes no Brasil: A Língua como fator identitário e inclusivo. In: *Conexão Letras*, 3, 3, 125-140.

Pupp Spinassé, Karen (2009): Duas faces do ensino do alemão como língua estrangeira no Brasil. In: Revista *Em Aberto*, 22, 81, 61-79.

Pupp Spinassé, Karen (2010): A Mobilidade social no ensino de língua alemã no RS. In: Dreher, Martin N. *Migrações: mobilidade social e espacial*. São Leopoldo: Oikos, 724-735.

Pupp Spinassé, Karen (im Druck): Dialekt im Deutschunterricht? Für eine Didaktik der Mehrsprachigkeit in Brasilien. In: *Fremdsprache Deutsch*, 50. (Voraussichtlicher Veröffentlichungstermin: Frühjahr 2014)

Pupp Spinassé, Karen / Käfer, Maria Lidiani / Moraes, Romara G. (2009): A Didatização de regras ortográficas do hunsrückisch como fator de facilitação para o aprendizado do alemão-padrão como língua estrangeira. In: *Imigração: do particular ao geral*. Ivoti/Porto Alegre: ISEI/CORAG, 300-307.

Seyferth, Giralda (1999): Os imigrantes e a campanha de nacionalização do Estado Novo. In: Pandolfi, Dulce (Hrsg.): *Repensando o Estado Novo*. Rio de Janeiro: Ed. Fundação Getulio Vargas, 199-228.

Tavares, Luciano Lima (2000): Alemanha em questão: o que pensam estudantes universitários no Rio de Janeiro sobre a Alemanha, os alemães e a língua alemã. In: *Anais do IV Congresso Brasileiro de Professores de Alemão*. Curitiba: ABrAPA, 523-528.

Curriculumentwicklung für spezifische Zwecke – Szenarien für die Sprachausbildung im Germanistikstudium

Kristina Peuschel, Universidade de São Paulo / DAAD-Lektorin

1. Einleitung

Unter den Prämissen moderner Fremdsprachendidaktik und aktuellen Herausforderungen, vor denen die fremdsprachliche Ausbildung im Hochschulkontext steht, ist es immer wieder notwendig, bestehende und erfolgreich erprobte Curricula weiter zu entwickeln und zu prüfen, ob sie nach wie vor die gesellschaftlichen Anforderungen in einer globalisierten und mehrsprachigen Welt zu bedienen vermögen.

Im folgenden Beitrag wird ein Beispiel empirischer Curriculumforschung vorgestellt, mit dessen Hilfe die sprachlichen Herausforderungen am Übergang zwischen sprachpraktischer Grundausbildung und Spezialisierung im Germanistikstudium genauer bestimmt und entsprechende Szenarien für die Sprachausbildung an der *Universidade de São Paulo (USP)* in Brasilien entwickelt werden.

2. Das Germanistikstudium an der Universität São Paulo (USP)

Das grundständige germanistische Studium an der Fakultät für Philosophie, Sprachen und Humanwissenschaften (*Faculdade de Filosofia, Letras e Ciências Humanas*, FFLCH) wird von ca. 100 Studierenden pro Jahr begonnen. Die so genannte *habilitação em língua alemã (Área de Alemão - Língua, Literatura e Tradução)* beginnt nach einem ersten einführenden Studienjahr, nachdem sich die Studierenden für das vertiefende Studium der Germanstik, Anglistik, Französistik, Hispanistik oder Italianistik entscheiden. Die Deutschabteilung formuliert als Teilziele des Germanistikstudiums u. a.:

> *O bacharel com enfoque em língua alemã deve ser capaz de lidar com textos – no sentido mais amplo do termo – de forma a poder atuar concretamente em atividades profissionais que têm o texto como objeto central, como: ensino de*

língua e literatura nos diversos níveis, tradução, crítica literária, assessoria lingüística, atividades de pesquisa etc. (http://dlm.fflch.usp.br/alemao/gradua-cao, 12.04.2013)

Die ersten vier Semester des germanistischen Studiums sind mit 6 Semesterwochenstunden (SWS) dem Spracherwerb gewidmet. Das fünfte Semester sieht zusätzlich eine Einführung in das Übersetzen vor, ab dem sechsten Fachsemester werden obligatorische Kurse in Literautur- und Sprachwissenschaft sowie verschiedene Wahlpflicht- und Wahlfächer angeboten, mit denen sich die Studierenden in einem der drei Bereiche ‚germanistische Sprachwissenschaft', ‚Literaturwissenschaft' oder ‚Translatologie' spezialisieren sowie historisches und kulturelles Wissen über die deutschsprachigen Länder erwerben.

Das Studium kann durch den Erwerb einer Lehrlizenz für das öffentliche Schulwesen, der *licenciatura*, ergänzt werden. Außerdem werden verschiedene Angebote für Forschungsarbeiten im Rahmen der *graduação* gemacht, so die *Iniciação Científica* (*IC*) oder die *Trabalho de Graduação Individual* (*TGI*), die neben dem Erstkontakt mit den Forschungslinien der Germanistik auch den Erwerb von Leistungspunkten für das Studium ermöglichen. Allein diese Kurzvorstellung des Studienverlaufs verdeutlicht das breite Panorama an sprachlichen Herausforderungen für die Germanistikstudierenden an der USP, auf die entsprechend curricular reagiert wird.

Die sprachpraktische Ausbildung an der USP hat einen guten Ruf und führt im Großen und Ganzen zu den formulierten Zielen. Dennoch geben zielgruppenspezifische und regionalspezifische Fragen immer wieder Anlass für empirische Untersuchungen und nachfolgende Vorschläge zur Adaption des Sprachlerncurriculums an sich verändernde Bedürfnisse der Studierenden und an einen sich verändernden Bedarf in Bezug auf die Sprach- und Kulturkenntnisse von brasilianischen Germanistikstudierenden.

3. Empirische Curriculumforschung für spezifische Zwecke – Germanistik studieren

Ein Curriculum ist „eine bildungstheoretisch begründete, mit den Mitteln der Wissenschaft entwickelte und durch eine ständige Revision an die wechselnden Anforderungen der Gesellschaft angepasste und öffentlich verantwortete Darstellung dessen, was und wie unter welchen Bedingungen gelehrt und gelernt werden soll. [...] Ein Curriculum macht begründete Angaben über Lehr- und Lernziele, Unterrichtsmittel, Methoden und Erfolgskontrollen für ein Fach oder eine Institution, ebenso aber über die Rahmenbedingungen, unter denen der Unterricht stattfinden soll." (Barkowski / Krumm 2010: 40)

Im Rahmen des Master-Seminars „Curriculumentwicklung" wurden im Sommersemester 2011 an der Universität Leipzig in Kooperation mit Lehrenden der USP zwei Ziele verfolgt: 1. Die Leipziger Studierenden sollten am konkreten Beispiel die Durchführung von Bedarfs- und Bedürfnisanalysen erlernen (*needs analysis*, vgl. Richards 2001). 2. Die Ergebnisse ihrer Analysen sollten in Form von ausgewählten Szenarien für den Übergang von den allgemeinen sprachpraktischen Kursen in die Kurse und Anforderungen der Spezialisierungen als Vorschläge an die USP zurückfließen.

Eine Projektgruppe aus fünf Studierenden unterschiedlicher Länder hat dafür unter der Leitung der Autorin zunächst die relevanten Studiendokumente des Studiengangs ausgewertet, Experteninterviews mit einer Lehrkraft und Austauschstudierenden der USP durchgeführt sowie einen online-Fragebogen zur Erhebung der Sprachlernbedürfnisse der Germanistikstudierenden vor Ort entwickelt und getestet.[1]

3.1 Curricula und GeR

Die angewandte Curriculumforschung (vgl. Richards 2001) setzt die seit den 1970er Jahren im erziehungswissenschaftlichen und fachdidaktischen Diskurs in der Bundesrepublik geführte Diskussion um den Begriff „Curriculum" in einen aktuellen Fokus (Schmidt 2010: 923). Die Anfänge der Curriculumentwicklung für Deutsch als Fremdsprache in der Bundesrepublik liegen im Jahr 1953 und fallen mit dem Aufbau eines Kurssystems durch das 1951 gegründete Goethe-Institut sowie dem Erscheinen des Lehrwerkes „Deutsche Sprachlehre für Ausländer. Grundstufe in einem Band" im Jahr 1955 zusammen (vgl. ebd.: 925). Die Einteilung von Lehrwerken und Lehrplänen für Deutsch als Fremdsprache in Grund-, Mittel- und Oberstufe erwies sich lange Jahre als wirkmächtig und wurde erst von der Niveaustufenbeschreibung des *Gemeinsamen europäischen Referenzrahmens für Sprachen* (GeR) abgelöst. Unter curriculumstheoretischer Perspektive steht die direkte Koppelung von Lehrwerk, Kursinhalten und Prüfungsanforderungen in Sprachkursen unter dem Verdacht ein „heimlicher Lehrplan" zu sein oder ein eher intuitiv, nicht wissenschaftlich

---

[1] Mein herzlicher Dank geht an dieser Stelle an Elizabeth Bazán, Giovanna Chaves, Yolanda Morales, Carlos Rempel, Jenny Spitzmüller, die im Sommersemester 2011 als Masterstudierende am Curriculumsprojekt mitgewirkt haben und deren Projektbericht (2011) eine wichtige Datenquelle für diesen Beitrag ist.

fundiert „entwickeltes Produkt einer ‚Curriculumentwicklung' ohne anspruchsvolle Curriculumstheorie im Hintergrund" (ebd.). Erst mit der Entwicklung des
Zertifikat Deutsch und der Beschreibung der notwendigen Fertigkeiten und zu
erreichenden Lernziele stand ein umfangreiches und differenziertes Curriculum für die Sprachbeherrschung am Ende der Grundstufe zur Verfügung (vgl.
ebd.: 926). In den Neuauflagen des *Zertifikats Deutsch als Fremdsprache* ist
erkennbar, wie sich Theoriebildung und Entwicklung der Praxis des Lehrens
und Lernens von Fremdsprachen gegenseitig beeinflusst haben und von einer grammatisch orientierten Progression über die Stärkung der Fertigkeiten
und die Formulierungen von sprachlichen Handlungen die Funktionalität von
Sprache sowie ihrer Verwendung immer mehr in den Vordergrund gerückt ist.

> Das *Primat des Funktionalen* in den vom Europarat initiierten Arbeiten [...] hat
> sich bis heute durchgehalten und ist in Form der *Can-do-* bzw. *Kann-*Beschrei-
> bungen die grundlegende Kategorie für die Definition der Niveau-Stufen von A1
> bis C1 [...]. (Ebd.: 928)

Mit der Veröffentlichung des GeR im Jahr 2001 begann sogleich auch die aktive und kritische Auseinandersetzung mit den positiven und negativen Auswirkungen dieses Instruments auf alle Bereiche fremdsprachlichen Lernens.
Es gilt einerseits als Grundlage für die Entwicklung von Curricula, Lehrmaterialien und Prüfungen. Andererseits steht die allzu flexible Handhabe von Be-
grifflichkeiten sowie die unkritische Übernahme von Vorschlägen zur Messung
sprachlicher Kompetenzen in der Diskussion (vgl. Barkowski 2003; Kleppin
2003; Schramm 2008). Neuere Entwicklungen für das Auslandsschulwesen
zeigen sich im Rahmenplan für Deutsch als Fremdsprache (vgl. Bausch et al.
2009; Bergmann 2009). Obwohl der GeR zahlreiche Möglichkeiten der Beschreibung sprachlicher Handlungen in mündlicher und schriftlicher Rezeption, Produktion und Interaktion anbietet, dient er nur als Grundlage und eben als
Rahmen für das Erstellen zielgruppenspezifischer (Fach)Curricula, die empi-
risch fundiert werden müssen, bevor sie in der Praxis Anwendung finden. Aus
diesem Grund ist es notwendig, der (Weiter-)Entwicklung von DaF-Curricu-
la in verschiedenen germanistischen Institutionen Lateinamerikas empirische
Untersuchungen vorzuschalten um so abzusichern, dass die sprachlerncurri-
cularen Entscheidungen einer spezifischen Institution deren fachspezifischen
Anforderungen auch entsprechen. Mit der Untersuchung für den Kontext USP
ist insofern Neuland betreten worden, als dass die

> Curriculumsdiskussion und -entwicklung in den deutschsprachigen Ländern bis
> in die jüngste Zeit nur im Bereich der Lehrwerk- und Prüfungsentwicklung exis-

tiert – im Unterschied zum Arbeitsfeld Deutsch als Zweitsprache, wo zunächst für die Schule [...], seit Bestehen der Integrationskurse aber auch für Erwachsene [...] eine systematische Forschungs- und Entwicklungsarbeit eingesetzt hat. (Schmidt 2010: 930)

Mit ausgewählten Arbeiten zu den Spezifika regionaler Curricula im Hochschulbereich von beispielsweise Au (2004), Bouchara (2008), Daller (2005), Farenika (2001), Jaeger *et al.* (2007), Herzig (2011), Neuland (2007), Schlak (2006) und Uslu (2008) liegen andererseits bereits brauchbare Ansätze und Erfahrungen aus anderen Weltregionen vor, die für den brasilianischen Kontext interessant sind.

3.2 Curriculumforschung für die Praxis – Germanistik studieren an der USP

Im Fokus der Erhebung an der USP steht zunächst die *needs analysis* der Studierenden am Übergang zwischen Sprachkursen und Fachkursen. Befragt wurden Studierende, die diesen Übergang entweder gerade vor sich (zweites Studienjahr Germanistik) oder gerade hinter sich hatten (drittes Studienjahr Germanistik). Richards (2001) bezeichnet mit der *needs analysis* eine umfassende Betrachtung aller Akteure und Einflussfaktoren für die Curriculumentwicklung, die mit Hilfe verschiedener Instrumente durchgeführt werden kann, so z. B. mit Hilfe von Fragebögen, Aufforderungen zur Selbsteinschätzung, Interviews, Gruppentreffen, Beobachtungen, mit Hilfe der Dokumentation von Lernerprodukten schriftlicher und/oder mündlicher Art, Aufgabenanalysen sowie Fallstudien (vgl. ebd.: 59 ff.). Im deutschsprachigen Diskurs werden Sprachbedarf und Sprachbedürfnisse unterschieden. „Erstere werden dabei zumeist mit dem Adjektiv ‚objektiv' versehen, während Sprachbedürfnisse ‚subjektiv' sind" (Haider 2009: 32). Der von Seiten der Institution formulierte Sprachbedarf lässt sich formulieren als: Was sollen die Studierenden zum Abschluss ihres Studiums können, wissen und gelernt haben? Sprachbedürfnisse demnach als: Was wollen die Studierenden lernen, können und wissen?

Die Auswertung der Daten aus der für das zweite und dritte Studienjahr Germanistik der USP kontextualisierten *needs analysis* ergibt ein komplexes Bild der Studienanforderungen und Studienwünsche bezogen auf sprachliche Kompetenzen, auf die in der Curriculumentwicklung mit dem Erstellen geeigneter Szenarien reagiert werden kann. Haider (2009) zitiert Von der Handt / Stricker (1995: 51) um ein Szenario als eine „erwartbare Abfolge kommunikativer Handlungen" zu definieren, „die teils als rein sprachliche Handlungen, teils als rein nicht-sprachliche Handlungen und teils in gemischter Form laufen" (Von der Handt / Stricker 1995: 51, so zitiert in Haider 2009: 29).

Als besonders relevant hat sich das Halten von Referaten gezeigt, das als mündliches Präsentieren eine der zentralen Kompetenzen akademischer Handlungsfähigkeit ist (vgl. Dannerer / Fandrych 2012). Mit Hilfe von *Profile Deutsch* (Glaboniat et al. 2005) hat die Projektgruppe der Universität Leipzig dieses Szenario exemplarisch ausgearbeitet. Die Arbeitsschritte der Szenarienentwicklung sind in Abbildung 1 dargestellt. Bevor im Detail auf das entwickelte Szenarium „ein Referat halten" eingegangen wird, sollen jedoch noch ausgewählte Details der Datenerhebung präsentiert werden.

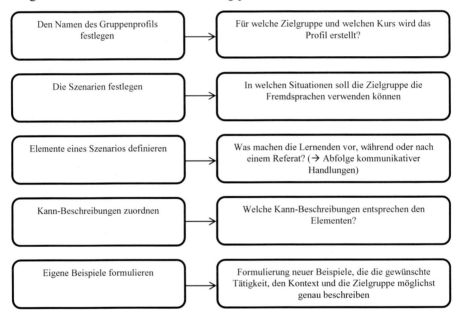

Abb. 1: Arbeitsschritte der Szenarienentwicklung mit Hilfe von *Profile Deutsch* (vgl. Projektbericht 2011).

Ergebnisse der Bedarfs- und Bedürfnisanalyse
Insgesamt hat sich das positive Bild der sprachpraktischen Ausbildung im Rahmen des Germanistikstudiums an der USP bestätigt. Die Studierenden haben im Fragebogen ausgewählte Aktivitäten besonders positiv bewertet, so z. B. haben sie im Rahmen ihrer bisherigen Ausbildung ausreichend und erfolgreich daran gearbeitet, wichtige Informationen zusammenzufassen, Texte selektiv nach bestimmten Informationen zu durchsuchen oder auch Hörübungen aus dem verwendeten Lehrwerk zu bearbeiten. Der von der Projektgruppe erstellte Fragebogen zielt anschließend vor allem auf sprachliches Handeln im akademi-

schen Feld ab. Eine grundsätzliche Fragestellung dieser Erhebung war: Welche sprachlichen Handlungen, Strategien, Phänomene und Textsorten bereiten den Studierenden im akademischen Bereich Probleme und welche werden gut beherrscht? Des Weiteren sollten Defizite und Wünsche benannt werden (vgl. Projektbericht 2011: 36). Interessanterweise liefern die befragten Studierenden positive Selbsteinschätzungen in Bezug auf das erfolgreiche Absolvieren von Teilhandlungen monologischen Sprechens. So bewerten sie beispielsweise die inhaltliche Vorbereitung und Strukturierung eines Referats sowie das Zusammenfassen wichtiger Ideen, das Erläutern wichtiger Aspekte und das Beenden eines Referats mit einem passenden Schluss als positiv. Das heißt, die Studierenden haben angegeben, dass sie diese Teilhandlungen erfolgreich umsetzen können. Weniger erfolgreich sehen sie sich in der Verwendung von adäquaten Redemitteln, im freien Sprechen ohne Vorlesen und im Wiedergeben von Aussagen anderer Autoren und Autorinnen mit eigenen Worten. Als generell problematisch und auch verbesserungswürdig wird sowohl von Seiten der befragten Expertinnen und Experten als auch von Seiten der Studierenden das Missverhältnis zwischen dem Angebot, das das verwendete Lehrwerk macht, und den Anforderungen des Studiums angesehen. Konkret lässt sich dies an folgenden Auszügen aus den Experteninterviews illustrieren: „Die Studenten sollten linguistische Analysen durchführen und auch auf Deutsch die linguistischen Phänomene beschreiben und das ist nicht die Realität" (Experteninterview 1). „Es fehlt den Inhalten an Fortsetzung bzw. Zusammenhang. Es gibt einen zu großen Niveauunterschied zwischen den Deutschkursen und Literatur, was bei den meisten zu einem Schock führt im ersten Semester Literatur" (Experteninterview 2). Diese im Detail eindrucksvollen Beispiele zur Disparität zwischen Lehrwerksinhalten und weiteren Studieninhalten scheinen nicht auf den Kontext USP und die konkreten befragten Lehrenden und Studierenden beschränkt zu sein. Auch für Mexiko, Guadalajara, kommt Herzig (2011: 92f.) zu ähnlich gelagerten Einschätzungen:

> Betrachtet man die verschiedenen Lehrwerke für die Niveaustufen A1 (...) so fällt auf, dass thematisch u. a. die Freizeitgestaltung in all ihren europäischen Facetten im Vordergrund steht. (...) In bestimmten DaF-Lernkontexten kann so etwas sinnvoll sein, in den Deutschkursen für Studierende der Universidad de Guadalajara – einer staatlichen Universität – wird mit dieser thematischen Ausrichtung kaum an Lebenswelt und Alltagserfahrungen der Studierenden angeknüpft.

Es ist sicher nicht Aufgabe empirischer Curriculumforschung grundsätzliche Kritik an der Rolle von Lehrwerken im DaF-Unterricht zu üben. Auch ein denkbares „germanistisches" Lehrwerk wird nicht alle regionalen und zielgruppenspezfischen Wünsche erfüllen können. Ein Lehrwerk ist ein Teilaspekt unter vielen im Gesamtcurriculum. Die Schlussfolgerungen zur Gestaltung des Sprachlerncurriculums an germanistischen Einrichtungen müssen sich auf die jeweils konkreten Studienanforderungen beziehen, standortspezifische Merkmale beachten und, soweit möglich, ausgewählte Charakteristika der Lernenden berücksichtigen. Für den Kontext USP bedeutet dies vor allem, die Lektüre, kritische Rezeption und wissenschaftsspezifische Bearbeitung von Fachtexten der Germanistik sowie die mündliche Handlungsfähigkeit in diesem Bereich stärker in die sprachpraktische Ausbildung zu integrieren. Dies wäre bei einem universitären Stundenvolumen von ca. 450 Stunden Sprachkurs, würde man bei der Curriculumentwicklung allein dem GeR folgen und Sprachkenntnisse auf dem Niveau B1 für das Germanistikstudium anstreben, systematisch schwierig. Sprachhandlungen zur Fachtextrezeption in geschriebener Wissenschaftssprache oder gar die Rezeption komplexer literarischer Werke in deutscher Sprache sind nach dem GeR Teil kommunikativer Kompetenzen der Niveaus B2 – C2. In der hier vorgestellten Studie vermerken die befragten Studierenden zum Bereich Lesen von wissenschaftlichen Fachtexten vor allem fehlenden Wortschatz und fehlende Lesestrategien. Für die Diskussion von Textinhalten, die im Fachstudium vielfach auf Deutsch erfolgen soll, vermissen sie außerdem die Fähigkeit diese angemessen zu präsentieren, z. B. beim Halten von Referaten.

Das wissenschaftsspezifische Szenario „Ein Referat halten"
Die Befragung der Lehrenden und Studierenden an der USP führt in einem weiteren Schritt zu Szenarien, die in das Sprachlerncurriculum eingearbeitet werden können. Auf Grund der Relevanz mündlichen Präsentierens aber auch auf Grund des Arbeitsaufwandes ein Szenario in allen Details zu bestimmen, soll nachfolgend kurz auf „ein Referat halten" eingegangen werden. Auch denkbar für die Ergänzung des Sprachlerncurriculums sind Szenarien anderer akademischer Situationen, die Studierende während des Studiums bewältigen müssen – beispielsweise „an einem Seminar teilnehmen", „an einer Diskussion teilnehmen", „in einem Bibliothekskatalog recherchieren" oder „eine Hausarbeit schreiben". Die *needs analysis* hat jedoch gezeigt, dass die Germanistikstudierenden an der USP nach mehr Förderung mündlicher Fähigkeiten verlangen, sodass das Referat hier weiter ausgearbeitet wurde.

Das Szenario „ein Referat halten" besteht aus 6 Elementen, deren Kategorien von Sprachhandlungen nach dem GeR sowohl die Rezeption und Produktion geschriebener Sprache als auch Sprachmittlung und mündliche Interaktion beinhalten. Die Elemente sind: *Texte lesen, Exzerpte und Zusammenfassungen anfertigen, Handouts und/oder Poster anfertigen, schriftliche Texte in mündlichen Diskurs übertragen, vor Publikum sprechen* sowie *auf Fragen Antwor-*

ten geben. Für jedes der Elemente werden nun mit Hilfe von *Profile Deutsch* Kann-Beschreibungen, sprachliche Teilhandlungen, grammatische Strukturen und Beispiele zugeordnet. Bei der Erstellung des Szenarios zeigt sich, das für bestimmte studienspezifische Anforderungen die Niveaugrenzen des GeR zu eng sind. Im Element *Texte lesen* entsteht beispielsweise folgende Zuordnung von Kann-Beschreibungen B1 und C1:

Element	Kategorie der Sprachhandlung	Kann-Beschreibung	Beispiel	Textsorte(n)
Texte lesen	Rezeption schriftlich: Beschreibungen, Berichte, Erzählungen und Informationen verstehen	Kann in kurzen Berichten und Zeitungstexten wichtige Fakten und Informationen finden (B1)	Kann in einer kurzen Biographie über einen Schriftsteller die wichtigsten Ereignisse verstehen.	Kurzbiographie, Seminararbeit, Zeitungsartikel,
		Kann längere, anspruchsvolle Texte des eigenen Fachgebietes verstehen und deren Inhalt zusammenfassen (C1)	Kann bei der Vorbereitung auf ein Seminar über deutsche Autoren des 19. Jahrhunderts verschiedene Artikel über Theodor Fontane verstehen und die wichtigsten Punkte für andere Seminarteilnehmende zusammenfassen	Argumentation, Biographie, Erzählung, Kommentar, Lehrbuchtext, Roman, Seminararbeit, Tagebuch, Zeitungsnachricht, etc.

Tab. 1: Auszug aus dem Entwurf des Szenarios „ein Referat halten" (vgl. Projektbericht 2011).

Im Element *Auf Fragen Antworten geben* finden sich ebenso Kann-Beschreibungen aus verschiedenen GeR-Niveaus. Zum Teil müssen Beispiele aus dem Fach eigenständig ergänzt werden:

Element	Kategorie der Sprachhandlung	Kann-Beschreibung	Beispiel	Textsorte(n)
Auf Fragen Antworten geben	Interaktion mündlich – Informationen austauschen, Bitten und Wünsche äußern	Kann in einem Gespräch bei Unklarheiten um Wiederholung bitten (A2)	Kann als Referent im Seminar die Dozentin bitten, eine gestellte Frage mit einem Beispiel zu erklären	Anfrage
	Interaktion mündlich – informelle Gespräche und Diskussionen, Meinungen, Vermutungen und Argumente austauschen	Kann sich in vertrauten Situationen an Gesprächen und Diskussionen beteiligen und persönliche Ansichten mit Erklärungen, Argumenten und Kommentaren begründen und verteidigen (B2) Kann als Vortragende angemessen auf Fragen anderer eingehen (C1)	Kann in einem Gespräch nach einem Referat das Thema lenken und vergleichend kommentieren	Anfrage, Argumentation
			Kann im Anschluss an ein Referat Modelle noch einmal erklären	Rede, Vortrag

Tab. 2 Auszug aus dem Element „Auf Fragen Antworten geben" (vgl. Projektbericht 2011).

Zu einem vollständigen Szenario gehören außerdem sprachliche Mittel, Aufgaben, die zu den jeweiligen Elementen und zu den in ihnen formulierten Kann-Beschreibungen führen sowie funktional-grammatische Strukturen der geforderten Äußerungen. Dies wäre im Rahmen einer umfassenden Curriculumentwicklung zu leisten, die im Zusammenspiel aller Beteiligten und auf der Grundlage einer umfassenden Bedarfs- und Bedürfnisanalyse beruhend, zusammenbringen würde, was für eine bestimmte Zielgruppe in einem bestimmten Studiengang notwendig ist. An dieser Stelle sollen der Einblick in zwei Elemente des Szenarios „ein Referat halten" und eine Auswahl von entsprechenden Kann-Beschreibungen genügen um einen Eindruck von zielgruppenspezifischen curricularen Vorschlägen zu vermitteln.

4. Zusammenfassung und Ausblick

Die Arbeit mit *Profile Deutsch* und damit mit dem GeR für das Formulieren von Szenarien für das Germanistikstudium hat sich einerseits als hilfreich, andererseits als sehr komplex erwiesen, um schnell in die Praxis übertragbare Ergebnisse anzubieten. Dennoch, und dies soll als Schlussbemerkung des Beitrages dienen, ist es notwendig, das Studium der Germanistik außerhalb der deutschsprachigen Länder als das zu begreifen, was es ist – die Auseinandersetzung mit deutschsprachigen Texten und Diskursen weit über das hinaus, was in einfachen, niveaustufenorientierten und von standardisierten Lehrwerken gelenkten Sprachkursen geschieht. Eine zielgruppenspezifische Handlungsorientierung, eine erneute Diskussion von Inhalten sowie eine neue Teilhabeorientierung (vgl. Peuschel 2012) können der Entwicklung von echten Sprachlerncurricula im Rahmen von germanistischen Studiengängen nicht nur in Brasilien neue Impulse geben.

Literaturverzeichnis

Au, Alexander (2004), „Zur curricularen Planung eines Aufbaustudiengangs zur Deutschlehrerausbildung in Mexiko". In: *Informationen Deutsch als Fremdsprache* 31, 1, 17-28.

Barkowski, Hans (2003), „Skalierte Vagheit – der europäische Referenzrahmen für Sprachen und sein Versuch, die sprachliche Kommunikationskompetenz des Menschen für Anliegen des Fremdsprachenunterrichts niveaugerecht zu portionieren". In: Bausch, Karl-Richard / Königs, Frank / Krumm, Hans-Jürgen (Hgg.): *Der Gemeinsame Europäische Referenzrahmen für Sprachen in der Diskussion*. Tübingen: Narr, 22-28.

Barkowski, Hans / Krumm, Hans-Jürgen (Hgg.) (2010), *Fachlexikon Deutsch als Fremdsprache und Deutsch als Zweitsprache*. Tübingen, Basel: Francke.

Bausch, Karl-Richard (2009), *Rahmenplan „Deutsch als Fremdsprache" für das Auslandsschulwesen*, unter: http://www.auslandsschulwesen.de/ cln_091/nn_2141552/   Auslandsschulwesen/Auslandsschularbeit/DSD/ DaF-Rahmenplan/DaF-Rahmenplan, templateId=raw,property=publication File.pdf/DaF-Rahmenplan.pdf (12.04.2013).

Bergmann, Birgit (2009), „Der neue Rahmenplan für Deutsch als Fremdsprache". In: *Fremdsprache Deutsch*, Sonderheft, 40-42.

Bouchara, Abdelaziz (2008), „Welche Germanistik ist nötig in Marokko im Zeitalter der Globalisierung?". In: *Informationen Deutsch als Fremdsprache* 35, 5, 467-480.

Daller, Helmut (2005), „Was müssen DaF-Lerner können? Die Anforderungen der Berufspraxis an ausländische Studierende. Ein Beitrag zur Diskussion um das Curriculum DaF". In: *Informationen Deutsch als Fremdsprache* 32, 6, 573.

Europarat (2001), *Gemeinsamer Europäischer Referenzahmen für Sprachen*. unter: http://www.goethe.de/z/50/commeuro/deindex.htm (12.04.2013).

Dannerer, Monika / Fandrych, Christian (2012) (Hgg.), Themenheft „Mündliches Präsentieren". *Fremdsprache Deutsch*, 47.

Farenkia, Bernard Mulo (2001), „Germanistische Linguistik in Kamerun. Notwendigkeit curricularer Neuansätze". In: *Zielsprache Deutsch*, 32, 3-4, 143-153.

Glaboniat, Manuela et al. (2005), *Profile Deutsch*. Berlin, München: Langenscheidt.

Haider, Barbara (2009), „Später dann, wo ich Stärke und Sprache (hatte), dann hab ich nachg´fragt …". In: Peuschel, Kristina / Pietzuch, Jan-Paul (Hgg.): *Kaleidoskop der jungen Forschung DaF/DaZ*. Göttingen: Univ.-Verl. Göttingen. 27-47, unter: http://webdoc.sub.gwdg.de/univerlag/2009/ FaDaF_Bd80.pdf (12.04.2013).

Herzig, Katharina (2011), „Regional- und zielgruppenspezifischer DaF-Unterricht für Studierende in Mexiko – aktuelle Herausforderungen". In: AMPAL (Asociación Mexicana de Profesores de Alemán, A.C.) (Hg.): *Memorias. Jornadas DACH 2010. X Encuentro AMPAL 2011*, 91-105.

Jaeger, Daniel / Nied Curcio, Martina / Schlanstein, Lisa (2007), „Handlungsorientierter Deutschunterricht im dreijährigen Curriculum an italienischen Hochschulen". In: *Informationen Deutsch als Fremdsprache* 34,4, 390-402.

Kleppin, Karin (2003), „Der Gemeinsame Europäische Referenzrahmen für Sprachen: Ärgernis oder Fortschritt". In: Bausch, Karl-Richard / Königs,

Frank .G. / Krumm, Hans-Jürgen (Hgg.): *Der Gemeinsame Europäische Referenzrahmen für Sprachen in der Diskussion*. Tübingen: Narr. 105-112.

Neuland, Eva (2007), „Mündliche Kommunikation als Schlüsselkompetenz: Entwicklung eines Moduls für germanistische Studiengänge". In: *Informationen Deutsch als Fremdsprache* 34, 4, 428-438.

Peuschel, Kristina (2012), *Sprachliche Tätigkeit und Fremdsprachenlernprojekte – Fremdsprachliches Handeln und gesellschaftliche Teilhabe in* radio-daf-*Projekten*. Baltmannsweiler: Schneider Verlag Hohengehren.

Projektbericht (2011), *Curriculumentwicklung für die Universidade de São Paulo, Germanistik*, Masterseminar „Curriculumentwicklung' Sommersemester 2011, Universität Leipzig, Herder-Institut (unveröffentlichtes Dokument; verantwortlich: Elizabeth Bazán, Giovanna Chaves, Yolanda Morales, Carlos Rempel, Jenny Spitzmüller).

Richards, Jack (2001), *Curriculum Development in Language Education*. Cambridge: Cambridge University Press.

Schlak, Torsten (2006), „Neue Wege in der Ausbildung japanischer Germanistikstudierender: Eine exemplarische Fallstudie". In: *Informationen Deutsch als Fremdsprache* 33, 4, 337-343.

Schmidt, Reiner (2010), „Curriculumentwicklung und Lehrziele Deutsch als Fremdsprache". In: Krumm, Hans-Jürgen / Fandrych, Christian. / Hufeisen, Britta / Riemer, Claudia (Hgg.): *Deutsch als Fremdsprache und Deutsch als Zweitsprache: Ein internationales Handbuch*, 1. Halbband. Berlin, New York: de Gruyter Mouton, 921-932.

Schramm, Karen (2008), „GeR(n) handlungsorientiert – Anmerkungen zur Handlungstheorie im Gemeinsamen europäischen Referenzrahmen am Beispiel des Lesens". In: Christian Fandrych / Ingo Thonhauser (Hgg.): *Fertigkeiten - integriert oder separiert? Zur Neubewertung der Fertigkeiten und Kompetenzen im Fremdsprachenunterricht*. Wien: Praesens-Verlag, 151-175.

Uslu, Zeki (2008), „Deutschlehrerausbildung in der Türkei - Neustrukturierung und Curriculumrevision". In: *Informationen Deutsch als Fremdsprache* 35, 4, 401-411.

Zielgruppen- und standortspezifischer DaF-Unterricht mit mexikanischen Studierenden: Handlungszielorientierung

Katharina Herzig, Universidad de Guadalajara

Der Gemeinsame europäische Referenzrahmen für Sprachen (GeR) hat in den letzten 10 Jahren auch in Mexiko großen Einfluss auf den DaF-Unterricht gewonnen, zum einen über die international anerkannten und in den deutschsprachigen Ländern entwickelten Prüfungsformate, die in Mexiko abgenommen werden, zum anderen über die aus den deutschsprachigen Ländern kommenden Lehrwerke, die im DaF-Unterricht benutzt werden. Das sich daraus ergebende Spannungsverhältnis zwischen der Standardisierung von DaF-Unterricht einerseits und den standort- und zielgruppenspezifischen Voraussetzungen am geisteswissenschaftlichen Universitätszentrum (CUCSH) der *Universidad de Guadalajara* (UdeG) andererseits wird im Folgenden beschrieben und analysiert. Außerdem werden mögliche Lösungsansätze entwickelt und deren praktische Umsetzung dargestellt.

1.   Standortbeschreibung: DaF-Unterricht am CUCSH

DaF-Unterricht findet am CUCSH vor allem für Studierende verschiedener geisteswissenschaftlicher *licenciatura*-Studiengänge (B.A.) statt, es gibt keine *licenciatura* in DaF/ Germanistik[1]. Die meisten Kurse bewegen sich dabei auf den Niveaustufen A1 und A2, also im Anfängerbereich. Fremdsprachen gehören zum Wahlpflichtbereich (verbunden mit der Vergabe von Leistungspunkten); die Studierenden können zwischen mehreren Fremdsprachen wählen (Englisch, Deutsch, Französisch, Portugiesisch, manchmal auch weiteren Sprachen wie z. B. Catalán) und müssen diese dann über 5 Semester mit 3 Wochenstunden belegen, oder wahlweise auch über 3 Semester mit 6 Wochenstunden. Die Deutschlernenden sind in der Regel Nullanfänger und erreichen nach Abschluss der Pflichtstundenzahl (insgesamt ca. 270 Unterrichtsstunden à 60

---

[1] Seit 2008 gibt es den binationalen Masterstudiengang *Deutsch als Fremdsprache: Estudios interculturales de lengua, literatura y cultura alemanas* gemeinsam mit dem Herder-Institut der Universität Leipzig; in diesem Beitrag geht es jedoch nur um den DaF-Unterricht im Anfängerbereich für die *licenciatura*-Studierenden.

Min.) ungefähr das Niveau A2. Für Interessierte werden weiterführende DaF-Kurse angeboten. Es gibt am CUCSH ein ÖSD-Prüfungszentrum[2], das Ablegen der Prüfungen ist aber freiwillig und nicht gekoppelt an die Zulassung für den nächsthöheren DaF-Kurs. Diese Zulassung wird durch das Bestehen kursinterner Prüfungen erlangt, die individuell von den Lehrenden gestaltet werden. Auch in den Studien- und Prüfungsordnungen der verschiedenen Studiengänge gibt es (noch) keine Vorgabe bezüglich einer bestimmten Niveaustufe z. B. nach dem GeR, die durch den Fremdsprachenunterricht erreicht werden sollte; es müssen lediglich die belegten Wahlpflichtkurse bestanden werden.

Bisher wurde für den DaF-Unterricht am CUCSH immer ein kurstragendes, in der Regel aus den deutschsprachigen Ländern importiertes Lehrwerk benutzt, auf dessen Grundlage ein Kursprogramm erstellt wird, das vor allem aus einer Verteilung der Lektionen auf die verschiedenen Semester besteht. Die (zielgruppenspezifische) Adaption des Lehrwerks hinsichtlich der Fragen, welches Material und welche Aufgaben verändert oder ersetzt werden, ist den individuellen Entscheidungen der Lehrenden überlassen. Zwar haben diese durch genaue Kenntnisse über standortspezifische Bedingungen und über die Lernenden und durch eine z. T. langjährige reflektierte Unterrichtspraxis bezüglich der zielgruppenspezifischen Adaption sicherlich oft eine professionelle Routine entwickelt; trotzdem entbehrt dieses Vorgehen, das in Mexiko an vielen universitären Deutschabteilungen und Sprachschulen üblich ist, einer theoretischen und curricularen (Handlungs-)Grundlage und des *Feedbacks* und der Evaluation einer Gemeinschaft von ExpertInnen (z. B. KollegInnen). Insofern kommt den Lehrwerken im DaF-Unterricht in Mexiko häufig die Funktion eines Lehrplans bzw. eines Curriculums zu. „Sind keine Lehrpläne vorhanden, rücken Lehrwerke gelegentlich an ihre Stelle und stellen die curriculare Leitlinie für den Unterricht dar. Die Niveaustufenbeschreibungen des GeR dienen insbesondere im Bereich der Erwachsenenbildung als Orientierungsgröße für Prüfungen wie auch für Lehrwerke" (Krumm 2010: 1215).

Nach einer von mir im September 2011 durchgeführten Befragung unter KollegInnen an 10 größeren Deutschabteilungen und Institutionen in Mexiko war das mit Abstand populärste Lehrwerk im DaF-Unterricht an diesen Institutionen zu dieser Zeit *studio d* (Cornelsen), das auch an der Deutschabteilung des CUCSH benutzt wird.[3]

---

[2] Österreichisches Sprachdiplom Deutsch.

[3] *studio d* (Cornelsen): CUCSH/ Universidad de Guadalajara; Benemérita Universidad Autónoma de Puebla; Goethe-Institut D.F.; UNACH Tuxtla; USBI Xalapa; Universidad de Guanajuato; UANL Monterrey (curso DAAD); *Optimal* (Langenscheidt): Sprachschule IDEAL (GDL); CELE/ UNAM; *Schritte International* (Hueber): Universidad de las Américas Puebla; UANL Monterrey.

Auch durch die international anerkannten Prüfungsformate werden Kurs-
programme für den DaF-Unterricht in Mexiko im Bereich der Erwachsenenbildung determiniert, vor allem durch die Prüfungen des Goethe-Instituts und
des ÖSD, da auf diese Prüfungen im DaF-Unterricht vorbereitet wird – häufig
mit speziell für die Prüfungsvorbereitung herausgegebenen Materialien. Auf
der Homepage des ÖSD heißt es: „Die Prüfungen orientieren sich an den Ni-
veaubeschreibungen des ‚Gemeinsamen Europäischen Referenzrahmens für
Sprachen' (GER) und an ‚Profile deutsch'."[4]

Auch in Bezug auf *studio d* fehlt der Hinweis auf den GeR nicht, der Verlag
verspricht eine „transparente Umsetzung der Lernziele, die sich am Gemeinsamen europäischen Referenzrahmen orientieren".[5]

Worauf sich diese Orientierung aktueller Lehrwerke am GeR tatsächlich
bezieht, müsste im Einzelnen genauer untersucht werden. Es lässt sich aber z.
B. in Mexiko beobachten, dass dadurch „vielen Lehrenden und Verantwort-
lichen von Sprachabteilungen eine fast automatische Hinführung zu den im
Referenzrahmen beschriebenen Niveaustufen [suggeriert wird], so dass eine
zielgruppenspezifische Adaption dieser Lehrwerke nicht notwendig erscheint,
vielleicht sogar einen optimalen Lernfortschritt verhindern könnte" (Herzig
2011: 92). Das erscheint aber z. B. mit Blick auf die Zielgruppe der DaF-
Lernenden am CUCSH problematisch.

2. Zielgruppenbeschreibung

Die DaF-Lernenden am CUCSH kommen aus den verschiedensten kulturwis-
senschaftlichen Studiengängen, z. B. aus *Docencia del Inglés como Lengua Ex-
tranjera* (Englischdidaktik), *Didáctica del Francés como Lengua Extranjera*
(Französischdidaktik), *Filosofía* (Philosophie), *Letras Hispánicas* (Spanisch),
Historia (Geschichte), *Estudios Internacionales* (Internationale Studien). Die
Zusammensetzung der DaF-Kurse ist also eher heterogen; der gemeinsame
Nenner ist der, dass es sich bei den DaF-Lernenden um junge erwachsene angehende Akademiker aus geisteswissenschaftlichen Studiengängen handelt, die
Deutsch nicht unmittelbar in ihrem Studium oder in einer daran anschließenden
Berufstätigkeit verwenden können. Auch im privaten Bereich gibt es – in einem
eher zielsprachenfernen Land wie Mexiko - zunächst keinen unmittelbar er-
sichtlichen Anwendungsbereich für Deutsch. Von institutioneller Seite her sind
ebenfalls keine konkreten formalen Ziele vorgegeben, z. B. das Erreichen einer

---

[4] http://www.osd.at/default.aspx?SIid=10&LAid=1 (12.11.2012).

[5] http://www.cornelsen.de/studio_d/1.c.2598975.de (12.11.2012).

bestimmten Niveaustufe oder ein Studienabschluss in Deutsch; die Etablierung von Fremdsprachenunterricht in Studienplänen geisteswissenschaftlicher Fächer lässt darauf schließen, dass Fremdsprachenkenntnisse als Schlüsselqualifikation für Geisteswissenschaftler angesehen werden.

Die zielgruppen- und standortspezifischen Bedingungen des DaF-Unterrichts am CUCSH lassen sich also charakterisieren durch 1) eine fehlende unmittelbare (und zukünftige) persönliche oder berufliche Verwendbarkeit von Deutsch für die Studierenden und b) fehlende formale Zielvorgaben in Bezug auf das zu erreichende Niveau/ einen formalen Abschluss. Trotzdem erfreuen sich die Deutschkurse am CUCSH großer Beliebtheit, pro Semester gibt es ca. 250-300 DaF-Lernende mit steigender Tendenz. Die Entscheidung für Deutsch wird manchmal aus ganz pragmatischen Gründen gefällt („Der Französischkurs war schon voll"), manchmal aber auch aus spezifischen fachlichen Interessen („Ich möchte die deutschsprachigen Philosophen gern im Original lesen können") oder auch aufgrund akademischer Ziele („Ich möchte gern ein Semester in einem deutschsprachigen Land studieren"). Häufig können die Studierenden zu Beginn des DaF-Unterrichts aber auch gar keine spezifische Motivation für ihre Wahl benennen.

3.   Handlungszielorientierter Ansatz

Die oben beschriebenen standort- und zielgruppenspezifischen Voraussetzungen des DaF-Unterrichts am CUCSH unterscheiden sich erheblich von einem DaF-Kurs, der z. B. mit dem Ziel stattfindet, Ingenieure auf ein Berufspraktikum in Deutschland vorzubereiten oder Studierende einer Tourismusfachschule auf die Kommunikation mit deutschsprachigen Hotelgästen vorzubereiten. In beiden zuletzt genannten Lernsituationen gibt es für die Deutschlernenden ein gemeinsames, in der Zukunft liegendes Ziel, das durch Bedarfsanalysen relativ konkret gefasst werden kann bis hin zu den später benötigten Redemitteln. Deutschlernen ist in diesen beiden Fällen Teil einer Ausbildung, die Sprachkenntnisse werden mit dem Ziel einer zukünftigen kommunikativen Anwendung in relativ klar umrissenen Handlungssituationen erworben, die Inhalte des Unterrichts werden durch dieses Ziel weitgehend determiniert.

Am CUCSH dagegen müssen innerhalb des DaF-Unterrichts der Niveaustufen A1 und A2 zunächst individuelle oder gemeinsame Handlungsziele von den Deutschlernenden in Bezug auf DaF entwickelt werden, da diese die Voraussetzung für individuell bedeutsames (rezeptiv oder produktiv orientiertes) Handeln in der Zielsprache darstellen. Handlungen sollen hier in Anlehnung an tätigkeitstheoretische Ansätze definiert werden als „mehr oder weniger bewusste und zielgerichtete Abschnitte einer Tätigkeit […], die deren übergreifenden Motiven und Zielen untergeordnet sind, eine bestimmte Stellung in der jeweiligen Tätigkeitsstruktur einnehmen, mit anderen Handlungen in Beziehung stehen und selbst aus Teilhandlungen und automatisierten Operationen bestehen" (Giest/ Lompscher 2006: 189). Auch jede sprachliche Handlung muss also zielgerichtet sein. Auf Grundlage der Theorie der Lerntätigkeit gehe ich mit Giest / Lompscher (2006) davon aus, dass gegenstandsadäquate Bedürfnisse erst in der Auseinandersetzung mit dem Lerngegenstand während der Lerntätigkeit entstehen; auch Handlungsziele in Bezug auf DaF entwickeln und verändern sich insofern dynamisch.

Der didaktische Ansatz des GeR wird von den AutorInnen als *handlungsorientiert* charakterisiert (vgl. Europarat 2001: 21ff.); Schramm (2008) kritisiert allerdings die fehlende theoretische Schärfung des Handlungsbegriffs im GeR. Harsch merkt an, dass sich der Ansatz der Handlungsorientierung nicht in den Beispielskalen des GeR wiederfindet (Harsch 2006: 300).

Der hier dargestellte *handlungszielorientierte* Ansatz impliziert auf der unterrichtlichen Ebene, dass den DaF-Lernenden vielfältige und vor allem binnendifferenzierte Angebote gemacht werden müssen – u. a. hinsichtlich der Unterrichtsinhalte, der Aktivitäten und des Arbeitstempos. So können die Lernenden bei der induktiven und prozessorientierten Entwicklung ihrer Handlungsziele in Bezug auf DaF unterstützt werden und ihren ganz individuellen Zugang zur deutschsprachigen Welt entdecken. Dieser Zugang kann eine bestimmte deutschsprachige Musikgruppe sein, deren Texte und Musikvideos ein Lerner gern detailliert verstehen möchte, dieser Zugang kann auch ein bestimmtes Thema sein, für das sich ein Lerner interessiert und zu dem er deutschsprachige Informationen aus dem Internet global oder selektiv verstehen möchte. Eine andere Lernerin wird vielleicht wiederum dadurch motiviert, dass sie ein interessantes deutschsprachiges Forum entdeckt, für das sie gern einen Beitrag schreiben möchte, oder aber dadurch, dass sie auf der Homepage einer deutschsprachigen Universität einen für sie interessanten Masterstudiengang kennen lernt und Interesse an einem einsemestrigen Studienaufenthalt in den deutschsprachigen Ländern noch während des *licenciatura*-Studiums bekommt. Wieder andere Annäherungen an die Zielsprache und -kulturen können in der Entdeckung eines deutschsprachigen Autors (auch in der spanischen Übersetzung) oder einer Regisseurin liegen, können aber auch vor dem Hintergrund des eigenen Studiengangs fachlich motiviert sein. All diese verschiedenen Zugänge zur deutschsprachigen Welt implizieren wiederum unterschiedliche (Teil-) Handlungen in der Zielsprache, z. B. Recherche im deutschsprachigen Internet, globales oder/ und selektives Verstehen von Lese-/ Hörtexten, das Schreiben eines Forumsbeitrags unter Verwendung eines angemessenen Registers.

Bereits auf den Niveaustufen A1 und A2 sollte die Lernumgebung im DaF-Unterricht so gestaltet sein, dass die Lernenden bei der Ausführung dieser (Teil-)Handlungen – der Niveaustufe entsprechend – unterstützt werden, damit sie ihre inhalts- und sprachbezogenen Ziele in Bezug auf DaF erreichen können, die sie zum Zeitpunkt des Deutschlernens entwickeln und verfolgen. Diese Ziele unterliegen wiederum dynamischen Entwicklungen und Veränderungen durch die Auseinandersetzung mit der deutschsprachigen Welt, wofür ein handlungszielorientierter Unterricht offen sein sollte, da die Entfaltung genau dieser Dynamik eines seiner zentralen Ziele darstellt.

Im GeR findet sich ein Konzept von Sprachunterricht als auf eine *zukünftige* Sprachverwendung ausgerichtete *Ausbildung* – zu beruflichen oder auch privaten Zwecken (bspw. eine Reise in die deutschsprachigen Länder). So heißt es z. B. im Kapitel 4:

> Die Benutzer des Referenzrahmens sollten bedenken und, soweit sinnvoll, angeben,
> - in welchen Lebensbereichen die Lernenden handeln müssen, auf welche sie vorbereitet werden sollen und welche Anforderungen an sie gestellt werden (Europarat 2001: 53);
> - welche Situationen die Lernenden bewältigen müssen, auf welche sie vorbereitet werden sollen und was von ihnen in dieser Hinsicht erwartet wird (ebd.: 55);
> - mit welchen Orten, Institutionen/ Organisationen, Personen, Objekten, Ereignissen und Handlungen die Lernenden zu tun haben werden (ebd.: 55).

Sprachunterricht wird im GeR also indirekt als Vorbereitung auf potenzielle, in der Zukunft liegende Handlungen in der Zielsprache definiert (vgl. Herzig 2011). Selbst wenn diese zukünftigen sprachlichen Handlungssituationen für eine Lernergruppe nicht klar zu definieren sind, findet sich im Referenzrahmen die Empfehlung zu überlegen, wie Lernende am besten auf eine kommunikative Sprachverwendung vorbereitet werden können, „ohne sie unnötigerweise auf Situationen vorzubereiten, die sich vielleicht nie einstellen" (Europarat 2001: 52) – der vorbereitende Charakter des Sprachunterrichts bleibt also auch in diesem Fall erhalten.

Dieses dem GeR zugrunde liegende Konzept von Sprachunterricht ist wenig kompatibel mit dem hier skizzierten handlungszielorientierten Ansatz, bei dem das sinnstiftende Element zumindest auf der curricularen Ebene eben nicht in erster Linie in der Vorbereitung auf etwas Zukünftiges liegt, sondern in gegenwärtigen und individuellen (oder auch gemeinschaftlich konstruierten) Handlungszielen der Studierenden und darauf gerichtetem sprachlichen Handeln gefunden werden muss. Auf der Ebene des konkreten Unterrichts

können sich die Handlungsziele der Studierenden und das sich daraus ergebende sprachliche Handeln inhaltlich sicherlich auch auf Zukünftiges beziehen – z. B. auf das Ziel, sich auf einen einsemestrigen Studienaufenthalt in
den deutschsprachigen Ländern vorzubereiten -, aber trotzdem beruhen diese
Handlungsziele auf gegenwärtigen Wünschen und Bedürfnissen der Studierenden.

4. Zielgruppenorientierte und binnendifferenzierte Inhalte im DaF-Unterricht

Ein weiteres Problem in Bezug auf die standort- und zielgruppenspezifischen
Bedingungen am CUCSH stellen die im GeR vorgeschlagenen Themen dar,
die wiederum auf im GeR beschriebene Domänen (öffentlicher Bereich, pri-
vater Bereich, Bildungswesen, beruflicher Bereich; vgl. Europarat 2011: 26)
zurückzuführen sind. In Anlehnung an diese Domänen werden Vorschläge für
„Themen der Kommunikation" gemacht, wobei im GeR wiederum auf die „ein-
flussreiche Klassifikation in Themen, Subthemen und spezifische Konzepte"
des *Threshold Level* 1990, Kap. 7 verwiesen wird (ebd.: 58):

> 1. Informationen zur Person 2. Wohnen und Umwelt 3. Tägliches Leben 4. Freizeit,
> Unterhaltung 5. Reisen 6. Menschliche Beziehungen 7. Gesundheit und Hygie-
> ne 8. Bildung und Ausbildung 9. Einkaufen 10. Essen und Trinken 11. Dienst-
> leistungen 12. Orte 13. Sprache 14. Wetter.

Es wird im Referenzrahmen ausdrücklich darauf hingewiesen, dass es sich hierbei um eine Themenauswahl handelt, die auf subjektiven Einschätzungen der
Autoren in Hinblick auf eine spezifische Sprachlernsituation und Zielgruppe
beruht, nämlich für „vorübergehende Besucher, die voraussichtlich nicht am
Berufs- und Bildungsleben des Landes teilnehmen werden" (ebd.: 58). Zwar
findet sich im GeR gleich im Anschluss an die relativ konkreten Themen-
vorschläge der Hinweis darauf, dass die Themenauswahl für den Fremdsprachenunterricht zielgruppenspezifisch erfolgen sollte und von den „jeweiligen
Bedürfnissen, Motiven, Charakteristika und Lernmöglichkeiten der Lernenden in dem jeweils relevanten Bereich" abhängt (ebd.: 58). Die oben erwähnten, in Mexiko verbreiteten Grundstufenlehrwerke zeichnen sich jedoch nicht
durch besondere zielgruppenspezifische Konzeptionen aus; wahrscheinlich auch
deshalb, weil die Verlage eher an der Produktion von universell einsetzbaren
Lehrwerken interessiert sind. So lässt sich feststellen, dass seit dem Erscheinen des GeR von den einschlägigen Verlagen in relativ kurzen Zeitabständen

neue DaF-Lehrwerke für die Niveaustufen A1 und A2 produziert wurden, die sich bezüglich der Themen der einzelnen Lektionen kaum voneinander unterscheiden und deren Themenauswahl deutlich an den Themenvorschlägen des Referenzrahmens und an dem Konzept eines kommunikativen, alltagsvorbereitenden Sprachunterrichts ausgerichtet ist (vgl. auch Herzig 2011).

Am CUCSH äußerte ein DaF-Lerner einmal den Wunsch, zu *studio d A1*, Lektion 4 („Menschen und Häuser/ Wohnwelten") die Geschichte ausgewählter Architekturstile in den deutschsprachigen Ländern zu behandeln (dabei handelte es sich nicht um einen Architekturstudenten). Ob es grundsätzlich möglich wäre, diesen Themenvorschlag mit Sprachunterricht auf dem Niveau A1 zu verbinden, kann an dieser Stelle nicht ausführlich diskutiert werden. Dieses Beispiel soll nur verdeutlichen, welche elaborierten und speziellen thematischen Interessen von Seiten der Lernenden häufig in den DaF-Unterricht am CUCSH eingebracht werden und wie weit entfernt diese Interessen von der thematischen Realität des Lehrbuchs sein können (in der hier erwähnten Lektion 4 geht es um Möbel und Wohnungsbeschreibungen). Insofern sollte „die Reduzierung des DaF-Unterrichts im Anfängerbereich auf die Funktion einer sprachlichen und kulturellen Alltagsvorbereitung grundsätzlich in Frage gestellt werden. Hierbei gilt es zu prüfen, welche Interessen und Bedürfnisse von Seiten der Lernenden in Bezug auf die inhaltliche und methodische Gestaltung des DaF-Unterrichts bestehen und wie und in welchem Umfang diese im Sprachunterricht der Niveaustufen A1-B1 berücksichtigt werden können" (Herzig 2011: 101).

5.   GeR: Kritik aus Europa

Von europäischen Autoren liegen inzwischen zahlreiche Kritikpunkte am GeR zu den unterschiedlichsten Aspekten vor. Einige dieser Kritiken gehen in eine ähnliche Richtung wie die hier vorgestellten Punkte. So wird z. B. kritisiert, dass dem GeR ein stark utilitaristisches Konzept von Fremdsprachenunterricht zugrunde liegt, es wird jedoch nicht das dem GeR inhärente zukunftsorientierte Konzept von Sprachunterricht grundsätzlich in Frage gestellt (vgl. Quetz 2010 a: 48; Fandrych 2008; Bausch et al. 2005; Bausch et al. 2003). Häufig wird in diesem Zusammenhang bemängelt, dass im GeR der literarische und kreative Sprachgebrauch in den Hintergrund rücke und dass der Bildungsaspekt verloren gehe (vgl. Lüger / Rössler 2008). Dabei wird oft die Alltagsorientierung in Opposition zur Arbeit mit literarischen Texten gestellt, wobei wiederum die Funktion literarischer Texte insbesondere im Fremdsprachenunterricht der unteren Niveaustufen reduziert wird auf den Motivations- und Kreativitätsfaktor (zum Potenzial von Literatur im DaF-Unterricht vgl. das Literarizitätskonzept von Dobstadt 2009).

In Bezug auf Lehrwerke und Lehrwerksinhalte führt Krumm die thematische Orientierung an Alltagssituationen auf den Einfluss der kommunikativen Methode zurück:

> Mit der kommunikativen Methode hat sich für Lehrwerke die Forderung nach authentischen Texten und die Orientierung an Alltagssituationen durchgesetzt, so dass literarische Texte vielfach ganz aus den Lehrwerken verschwunden waren. Seit den 1990er Jahren zeichnet sich hier jedoch eine Schwerpunktverlagerung ab: Im Hinblick auf interkulturelle Lehr- und Lernziele und Lehrinhalte haben literarische Texte wieder an Bedeutung gewonnen (vgl. Mummert 2006). (Krumm 2010: 1216)

Auch Quetz benennt die Opposition alltagsorientierte, pragmatische versus literarische, bildungsrelevante Inhalte (in diesem Fall in Bezug auf Sprachprüfungen, Quetz 2010 b: 201). Quetz reagiert auf den Vorwurf der einseitigen pragmatischen Alltagsorientierung des GeR mit der Behauptung, dass es in vielen Sprachkursen in DaF „ja nicht um ‚Bildung‘, sondern um ganz praktische Verwendungsaspekte in beruflichen oder touristischen Kontexten" gehe (ebd.). Diese Aussage über Fremdsprachenunterricht entbehrt jeder empirischen Grundlage, z. B. über differenzierte Lehr-/Lernziele in verschiedenen DaF-Kontexten; offen bleibt auch, auf welche Länder/Regionen genau sich diese Behauptung bezieht. Für den in diesem Beitrag beschriebenen Kontext trifft sie auf jeden Fall nicht zu. Fandrych (2008) analysiert den linguistischen Kompetenzbegriff im GeR und stellt mit Blick auf die entsprechenden Skalen fest, dass in diesen eine „Entwicklung von einem primär selbstbezogenen, in Routinehandlungen begriffenen und rein alltagspraktisch orientierten Subjekt hin zu einem sukzessive ‚klarer‘ und rational beschreibenden und argumentierenden [...] Sprecher modelliert wird" (Fandrych 2008: 17). Während auf den unteren Niveaustufen sprachliche Kompetenzen in Bezug auf (den eigenen) Alltag, eigene Bedürfnisse und das konkrete persönliche Umfeld beschrieben werden, stehen ab B2 eher Präzision und Rationalität im Vordergrund (ebd.: 18).

> Der Sprachbegriff ist orientiert an einem ‚idealen Sprecher‘ westlicher Prägung, die Vielfalt an Sprachverwendungsdomänen, sozialen, kulturellen und individuellen Sprachverwendungszwecken werden tendenziell ausgeblendet zugunsten einer engen Koppelung von Sprachkompetenzniveaus mit spezifischen funktionalen und rationale Bildungszielen westlichen Zuschnitts. (Ebd.)

Als problematisch beschreibt Fandrych in diesem Zusammenhang zum einen die Ausblendung anderer wichtiger Domänen der Sprachverwendung – „etwa die Welt des Spiels, der Fantasie und der Fiktionalität, die Welt der individuellen Sinnfindung, die Welt des Transzendenten bzw. des kollektiven Glaubens (vgl. Adamzik 2004: 63f.)" (ebd.), also die Beschränkung auf einen rational-funktionalen Sprachgebrauch auf allen Niveaustufen. Zum anderen kritisiert er den Ausschluss von intellektuell anspruchsvolleren und auf abstraktere Themen bezogene Kommunikationsbedürfnisse auf den unteren Niveaustufen zugunsten einer sprachlichen Bewältigung routinierter Alltagshandlungen, verursacht durch die problematische Koppelung von Sprachverwendungsdomänen und Kompetenzniveaus. Das wird z. B. deutlich in der Kompetenzstufenbeschreibung der Skala „Spektrum sprachlicher Mittel (allgemein)" der Niveaustufe A2:

> Kann kurze gebräuchliche Ausdrücke verwenden, um einfache konkrete Bedürfnisse zu erfüllen und beispielsweise Informationen zur Person, Alltagsroutinen, Wünsche, Bedürfnisse auszudrücken und um Auskunft zu bitten. (Europarat 2001: 111)

Ein weiterer, in Zusammenhang mit dem Thema dieses Beitrags wichtiger Kritikpunkt am GeR von Fandrych bezieht sich auf die Fokussierung auf Sprachproduktion und die Vernachlässigung rezeptiver Kompetenzen in den Skalen zur linguistischen Kompetenz. Fandrych weist auf die Wichtigkeit der Entwicklung rezeptiver Kompetenzen gerade auf den unteren Niveaustufen hin und plädiert für eine aufmerksamkeits- und rezeptionsorientierte Sprachdidaktik. Eine in diesem Sinne gestaltete Lernumgebung erscheint auch für den DaF-Unterricht am CUCSH sinnvoll zu sein, um der Diskrepanz zwischen den intellektuellen, inhaltlichen Ansprüchen der Studierenden und dem sprachlich Möglichen im Fremdsprachenunterricht zu begegnen.

6. Perspektiven für die Lehrwerksentwicklung und für die Gestaltung der Lernumgebung

Brill bemerkt, dass „die Zuschreibung ‚lernerorientiert' für in den 90er Jahren publizierte Lehrwerke (s. Huneke/ Steinig 1997, 153) [...] die Tatsache [verdeckt], dass diese neuen Lehrwerke u.U. genau so wenig auf die individuellen Bedürfnisse einzelner Lerner eingehen wie die Anfang der 80er Jahre erschienenen kommunikationsorientierten Lehrwerke, dass auch hier nicht die Lernerperspektive, sondern die Lehrperspektive betont wird" (Brill 2005: 246). Weiterhin erwähnt Brill die Bemühungen von Autoren, Lehrwerke binnendifferenziert zu gestalten (Brill 2005: 240 ff). Es erscheint allerdings wenig überzeugend, wenn das Problem der Binnendifferenzierung dadurch gelöst werden soll, dass in (zielgruppenunspezifischen) Lehrwerken Materialien und Aufgaben in den Varianten A, B und C angeboten werden (differenziert z. B. nach Schwierigkeitsgrad, nach unterschiedlichen Themen,…). Auch durch eine Vervielfachung des Aufgaben- und Materialangebots innerhalb der Lehrwerke in den 2000er Jahren mit Hilfe von multimedialen Komponenten bleibt das Prinzip der Vorgabe von Materialien/ Texten in Kombination mit dazu bereits ausformulierten Aufgaben und kleinschrittig vorgegebener Progression zumindest in einem handlungszielorientierten Unterricht problematisch. Will man Binnendifferenzierung und Lernerorientierung konsequent verfolgen, müsste in einem Grundstufenlehrwerk für angehende AkademikerInnen in jeder Lektion neben Texten und Aufgaben, die event. von allen bearbeitet werden, auch das selbstständige, interessegeleitete Benennen von (Unter-)Themen, die eigenständige Materialsuche und -auswahl sowie die Formulierung von Handlungszielen, verbunden z. B. mit der Benennung der individuellen Lese-/ Hörintention in Bezug auf ein bestimmtes Material durch die LernerInnen vorgesehen sein und einen angemessenen Raum einnehmen. Das setzt voraus, dass das Lehrwerk entsprechende Hilfen und Orientierungen in Bezug auf die Materialsuche, z. B. für eine Recherche im deutschsprachigen Internet anbietet (was nicht gleichbedeutend ist mit dem einfachen Hinweis auf bestimmte Links) und dass verschiedene Lesestile und -strategien nicht nur exemplarisch eingeübt, sondern auch im Lehrwerk benannt werden und ihre Übertragbarkeit auf andere Texte transparent gemacht wird – das alles schon für die Niveaustufen A1 und A2. So könnten die Studierenden auch durch die Gestaltung des Lehrwerks bei der Entwicklung von individuellen Handlungszielen in Bezug auf DaF unterstützt werden.

Um diesem Ziel etwas näher zu kommen, arbeite ich im DaF-Unterricht (Niveau ca. A2) am CUCSH ergänzend zum kurstragenden Lehrwerk mit der Lernplattform *Moodle,* z. T. auch im Präsenzunterricht. Dabei versuche ich, die Lernenden durch entsprechende Aufgaben- und Materialangebote möglichst häufig auf die Reise ins deutschsprachige Internet zu schicken, damit sie dort mit vielfältigem Input (Texten, Audios, Videos) konfrontiert werden und unterschiedliche Kommunikationsmöglichkeiten (Foren, Blogs, soziale Netzwerke, Chats) auf Deutsch kennen lernen, um in Auseinandersetzung damit event. ihre persönlichen Handlungsziele zu entwickeln und die deutschsprachige (digitale) Welt für sich zu entdecken. Viele Aufgaben auf der Plattform sind deshalb als interessegeleitete Navigationsaufgaben konzipiert und haben eine ähnliche Struktur wie die folgenden zwei Aufgabenbeispiele: *1) Suche einen Text/ ein Audio/ ein Video auf der Seite der „Deutschen Welle" (auf*

Deutsch), das dich interessiert. Kopiere den Link ins Forum und schreibe in 2-3 Sätzen, worum es geht. 2) Welche deutschsprachige Band gefällt dir besonders gut? Was ist dein deutschsprachiges Lieblingslied? Kopiere den Link in dieses Forum und stelle die Band/ das Lied kurz vor (Name + Musikstil). Entsprechende Redemittel werden mit den Aufgaben zur Verfügung gestellt und vorher besprochen, ebenso entsprechende Hilfen für die Suchwege und Suchanfragen. Im Anschluss an die individuellen Recherchetätigkeiten gibt es meistens noch Folgeaufgaben in Zusammenhang mit der Auswertung der Ergebnisse, z. B. in Form von Reaktionen auf Forumsbeiträge der Kommilitonen, Weiterarbeit mit einigen von den Deutschlernenden ausgesuchten Liedern etc. Sowohl im rezeptiven als auch im produktiven Bereich werden diese interessegeleiteten Navigationsaufgaben z. T. auch mit sprachaufmerksamkeitsorientierten Anschlussaufgaben kombiniert, z. B. durch die Fokussierung auf die Verbkonjugation, auf die Gestaltung von Satzanschlüssen, auf Redemittel zum Ausdruck des eigenen Interesses.

Bisher liegen keine empirischen Ergebnisse darüber vor, in welchem Zusammenhang die hier beschriebene Gestaltung der Lernumgebung zur individuellen Entwicklung von Handlungszielen der DaF-Lernenden am CUCSH steht. In den Evaluationen durch die Studierenden (drei verschiedener Lerngruppen über drei Semester) wird aber immer wieder deutlich, dass die Studierenden insgesamt mehr auf Deutsch rezipieren und dafür auch mehr Zeit über den Unterricht hinaus investieren als im nicht plattformgestützten DaF-Unterricht. Auch das regelmäßige Schreiben kurzer Texte, eingebettet in einen kommunikativen Kontext innerhalb der Lerngruppe (in Bezug auf die Forumsbeiträge und Kommentare) wird oft positiv erwähnt.

7. Standortspezifik statt Regionalspezifik

Der Begriff der Regionalspezifik wirft u. a. die Fragen auf, was genau als Region bezeichnet werden kann, welche Zielgruppen für DaF und welche DaF-Standorte es innerhalb einer Region gibt und welche Gemeinsamkeiten und Unterschiede zwischen diesen zu finden sind. Das zieht wiederum die Frage nach sich, wie sich Zielgruppen und DaF-Standorte – also universitäre Deutschabteilungen, Institutionen und Sprachschulen - systematisch beschreiben lassen und wie sie verglichen werden können. Mit diesen Fragen beschäftigt sich die 2012 gegründete Arbeitsgruppe *DaF in Lateinamerika: Zielgruppen- und Standortspezifik im universitären Kontext* in Bezug auf ausgewählte universitäre DaF-Standorte in Argentinien, Brasilien, Chile und Mexiko.

Im Kontext der Regionalisierung von DaF-Unterricht und der Entwicklung regionaler Lehrwerke kann sich der Begriff „regional" nach Boeckmann (2010) auf ein spezifisches Land, aber auch auf örtliche Gegebenheiten sowohl unterhalb als auch oberhalb nationaler Grenzen beziehen, z. B. auch auf einen ganzen Kontinent. Die Regionalisierung „soll ‚als Alternative zum Methoden- und Materialtransfer' verstanden werden (Breitung und Lattaro 2001: 1041-1042). Das Konzept der Regionalisierung bleibt also, abgesehen davon, dass es außereuropäische (oder zumindest nicht-westliche) Gegebenheiten berücksichtigen soll, eher vage" (Boeckmann 2010: 953). Vor dem Hintergrund der Dekonstruktion eines nationalen Kulturbegriffs (vgl. z. B. Altmayer 2004 a) und vor dem Hintergrund der oben kurz angedeuteten Unterschiede zwischen Zielgruppen in der gleichen Region (in diesem Fall Mexiko) muss das Konzept der Regionalisierung von DaF-Unterricht sicherlich grundsätzlich in Frage gestellt werden. Vor dem gleichen Hintergrund ist auch ein vorsichtiger Umgang mit dem Konstrukt regionaler Lehr-/ Lerntraditionen geboten.

Brill benennt – in Anlehnung an Seel (1985) - als regionalspezifische Aspekte „institutionelle Bedingungen des Lehrens und Lernens, Curricula, Stellung der Sprache im Schulsystem, Situation der Lehreraus- und -fortbildung" (Brill 2005: 245 f); diese Aspekte lassen sich aber genauer als standortspezifische Aspekte bezeichnen, da sie sich für verschiedene DaF-Standorte innerhalb einer Region unterschiedlich darstellen. Brill benennt außerdem auch kulturspezifische sowie adressatenspezifische Aspekte und kritisiert – auch basierend auf Seel – sicherlich zurecht, dass „eine von der Perspektive Deutschlands ausgehende, ‚globale' Lehrwerkkonzeption" kaum alle diese Aspekte berücksichtigen kann (ebd.).

Auch Altmayer weist auf die Gefahr einer globalen Vereinheitlichung von Zielen im DaF-Unterricht hin: „Die weitere Entwicklung wird zeigen, ob die Gefahr, dass die Ziele des Deutsch als Fremdsprache-Unterrichts und über die Zielorientierung auch die Curricula, Lernmaterialien und schließlich auch der Unterricht selbst europa-, wenn nicht weltweit vereinheitlicht werden und dass das alte Prinzip der Lernerorientierung damit ausgehöhlt und zugunsten europäischer Harmonisierung geopfert wird, tatsächlich besteht […]." (Altmayer 2004 b: 10)

Die Antwort auf die Frage, welche Möglichkeiten der GeR und damit zusammenhängend aus den deutschsprachigen Ländern importierte Lehrwerke für Mexiko bieten, kann nur standort- und zielgruppenspezifisch, nicht aber in Bezug auf ein ganzes Land beantwortet werden. Die Deutschlehr- und -lernsituationen innerhalb Mexikos sind vollkommen unterschiedlich. So könnte es sein, dass die in diesem Beitrag vorgestellten Kritikpunkte am GeR genauso auch auf einen Deutschlernkontext an einer Universität in einem anderen zielsprachenfernen Land zutreffen, nicht aber auf den Deutschunterricht an

VW-Sprachschulen in Puebla/ Mexiko oder auf Deutschlernende im DAAD-Jungingenieurenprogramm in Monterrey/ Mexiko, die sicherlich großes Interesse daran haben, sich auf einen unmittelbar bevorstehenden (Arbeits-)Alltag in Deutschland vorzubereiten.

Daraus ergeben sich folgende Konsequenzen: Es sind zunächst wesentlich differenziertere Kenntnisse über die unterschiedlichen DaF-Zielgruppen auch innerhalb einer Region bzw. eines Landes notwendig. Für eine differenzierte und vergleichende Beschreibung von Zielgruppen muss ein Beschreibungsinstrumentarium entwickelt werden. In diesem Zusammenhang ist auch eine theoretische Klärung der Begriffe Zielgruppe, Zielgruppenspezifik und Standortspezifik (mit diesem Begriff soll hier der Begriff der Regionalspezifik ersetzt werden) notwendig. Einen Beitrag dazu leistet der hier vorgeschlagene Weg, Zielgruppen und Standorte über Handlungsziele in Bezug auf DaF zu definieren, die z. B. nach individuellen und institutionell vorgegebenen, nach gegenwärtigen und zukünftigen, nach persönlichen, akademischen und beruflichen Handlungszielen differenziert werden können. Demnach könnten Lernende mit gemeinsamen Charakteristika (z. B. akademischer Kontext, die gleiche L1 und L2) und sich überschneidenden Handlungszielen als eine Zielgruppe definiert werden. Die sich daraus ergebende Möglichkeit, DaF-Lernende von ganz unterschiedlichen und event. weit auseinanderliegenden Standorten als eine Zielgruppe zusammenzufassen, würde auch neue Perspektiven für Lehrwerkskonzeptionen und für Lehrwerksverlage eröffnen.

8.   Fazit und Ausblick

In diesem Beitrag wurde auf Grundlage der standort- und zielgruppenspezifischen Bedingungen des DaF-Unterrichts am geisteswissenschaftlichen Universitätszentrum CUCSH (UdeG) in Mexiko und in Anlehnung an einen dynamischen Begriff von Handlungszielen aus der Theorie der Lerntätigkeit ein handlungszielorientierter Ansatz entwickelt und eine Möglichkeit für die praktische Umsetzung dieses Ansatzes am CUCSH vorgestellt.

Dafür wurden zunächst der universitäre DaF-Standort CUCSH und die entsprechende Zielgruppe genauer beschrieben und dabei auf die problematische Diskrepanz zwischen den für den Anfängerunterricht vorgesehenen (Alltags-)Themen und den intellektuellen Ansprüchen der Lernenden hingewiesen. Als ein wichtiges zielgruppen- und standortspezifisches Merkmal wurde herausgearbeitet, dass es keine direkte (kommunikative) Verwendung für Deutsch gibt, weder zum Zeitpunkt des Deutschlernens noch zu einem zukünftigen Zeitpunkt.

Außerdem wurde zum einen das dem GeR zugrunde liegende zukunftsorientierte Konzept von Sprachunterricht kritisiert, da es nicht mit allen DaF-Lehr-Lernsituationen kompatibel ist und gegenwartsorientierte Lehr- bzw. Handlungsziele von Lernenden ausblendet. Zum anderen wurden die im GeR vorgeschlagenen Domänen und Themenbereiche problematisiert und an diesen – sowohl mit Blick auf in den deutschsprachigen Ländern produzierte Lehrwerke als auch auf Grundlage der Rezeption europäischer Kritik am GeR – insbesondere die einseitige Alltagsorientierung, das Fehlen von intellektuell anspruchsvolleren und abstrakteren Themen auf den unteren Niveaustufen und insgesamt fehlender Freiraum für die Suche der Lernenden nach persönlich bedeutsamen Inhalten und damit verbundenen (auch affektiven) Handlungszielen kritisiert.

Zusammenfassend lässt sich festhalten, dass der Effekt der Standardisierung von Unterrichtsinhalten und Aufgabenformaten insbesondere auf den Niveaustufen A1 und A2 im mexikanischen Kontext auf Kosten von Zielgruppen- und Standortspezifik nicht allein durch den GeR verursacht ist, sondern vielmehr durch die Art seiner Rezeption bei der Lehrwerks- und Testentwicklung in Europa und durch die eher unkritische Übernahme dieses Materials an universitären Deutschabteilungen in Mexiko.

Es wurde die Wichtigkeit einer induktiven und prozessorientierten Entwicklung von individuellen (oder auch gemeinsam konstruierten), gegenwärtigen Handlungszielen durch die Lernenden in Bezug auf DaF herausgestellt und anhand des plattformgestützten DaF-Unterrichts am CUCSH dargestellt, wie die Lernenden bei der Entwicklung dieser Ziele unterstützt werden können. Außerdem wurde perspektivisch skizziert, wie die Struktur eines Lehrwerks mit solch einem handlungszielorientierten Ansatz aussehen könnte.

Schließlich wurde noch die Frage nach den Beschreibungsmöglichkeiten und der Vergleichbarkeit von verschiedenen Zielgruppen und Standorten diskutiert und der Vorschlag gemacht, diese z. B. anhand unterschiedlicher Kategorien von Handlungszielen zu vergleichen; so könnten Gemeinsamkeiten zwischen einzelnen DaF-Lernenden, Lernergruppen und Standorten identifiziert und Zielgruppen auch länder- und lerngruppenübergreifend neu definiert werden.

Sicherlich ist es auch vorstellbar, Handlungsziele in Kompetenzstufen zu beschreiben und zu messen – angefangen bei der Kompetenz der Entwicklung selbständiger Lese- und Hörintentionen fremdsprachlicher Texte, Audios und Videos über die Kompetenz einer zielführenden fremdsprachlichen Literatur- und Internetrecherche bis zur Kompetenz, eigene fremdsprachliche Kommunikationsbedürfnisse zu identifizieren, die dazu notwendigen Teilhandlungen niveauangemessen zu planen (z. B. die Erarbeitung der entsprechenden sprachlichen Mittel und die Suche nach Unterstützung dabei) und der Evaluation des Prozesses nach der Realisierung des Handlungsziels.

Um die DaF-Lernenden am CUCSH auf den Niveaustufen A1 und A2 bei der induktiven und prozessorientierten Entwicklung von inhalts- und sprach- bezogenen Handlungszielen in Bezug auf DaF zu unterstützen, sind sicherlich ganz verschiedene Möglichkeiten der Gestaltung der Lernumgebung denkbar und sollten auch möglichst verschiedene Alternativen erprobt werden. Ein Weg ist vielleicht der Einsatz von Lernplattformen und die Integration des deutschsprachigen Internets in den Unterricht. Nach dreisemestriger Erfah- rung mit plattformgestütztem DaF-Unterricht und mit der Einbeziehung des deutschsprachigen Internets kann zumindest aus den subjektiven Lehr- und Lernperspektiven heraus festgestellt werden, dass die Lernenden überwiegend positiv auf diese neuen Impulse reagiert haben und sich über den Unterricht hinaus auch in ihrer Freizeit mit Deutsch (in diesem Fall dem deutschspra- chigen Internet) beschäftigt haben – zumindest war das zielsprachliche Input also im Vergleich zum ausschließlich lehrwerkgestützten DaF-Unterricht hö- her. Aber inwieweit dieser Unterricht tatsächlich der induktiven Entwicklung von Handlungszielen der Lernenden in Bezug auf DaF dient und woran diese Entwicklung genau festgemacht werden kann, muss durch empirische For- schungsergebnisse abgesichert werden.

Literaturverzeichnis

Altmayer, Claus (2004a), *Kultur als Hypertext. Zur Theorie und Praxis der Kulturwissenschaft im Fach Deutsch als Fremdsprache.* München: iudici- um.

Altmayer, Claus (2004b), „Sprachkultur und Mehrsprachigkeit: Neuerschei- nungen zur europäischen Sprachenpolitik (Teil 3)". In: *Zeitschrift für inter- kulturellen Fremdsprachenunterricht*, unter http://zif.spz.tu-darmstadt.de/ jg-09-2/beitrag/Sprachenpolitik2.htm (2.2.2013).

Bausch, K.-Richard / Burwitz-Melzer, Eva / Königs, Frank G. / Krumm, Hans-Jürgen (Hrsg.) (2005), *Bildungsstandards für den Fremdsprachenun- terricht auf dem Prüfstand. Arbeitspapiere der 25. Frühjahrskonferenz zur Erforschung des Fremdsprachenunterrichts.* Tübingen: Narr.

Bausch, K.-R. / Christ, H. / König, F.G. / Krumm, H.-J. (Hgg.) (2003), *Der Gemeinsame europäische Referenzrahmen für Sprachen in der Diskussion: Arbeitspapiere der 22. Frühjahrskonferenz zur Erforschung des Fremd- sprachenunterrichts.* Tübingen: Narr.

Boeckmann, Klaus-Börge (2010), „Regionale Lehr- und Lernkulturen". In: Krumm, Hans-Jürgen / Fandrych, Christian / Hufeisen, Britta / Riemer,

Claudia (Hgg.), *Deutsch als Fremd- und Zweitsprache. Ein internationales Handbuch*. Berlin / New York: de Gruyter, 952-960.

Brill, Lilli Marlen (2005), *Lehrwerk / Lehrwerkgenerationen und die Methodendiskussion im Fach Deutsch als Fremdsprache.* Aachen: Shaker Verlag.

Dobstadt, Michael (2009), „'Literarizität' als Basiskategorie für die Arbeit mit Literatur in DaF Kontexten. Zugleich ein Vorschlag zur Neuprofilierung des Arbeitsbereichs Literatur im Fach Deutsch als Fremdsprache". In: *Zeitschrift Deutsch als Fremdsprache* 46, 21-30.

Europarat (Hg.) (2001), *Gemeinsamer europäischer Referenzrahmen für Sprachen: lernen, lehren, beurteilen.* Berlin u. a.: Langenscheidt, unter http://www.goethe.de/z/50/commeuro/deindex.htm (09.09.2012).

Fandrych, Christian (2008), „Sprachliche Kompetenz im ‚Referenzrahmen'. In: Fandrych, Christian / Thonhauser, Ingo (Hgg.), *Fertigkeiten – integriert oder separiert?* Wien: Praesens Verlag, 13-33.

Funk, Hermann / Kuhn, Christina / Demme, Silke (2005), *studio d A1. Deutsch als Fremdsprache. Kurs- und Übungsbuch.* Berlin: Cornelsen.

Funk, Hermann / Kuhn, Christina / Demme, Silke (2006), *studio d A2. Deutsch als Fremdsprache. Kurs- und Übungsbuch.* Berlin: Cornelsen.

Giest, Hartmut / Lompscher, Joachim (2006), *Lerntätigkeit – Lernen aus kultur-historischer Perspektive. Ein Beitrag zur Entwicklung einer neuen Lernkultur im Unterricht.* Berlin: Lehmanns Media.

Hallet, Wolfgang / Königs, Frank G. (2010), „Lehrpläne und Curricula". In: Hallet, Wolfgang / Königs, Frank G. (Hgg.), *Handbuch Fremdsprachendidaktik.* Seelze-Velber: Klett / Kallmeyer, 54-58.

Harsch, Claudia (2006), *Der gemeinsame europäische Referenzrahmen für Sprachen: Leistung und Grenzen*, unter http://d-nb.info/980854466/34 (15.3.2013).

Herzig, Katharina (2011), „Regional- und zielgruppenspezifischer DaF-Unterricht für Studierende in Mexiko – aktuelle Herausforderungen". In: AMPAL (Asociación Mexicana de Profesores de Alemán, A.C.) (Hg.), *Memorias. Jornadas DACH 2010. X Encuentro AMPAL 2011*, 91-105.

Hoffmann, Sabine (2010), „Heterogenität und Differenzierung". In: Hallet, Wolfgang / Königs, Frank G. (Hgg.), *Handbuch Fremdsprachendidaktik.* Seelze-Velber: Klett / Kallmeyer, 160-164.

Krumm, Hans-Jürgen (2010), „Lehrwerke im Deutsch als Fremd- und Deutsch als Zweitsprache Unterricht". In: Krumm, Hans-Jürgen / Fandrych, Christian / Hufeisen, Britta / Riemer, Claudia (Hgg.), *Deutsch als Fremd- und Zweitsprache. Ein internationales Handbuch.* Berlin / New York: de Gruyter, 1215-1226.

Kurtz, Gunde (2006), „Zielgruppenorientierte Lehr-Lernmaterialerstellung". In: Barkowski, Hans / Wolff, Armin (Hg.), *Umbrüche. Beiträge der 33. Jahrestagung DaF 2005. Materialien Deutsch als Fremdsprache.* Heft 76, 341-365.

Lüger, Heinz-Helmut / Rössler, Andrea (Hgg.) (2008), *Wozu Bildungsstandards? Zwischen Input und Outputorientierung in der Fremdsprachenvermittlung.* Landau: Verlag Empirische Pädagogik.

Quetz, Jürgen (2010 a), „Gemeinsamer europäischer Referenzrahmen". In: Hallet, Wolfgang / Königs, Frank G. (Hgg.), *Handbuch Fremdsprachendidaktik.* Seelze-Velber: Klett / Kallmeyer, 45-49.

Quetz, Jürgen (2010 b), „Der Gemeinsame europäische Referenzrahmen als Grundlage für Sprachprüfungen. Eine kritische Beschreibung des Status Quo". In: *Zeitschrift Deutsch als Fremdsprache* 47, 195-202.

Rösler, Dietmar (2010), „E-Learning und das Fremdsprachenlernen mit dem Internet". In: Hallet, Wolfgang / Königs, Frank G. (Hgg.), *Handbuch Fremdsprachendidaktik.* Seelze-Velber: Klett / Kallmeyer, 285-289.

Rösler, Dietmar (1999), „Universitärer Anfängerunterricht außerhalb des deutschsprachigen Raums". In: *Zeitschrift Deutsch als Fremdsprache* 36, 17-25.

Schramm, Karen (2008), „GeR(n) handlungsorientiert – Anmerkungen zur Handlungstheorie im Gemeinsamen europäischen Referenzrahmen am Beispiel des Lesens". In: Fandrych, Christian / Thonhauser, Ingo (Hgg.), *Fertigkeiten – integriert oder separiert?* Wien: Praesens Verlag, 151-175.

Die Rolle des Lehrers im interkulturellen Unterricht Lateinamerikas: eine Skizze am Beispiel Mexikos

Sabine Pfleger, Universidad Nacional Autónoma de México

1. Einige Vorüberlegungen

Der Fremdsprachenunterricht ist traditionell ein beliebtes Experimentierfeld für ganz unterschiedliche Denkströmungen: für linguistische Theorien und angewandte Methodologien sowie das didaktische Entwickeln und Ausprobieren ganz allgemein.

Spätestens seit den 80er Jahren des letzten Jahrhunderts wurde der fremdsprachliche Klassenraum dann auch noch zum Lieblingskind der Globalisierungstheorien erklärt; man hatte hier doch ein ideales Spielfeld entdeckt, in dem sprachlich versierte, interkulturell kompetente Menschen ausgebildet werden können, und das besonders im universitären Bereich. Dabei flossen in den Fremdsprachenunterricht die bereits erfolgreich angewandten Kenntnisse aus interkulturellem Management ein. Die Rede ist von den sogenannten *intercultural key skills*[1], die zu den *soft-skills*, zu Deutsch „sozialen Kompetenzen" zählen. Der europäische Referenzrahmen[2] trägt sein Scherflein dazu bei, indem man dort ganz selbstverständlich interkulturelle Inhalte, zugeschnitten auf die spezielle europäische Bildungs- und Arbeitskultur, anbietet, die aber nicht immer übertragbar und 1:1 umsetzbar für die unterschiedlichen Realitäten des lateinamerikanischen Kontinents bzw. das Land Mexiko sind[3]. Das

---

[1] Cf. zum Beispiel: *BLIS Professionals*. Eine online-Datenbasis für Sprachen- und Kulturexperten, über CILT (*the National Centre for Languages*), www.cilt.org.uk und *SIETAR Gesellschaft für interkulturelle Kommunikation, Training und Forschung*. Eines der größten Networks für Studenten und und Menschen, die im interkulturellen Bereich der Kommunikation arbeiten www.sietareu.org *(Letzter Aufruf 27.8.2013)*.

[2] *Gemeinsamer europäischer Referenzrahmen für Sprachen: Lernen, lehren, beurteilen*, in: http://www.goethe.de/z/50/commeuro/deindex.htm?wt_sc=referenzrahmen *(Letzter Aufruf 27.8.2013)*.

[3] Der europäische Referenzrahmen bezieht sich im interkulturellen Sinne stark auf die Integration von Migranten, was schon dadurch deutlich wird, dass der GeR die Grundlage des Integrationsgesetzes für Migranten ist, cf. http://www.uni-bamberg.

lässt sich unter anderem auch an den handelsüblichen Unterrichtsmaterialien ablesen, die vornehmlich kulturelle Situationen aus einer deutschen Perspektive präsentieren und viel zu wenig auf interkulturelle, also kulturell spezifische Situationen aus einer Doppelperspektive spezialisiert sind. Dementsprechend tut man sich in der Erwachsenenfremdsprachen(aus-)bildung in Mexiko auch oft recht schwer mit dem Einbinden dieser „deutsch-europäischen" kulturellen Inhalte in das noch immer sehr oft von Grammatik und Lexikpaukerei gestaltete Tagesgeschehen an den universitären Sprachzentren.

Dass man weiterhin an tradierten Unterrichtsmodellen festhält, hat nicht nur mit den örtlichen Lerntraditionen zu tun (z. B.: lehrerzentriert, autoritär-frontal, cf. Grein, 2010), sondern hängt vor allem auch damit zusammen, dass es zu wenig und nur unzureichende Weiterbildungsangebote für Sprachlehrer gibt, die helfen könnten, die Rolle des Lehrers in einem interkulturell ausgerichteten Sprachenunterricht für die spezifischen Bedürfnisse der unterschiedlichsten Zielgruppen und Lernkontexte innerhalb Mexikos neu zu definieren. Aber da Interkulturalität im Fremdsprachenunterricht mittlerweile zu einer allgemeinen und verbreiteten Forderung erwachsen ist, stellt auch in mexikanischen Ausbildungskontexten die Fähigkeit zu einem interkulturellen Dialog für Studierende eine Schlüsselkompetenz dar:

> *La educación para la interculturalidad debería enseñarse a la par con la educación para la salud, la educación ambiental, la educación moral y cívica, la educación para la paz o la educación para la igualdad entre sexos. Todos ellos valores esenciales en un mundo cada vez más demandante e interconectado. Si no se presta la suficiente atención a estos valores transversales se pone a los alumnos de la educación superior en una desigualdad educativa, porque no aprenden las herramientas necesarias para poder integrarse en las sociedades del conocimiento del presente y del futuro.* (Pfleger 2012: 80)

Bevor ich auf die mit der „interkulturellen Wende" verbundenen Probleme für die veränderte Rolle des Fremdsprachenlehrers für den Fall Lateinamerika, spezifisch Mexiko, eingehe, erscheint es mir sinnvoll zunächst den Begriff „Interkulturalität" genauer zu definieren. Interkulturelle Bildung und Ausbildung sind vor dem Hintergrund einer globalen Weltwirtschaft, der weltweiten Vernetzung von Menschen und Institutionen sowie vor dem Hintergrund von wirtschaftlich, demografisch und sozial begründeten Migrationsbewegungen und den daraus folgenden kulturell heterogenen Gesellschaften zu einem zent-

---

de/fileadmin/uni/wissenschaft_einricht/sprachenzentrum/GER_Broschuere.pdf *(Letzter Aufruf, 27.8.2013).*

ralen fächerübergreifenden Bildungsziel geworden. Ich verstehe „Interkultura-lität" oder, besser gesagt, interkulturelles Lernen im Fremdsprachenunterricht dabei als die Sensibilisierung, Wahrnehmungsschulung und Vermittlung kul-tureller Schemata,[4] die den Kontakt zwischen zwei oder mehr Identitäten, die anderen kulturellen Kodifizierungen angehören, fördern (Pfleger 2012: 77). Der fremdsprachliche Unterricht (FSU) bietet tatsächlich ein optimales Um-feld um interkulturelles Lernen zu ermöglichen. Deshalb sollten auch interkul-turelle Ansätze ein fester Bestandteil der Fremdsprachenvermittlung werden im Sinne einer Ausbildung hin zu einer interkulturellen Dialogfähigkeit, die dem Zweck einer kulturell offeneren Persönlichkeitsbildung dient.

Diese interkulturelle Dialogfähigkeit kann aus ganz unterschiedlichen Per-spektiven beleuchtet werden. Im Folgenden geht es aber grundsätzlich um die mit der Interkulturalität verbundenen Herausforderungen an den Lehrer. Be-sonders geht es dabei um den Lehrer, der aufgrund der geografischen Distanz zu den zielsprachigen DACH-Ländern und einem noch in traditionellen Lern-mustern verhafteten FSU besondere Schwierigkeiten hat diese neue „interkul-turelle Wende" im Unterricht umzusetzen. In diesem Beitrag geht es deshalb um eine Art *reality check*, was die Aus- und Weiterbildung der mexikanischen Fremdsprachenlehrer für einen interkulturellen Klassenraum angeht, welche Problematiken zu beobachten sind und auch welche Möglichkeiten in dieser neuen Herausforderung liegen. Deshalb schließe ich den Beitrag mit einer praktischen Handreichung, einem Dekalog von interkulturellen Unterrichts-hinweisen, die sich unproblematisch in ein bestehendes Lehrprogramm ein-binden lassen und einen ersten Schritt zur Vermittlung einer interkulturellen Dialogfähigkeit im FSU darstellen sollen.

2.   Einige der Interkulturalität im Fremdsprachenunterricht zugrundeliegende Konzepte

2.1 Interkulturalität ist ein transversaler Unterrichtsinhalt

Um den interkulturellen Lehrer einzuordnen und sein notwendiges Arbeitspro-fil beschreiben zu können, möchte ich zunächst einige der Interkulturalität all-gemein zugrundliegenden Annahmen kurz umreißen. Das ist deshalb wichtig, weil es zunächst relevant ist zu verstehen, dass die Interkulturalität im Unter-richt völlig neue Anforderungen an einen Fremdsprachenlehrer stellt, denn

---

[4] Schemata sind kulturell verankerte Deutungsmuster, die wir zum Entschlüsseln der tagtäglichen Interaktionen innerhalb bestimmter sozialer Kommunikationssituatio-nen benutzen (cf. Altmayer 2007).

Interkulturalität ist ein transversaler Inhalt (Welsch 1995, Pfleger 2012), der besondere Beachtung im Fremdsprachenunterricht verdient.

Interkulturalität muss als transversaler Inhalt ständig im Unterrichtsgeschehen präsent sein, unabhängig davon, ob man syntaktisch-semantische Inhalte oder pragmatische Bezüge behandelt. Es geht dabei nicht um eine Wissensvermittlung im Sinne der traditionellen *cultural studies* (Smith 1991, Hall 1992, Grosberg 2010), sondern vielmehr um eine Ausbildung hin zu einem interkulturellen Dialog (Pfleger 2012), in dem sich die Studierenden mit anderen Lebensweisen und kulturellen Schemata auseinandersetzen, diese dann dazu benutzen, eigene kulturelle Schemata zu ergänzen, zu verändern und so lernen, sich der fremdartigen Kultur zu öffnen. Peukert (2002: 194) formuliert das folgendermaßen:

> *Bildung* dürfte dann [...] nicht nur als Aneignung der Wissensbestände, Interpretationen und Regeln einer gegenwärtig bestehenden kulturellen Lebensform bestimmt werden, sondern auch als *Fähigkeit*, diese Lebensform, wenn sie sich selbst gefährdet, in ihren Strukturen und ihren herrschenden Regeln zu *transformieren*. (Kursiv im Original)

Interkulturalität ist somit mehr als nur eine „Farbe" im Unterricht, die zur Entspannung dient, wenn man mal keine Grammatik paukt. Die Fähigkeit, Studierende zu einem interkulturellen Dialog auszubilden, geht weit über das normale Unterrichtsgeschehen hinaus:

> *Ciertamente, al leer este texto, queda claro que la educación intercultural y el diálogo intercultural van más allá de lo que puede rendir una clase de lenguas extranjeras, al menos en el presente estado de las cosas. [...] Educar para un verdadero diálogo intercultural requiere que el proyecto educativo de cualquier país sea revisado exhaustivamente. La enseñanza de lenguas, sobre todo vista desde las instituciones de educación superior, puede ser una promotora de la idea y precursora para implementar contenidos curriculares que fomenten el cambio educativo y establezcan el diálogo intercultural como un valor deseable en la formación de los jóvenes y que a futuro no se restrinja a la clase de lengua.* (Pfleger 2012: 81ff.)

Interkulturelle Inhalte im Fremdsprachenunterricht (FSU) folgen keiner organisierten (grammatischen) Progression, sondern stellen eine Schlüsselkompetenz dar. Man kann im Allgemeinen von einer sogenannten Sozialkompetenz (siehe oben) sprechen, die an das kulturelle und interkulturelle Bewusstsein appelliert.

2.2 Interkulturalität ist nicht nur eine Kompetenz

Wir können also bei den interkulturellen Unterrichtsinhalten nicht nur von einer zu erwerbenden Kompetenz sprechen, sondern müssen uns auch im Klaren sein, dass es hier um eine zusätzliche Ausbildung geht, die der Förderung eines interkulturellen Dialogs dienen soll. Bislang hatte die Annahme Bestand, dass die Kenntnis und Anwendung von Fremdsprachen ausreiche um sich gleichzeitig auch in einem interkulturellen Dialog sicher und versiert zu bewegen. Das vielzitierte Motto „eine Sprache lernen, heißt auch die Kultur zu (er-)lernen" („aprender una lengua es aprender su cultura"), steht immer noch unangefochten im mexikanischen (Fremdsprachenklassen-)raum. Aber eine Sprache syntaktisch und semantisch-pragmatisch zu beherrschen reicht nicht aus, um fit für die modernen Anforderungen eines echten interkulturellen Dialogs zu sein. Das Erlernen bestimmter pragmatischer Inhalte (wie z. B. Höflichkeitsregeln) ist nicht dasselbe wie der bewusste Umgang und die bewusste Auswahl von angemessenen Handlungsstrategien für die Interaktion mit anderen Kulturpartnern.

Denn interkulturelles Lernen bedeutet immer auch die Auseinandersetzung mit dem Anderen und dem Fremden, und fordert vom Lernenden sowie vom Lehrenden eine Bereitschaft, sich selbst zu verändern oder ggf. zu hinterfragen. Kultur ist keine statische Größe, die an der Kenntnis der Denkmäler oder Kunstwerke oder Musikstücke gemessen werden kann, sondern es ist vor allem die Fähigkeit sich in einem sozialen Gefüge angemessen zu verhalten und mitzuteilen. Die kulturellen Deutungsmuster (Altmayer 2003, 2007), die das Zusammenleben einer Gemeinschaft regulieren, verändern sich kontinuierlich durch die Interaktion und fördern damit sowohl bestehende als auch neue Beziehungsgeflechte. Kultur ist ein widersprüchliches, uneindeutiges, dynamisches und mehrdimensionales Phänomen, das vor allem vom Fremdsprachenlehrer eine Ausbildung der Studierenden hin zu einem interkulturellen Dialog, oder besser zu einer Dialogfähigkeit mit dem Anderen abverlangt.

2.3 Interkulturalität ist ein savoir-être

Wenn man sich also im Paradigma des interkulturellen Dialogs statt dem einer interkulturellen Kompetenz bewegt, dann muss man die Ausbildung eher auch als ein „*actuar de forma adecuada y flexible al enfrentarse con acciones, actitudes y expectativas de personas de otras culturas*" (Rico Martín 2005: 81) verstehen, um damit Folgendes zu erreichen: „*La capacidad de estabilizar la propia identidad en el proceso de la mediación entre culturas y la de ayudar a otras personas a estabilizar la suya.*" (Oliveras 2000: 38)

Das geht aber weit über linguistische und fremdsprachlich pädagogische Inhalte hinaus, denn es müssen sowohl metakognitive, kognitive als auch affektive Fähigkeiten vermittelt werden. Dazu können wir ebenso Kenntnisse über entsprechende kulturelle Deutungsmuster zählen wie auch Strategien und Fertigkeiten, wie man mit einem fremdkulturellen Partner Konsense erzielen kann oder wie man empathisch gegenüber anderen Handlungsstrategien reagiert und dabei auch eigenkulturelle Aspekte miteinbeziehen kann.

> *No se trata de realizar ejercicios guiados que permiten al alumno comprar un boleto de tren o decir „gracias" en inglés. Se trata de sensibilizar, vivenciar, hacerse tolerante y conocer, fomentar la precepción hacía lo propio y lo ajeno. El diálogo intercultural es un saber-ser. Es un saber existencial en un mundo de diversidad y pluralismo cultural que permite encontrar soluciones a problemas mediante la construcción de redes de intereses.* (Pfleger 2012: 80)

Zwar gibt es mittlerweile eine wahre Flut an interkulturellen Übungen, aber relativ wenig wird darüber ausgesagt, wie der (noch nicht ausgebildete) Lehrer das umsetzen sollte oder könnte. Und das trifft besonders auf die Fremdsprachenlehrer im mexikanischen Raum zu. Denn diese veränderten Ansätze im FSU bedeuten, dass auf den Lehrer vielfältige neue Aufgaben zukommen. Es wird vom Fremdsprachenlehrer gefordert, dass er selbst sensibilisiert ist für das Erkennen von Unterschieden und Gemeinsamkeiten zwischen der eigenen und der Zielkultur. Er sollte unter anderem Folgendes im interkulturellen Klassenraum leisten[5]:

- Informationen über den interkulturellen Ansatz und seinen Nutzen liefern können (z. B. darüber, welche Vorteile ein interkulturell zentriertes Lernen beim Spracherwerb bietet. Konkret: Sprache ist nicht nur ein Mittel der Kommunikation, sondern vor allem ein Medium zum Transport soziokultureller Inhalte);
- Anregungen zu einem offenen, kulturell bewussten Verhalten geben können. (Der Lehrer sollte in der Lage sein, viele unterschiedliche interkulturelle Interaktionssituationen zu präsentieren und darzulegen, wie man sich in denen ganz unterschiedlich verhalten kann. Es gibt immer mehrere kulturelle Interpretationsmöglichkeiten);
- Introspektion und Analyse fördern, wenn sich der Schüler mit fremdkulturellen Inhalten und Werten konfrontiert sieht;
- Förderung der Auseinandersetzung mit eigen- und fremdkulturellen Modellen, Lebensweisen und Werten anbieten. (Das heißt konkret, über die

---

[5]   Cf.   http://www.lehrer-online.de/interkulturelle-kompetenz.php   *(Letzter Aufruf 27.8.2013).*

Einbindung vieler zusätzlicher Materialien zunächst erst einmal einen bewussten Zugang zu den Modellen der eigenen Kultur zu vermitteln um anschließend Parallelen oder Differenzen zur Fremdkultur herzustellen);

- Förderung des Praktizierens von Toleranzmodellen. (Dafür ist es notwendig, konkrete Strategien für das Vermeiden von allzu schnellen und voreiligen Schlüssen und Bewertungen zu erarbeiten, wenn es sich um fremdkulturelle Modelle handelt).

3. Der Versuch einer kurzen Charakterisierung der Arbeitsbedingungen eines prototypischen Sprachlehrers in Mexiko

Die Frage stellt sich, ob in der Realität der Sprachlehrer in Mexiko diesen Anforderungen Rechnung getragen werden kann. Denn unser Sprachlehrer in Mexiko, wenn alles gut geht, hat eine formale Ausbildung, in Form eines *Bachelor* in Germanistik, manchmal auch eine DaF-Lehrerausbildung oder Zusatzausbildung, öfter aber noch ist er leider nur eine „angelernte Kraft" mit unzureichender sprachlicher und pädagogischer Ausbildung. Dieser Lehrertyp ist oftmals deshalb Sprachlehrer geworden, weil der lokale Arbeitsmarkt für ihn nicht immer entsprechende Angebote und Alternativen in seinem ursprünglichen Ausbildungsbereich bereithält.

Weiterhin lässt sich sagen, dass unser Lehrer höchstwahrscheinlich gleichzeitig in zwei, drei Sprachzentren unterrichtet, was bedeutet: viele, viele Unterrichtsstunden, wenig Zeit für notwendige Vorbereitungen, die Auseinandersetzung mit unterschiedlichen Curricula, Materialien und Sprachniveaus – und das bei Dutzenden von Studierenden. Die „freie Zeit" verbringt der Fremdsprachenlehrer mit dem Korrigieren der vielen Examen, dem Kopieren von Zusatzmaterialien und dem Hin- und Herpendeln zwischen unterschiedlichen Arbeitsplätzen. Die Bezahlung des durchschnittlichen Sprachlehrers ist gering und funktioniert zumeist nach dem Honorarprinzip, so dass soziale Sicherheiten und Absicherungen kaum gegeben sind.

Diesen Lehrer zu (meist unbezahlten) Weiterbildungen zu motivieren, erscheint schier unmöglich. Curriculare Weiterbildung hapert also vornehmlich an Geld und an Zeit. Und während sich vielerorts die Institutionen den Anforderungen der interkulturellen Strömungen – besonders aus Europa – zu stellen versuchen, indem sie die Interkulturalität als einen transversalen Wert in ihre Curricula einarbeiten, bleibt dem Lehrer, aufgrund mangelnder Aus- und Weiterbildungsangebote mit Zusatzmaterialien, oft nur das Lehrwerk zur Bewältigung der Vermittlung interkultureller Inhalte.

Mit diesem Panorama im Hintergrund wird deutlich, dass großer Bedarf an einer solideren und strukturierteren DaF-Lehrerausbildung in Mexiko besteht, ein Tatbestand, der sich sicherlich auch in andern lateinamerikanischen Ländern widerspiegelt. Nur so wären wir in der Lage, neue und innovative Inhalte in den Unterricht zu integrieren. Die Professionalisierung und ständige Weiterbildung sind immer, aber besonders heute, ein absolutes *must,* denn in den sich verändernden Kontexten brauchen wir DaF-Lehrer, die nicht nur Sprachkenntnisse haben, sondern auch zusätzliche pädagogische Inhalte integrieren und vermitteln können. Welche Fähigkeiten sollte der interkulturelle Lehrer haben und welche redefinierte Rolle sollte er dadurch im interkulturellen Unterrichtsgeschehen einnehmen?

4.   Wie sollte der DaF-Lehrer im interkulturellen Klassenraum sein?

Der interkulturell versierte DaF-Lehrer ist ein Multitalent mit vielen Ressourcen. Idealerweise ist er extrem gut aus- und weitergebildet und hochkompetent, denn ein *savoir-etre* wie die Befähigung zu einem interkulturellen Dialog überschreitet bei weitem linguistische Inhalte. Einfache Unterrichtskonzepte reichen da nicht aus, denn wie wir bereits gesehen haben, soll die interkulturelle Persönlichkeit der Schüler geformt werden. Bei Bausch / Krumm lesen wir zum Thema „Interkulturelles Lernen im Fremdsprachenunterricht":

> Künftige Fremdsprachenlehrerinnen und -lehrer werden nicht ohne gründlich aufgearbeitete Selbsterfahrung im interkulturellen Lernen auskommen, wenn sie durch ihren Unterricht entsprechendes Verhalten vermitteln wollen. (1994: 137)

4.1 Die Wandlung des Lehrers vom „Ver-mittler" hin zu einem „Mittler"

Der „erklärende" und „allwissende" Sprachlehrer ist ein Auslaufmodell. Das traditionelle Lehrmodell, das sich auf die „Ver"-mittlung einer Sprache durch Grammatikprogression und thematische Lexikaufbereitung stützt, kann auf die neuen interkulturellen Herausforderungen nur bedingt Antworten geben. Die strikte Fragmentierung und Dekontextualisierung der sprachlichen Elemente vernachlässigt notwendige Beziehungsinhalte und der Unterricht läuft Gefahr, zunehmend irrelevant für die veränderten Bedürfnisse der Studierenden zu werden, die sich von einem Sprachunterricht im universitären Bereich auch eine Vorbereitung auf die Lebens- und Arbeitswelt des Ziellandes versprechen.

Viele Studierende erwarten heute zunehmend inhaltliche Angebote, die sich an ihrer beruflichen, kulturellen und lebensnahen Situation orientieren. Kommunikation ist den Studierenden nach wie vor wichtig, aber nur, wenn sie zielgerichtet, angewandt und vor allem interkulturell ist.

Diese studentische Nachfrage nach zusätzlichen, auf sie abgestimmten, inhaltlichen Angeboten trifft aber allzu oft auf einen Lehrer, der oftmals noch zu stark am „erklärenden Lehrermodell" ausgebildet wird. So lautet das Axiom vieler Lehrerausbildungen (so z. B.: an der UNAM)[6] hauptsächlich Grammatik und Lexik unterrichten, damit die Sprache gelernt bzw. die Sprachkompetenz ausgebildet wird. In diesen doch eher traditionellen Ausbildungsplänen nimmt die Unterrichtsgestaltung mit interkulturellen Komponenten nur einen geringen Anteil ein. Hinzu kommt, dass die lokale Forschungssituation im Hinblick auf interkulturelle Unterrichtsinhalte für den DaF-Unterricht nicht ausreichend ist und es zu wenig zuverlässige Daten über das örtliche Geschehen gibt.

Der Lehrer sollte aber im Gegensatz dazu, schaut man sich mal die aktuelle Diskussion an (Bausch / Krumm 1994), ein „Mittler", ein „Facilitator" oder gar ein „Experte für Mehrsprachigkeit" oder „Interlokutor" sein. Die Frage bleibt, wie die dazu gehörigen notwendigen Inhalte, wie kulturelle Flexibilität, soziale Orientierung, Kommunikations- und Konfliktlösungsbereitschaft in die Lehrerausbildung in Mexiko eingebunden werden können.

5. Ein interkulturelles Lehrerprofil

Der Sprachlehrer soll also ein interkultureller Mittler sein oder werden. Der Lehrer sollte heutzutage idealerweise jemand sein, der eher ein „Bereitsteller für Erfahrungen" im Sprachlernprozess ist, statt ein bloßer Vermittler grammatischer Progressionen. Er sollte weiterhin jemand sein, der nicht nur die Inhalte und Methoden des Unterrichts vorgibt, sondern auch den Prozess der Ausbildung hin zu einer interkulturellen Persönlichkeit beim Schüler steuert und fördert. Die morphosyntaktischen Kenntnisse sollen dabei in breitere interkulturelle Themenbereiche eingebunden werden, innerhalb eines komplexen Bedeutungsnetzes. Die Basis des Unterrichts wäre somit jedwede menschliche

---

[6] In der zweisemestrigen Ausbildung nimmt der Teil der interkulturellen Schulung 9 Doppelstunden ein, die als gemeinsamer, sprachenübergreifender Kernlehrplan (*tronco común*) unterrichtet werden. Das erscheint relativ wenig, bedenkt man, dass der Kurs „formación de profesores de lenguas-culturas extranjeras" heißt, cf. http://cele.unam.mx/formacionprof/formprof.html#fragment-5 *(Letzter Aufruf 27.8.2013).*

Aktivität und deren Beziehungsgeflechte, in denen der Schüler seine eigenen Erfahrungen, Kenntnisse, Fähigkeiten, Benehmen, Haltungen und sozioaffektiven Aspekte einbringen kann.

Didaktisch-methodisch gesehen bedeutet das, dass sich die Sprachkenntnisse unter Umständen langsamer ausbilden, aber möglicherweise auch Frustrationen innerhalb des Spracherwerbs bei den Studierenden abnehmen werden. Eine Fremdsprache lernen wird somit zu einer relevanten, unverzichtbaren Voraussetzung, um die Grenzen der eigenen kulturellen Individualität hin zu einer am Kollektiv orientierten interkulturellen Persönlichkeit zu erweitern.

Der Sprachlehrer sollte damit lediglich die Interaktionen im Klassenraum koordinieren, sich vornehmlich auf den Bereich der Semantik und Pragmatik konzentrieren – also jene Prozesse, die einer holistischen Bedeutungskonstruktion innerhalb eines kulturell kodifizierten Wissens und Verhaltens dienen. Das dazu gehörige Mittlerprofil beinhaltet:

- Ein Bewusstsein um eigene Vorurteile, Werte und Stereotypen;
- Eine offene und breite kulturelle und interkulturelle Basis. Der Lehrer selber muss kontinuierlich kulturelle und interkulturelle Weiterbildung betreiben;
- Ein Teil der Kulturen sein, die vermittelt werden, ohne dabei Partei für eine Kultur zu ergreifen.

Das sind viele und sehr anspruchsvolle Herausforderungen an den interkulturellen Lehrer. Möglicherweise zu viele, wenn man sich noch einmal die Ausgangsvoraussetzungen sowie die Arbeitsbedingungen unseres prototypischen Sprachlehrers in Mexiko vor Augen führt. Was wir in diesem Zusammenhang dringend brauchen, ist eine solidere Aus- und Weiterbildung, damit aus den Herausforderungen Chancen für einen neu definierten und eigenständig gestalteten interkulturellen Klassenraum in Lateinamerika erwachsen können:

> *El profesor requiere de un rol re-definido en el que se convierta en mediador del proceso de aprendizaje, haciendo respetar los diferentes sistemas de valores y actitudes, así como creencias y formas del pensamiento. Esto supone la instrucción mediada de actitudes positivas de respeto, tolerancia y comprensión en el trato con las personas del entorno.* (Pfleger 2012: 91)

Das ist aber nicht nur immer mit Geld und Zeit verbunden, sondern auch mit entsprechenden und notwendigen (sprach-)politischen Entscheidungen auf nationaler sowie auf lokaler Ebene. Denn die Veränderung des Fremdsprachenunterrichts hin zu einem interkulturellen Erfahrungsraum benötigt (cf. Pfleger 2012):

- Eine veränderte und umfassende Aus- und Weiterbildung der Fremdsprachenlehrer;

- Eine Bearbeitung der lokalen Curricula, besonders im Hinblick auf ihre humanistischen Inhalte, will heißen, das Einbeziehen all jener Inhalte, die für das Zielpublikum vor Ort von Relevanz sind und somit über das standardisierte Themenangebot der Lehrwerke hinaus gehen;
- Eine enge Zusammenarbeit vieler Instanzen, von sozialen Akteuren, Medien bis hin zu den Universitäten. Eine sprachliche und kulturelle Ausbildung kann nicht nur allein in der Verantwortung der Sprachenzentren liegen, sondern ist eine übergreifende Aufgabe, an der sich viele beteiligen können und sollen;
- Eine klare Definition kultureller Inhalte, damit sich die Studierenden nicht nur in lokalen Kontexten bewegen können, sondern sich auch zu gewandten Weltbürgern entwickeln können.

6. Ein interkultureller Dekalog

So kann es unter Umständen noch relativ lange dauern, bis diese veränderten Gegebenheiten in den Fremdsprachenunterricht einfließen. Das sollte aber nicht bedeuten, dass man nicht an der Basis bereits einige Schritte unternehmen kann, um interkulturelle Inhalte bzw. Inhalte, die einen interkulturellen Dialog fördern, in die praktische Arbeit im Klassenraum einfließen zu lassen. Der interkulturell interessierte – aber nicht geschulte – Lehrer kann mit den folgenden abschließenden zehn Vor- oder Ratschlägen viel Interkulturelles in seinen Klassenraum einbringen. Und das selbst dann, wenn seine lokale Arbeitssituation oder die curricularen Begebenheiten seiner Institution noch eher in traditionellen Lehr- und Lernmustern verhaftet sind.

Die zehn praktischen Schritte zur Integrierung eines interkulturellen Dialogs im Fremdsprachenunterricht, die ich aus der Unterrichtspraxis für die Unterrichtspraxis vorschlagen möchte, lauten:

1. Einen „Dritte-Kultur"-Klassenraum gestalten, in dem weder die eine noch die andere Kultur dominiert (Pfleger 2012). Dabei sollen inhaltlich eher Gemeinsamkeiten, also universelle kulturelle Muster (Liebe, Tod, familiäre Beziehungen), Grundwerte und Normen des täglichen Zusammenlebens (Gerechtigkeit, Gleichberechtigung usw.) gesucht werden, statt kontinuierlich kulturelle Unterschiede zu betonen;
2. Mit den Studierenden an bestehenden interkulturellen Projekten teilnehmen. Dazu ist es notwendig, im Internet entsprechende Seiten in Bezug auf aktuelle Projekte zu recherchieren (z. B.: http://www.lehrer-online.de/links-interkulturelles-lernen.php).
3. Kulturelle Institutionen der Zielsprachenländer (Goethe-Institut,

DAAD, ÖAD, deutschsprachiges Fernsehen, Medienrepräsentanten usw.) suchen und um aktive Mithilfe, Materialien und Förderung bitten;

4. Mitteln statt Vermitteln. Gemeinsam und voneinander lernen. Der Lehrer steht nicht im Mittelpunkt des Lernprozesses. Jeder lernt von Jedem;

5. Die kulturelle und interkulturelle Wahrnehmung schulen. Jede Erfahrung im fremdsprachlichen Unterricht bietet sich an, über sich selbst und den Anderen oder das Fremde zu reflektieren. Dabei steht der Respekt vor dem Fremdsein im Mittelpunkt.

6. Mit allen Sinnen lernen: Jedweder Ausdruck von Kultur ist relevant;

7. *Teams are more powerful than groups.* Bilden Sie Teams im Unterricht, die gezielt ein Thema interkulturell recherchieren und aufbereiten. Dabei kommen den Gruppenmitgliedern in einer klaren Aufgabenverteilung spezifische Arbeiten zu. Das Team soll dann gemeinsam interkulturelle Lernziele festlegen;

8. Authentizität vs. Didaktisierung. Das Angebot im FSU sollte geprägt sein von zusätzlichen authentischen Materialien, die dann in den Teams bearbeitet werden müssen. Hier sollen eigenständige Deutungsmuster erarbeitet werden, die nicht bereits durch vorherige Didaktisierung vorgegeben sind. Das schult den interkulturellen Blick;

9. Wann immer es geht einen Perspektivenwechsel machen: Dialoge, Diskussionen, Improvisation, Simulation und Rollenspiele sind allesamt hilfreich, um sich in den Anderen hineinzudenken;

10. Eigenständige interkulturelle Curricula am Arbeitsplatz fördern. Die Lehrer sollten ihre Unterrichtserfahrungen sammeln und mit Hilfe dieser Materialien und Dokumentationen innerhalb ihrer Institution die Implementierung eines interkulturellen Curriculums fördern und dementsprechend auch um Unterstützung der Verwaltung bitten.

7. Ausblick

Es sollte deutlich geworden sein, dass es sich beim Thema der Interkulturalität keinesfalls um eine bloße Modeerscheinung handelt, sondern um eine wertvolle Bereicherung und Erweiterung der Aufgaben innerhalb des Fremdsprachenunterrichts. Interkulturalität ist nicht gleichzusetzen mit Landeskunde, „sondern [ist] eine sachlich und fachlich notwendige Weiterentwicklung des bislang dominierenden [landeskundlichen] Ansatzes, der einige Schwachstellen dieses Ansatzes korrigiert und ein zeitgemäßes, den Bedingungen der sich zunehmend globalisierenden Welt besser angepasstes Konzept von ‚Kultur' und ‚kulturellem Lernen' einführt" (Altmayer 2007: 21).

Es dürfte aber auch deutlich geworden sein, dass ein derart transformierter Fremdsprachenunterricht ebenfalls die Rolle des Fremdsprachenlehrers redefiniert, und das sicherlich nicht nur für den hier diskutierten Fall Mexiko. Dabei wird entscheidend sein, welche Aus- und Weiterbildungsangebote den Fremdsprachenlehrern in Zukunft zur Verfügung gestellt und welche Arbeitsbedingungen ihnen geboten werden, damit sie sich den interkulturellen Herausforderungen für den eigenen lokalen Kontext sowie den Anforderungen einer mehr und mehr globalisierten Welt mit entsprechenden Arbeitsweisen, Methoden und Haltungen stellen können.

In diesem Sinne versteht sich der Dekalog als ein erster Baustein, ein erster Ansatz, um interkulturelle Inhalte, Methoden und Arbeitsweisen in bestehende Curricula einzubauen und im Unterricht praktisch zu erproben.

8.   Literaturverzeichnis

Altmayer, Claus (2004), *Kultur als Hypertext. Zu Theorie und Praxis der Kulturwissenschaft im Fach Deutsch als Fremdsprache*. München: Iudicium.

Altmayer, Claus (2007), „Von der Landeskunde zur Kulturwissenschaft – Innovation oder Modetrend?", *Germanistische Mitteilungen* 65, 1-21.

Bausch, Karl-Richard/Krumm, Hans-Jürgen (1994), *Interkulturelles Lernen im Fremdsprachenunterricht*. Tübingen: Narr.

Gemeinsamer europäischer Referenzrahmen für Sprachen: Lernen, lehren, beurteilen, unter: http://www.goethe.de/z/50/commeuro/deindex.htm?wt_sc=referenzrahmen. (01.04.2013).

Grein, Marion (2010), „Konzeption und Auswertung einer Selbsterfahrung im Fremdsprachenunterricht – erste Vorschläge für einen neuen Typus der Sprachlernberatung". *Zeitschrift für Interkulturellen Fremdsprachenunterricht Didaktik und Methodik im Bereich Deutsch als Fremdsprache* 15/1, 10-35.

Grosberg, Lawrence (2010), *Estudios culturales. Teoría, política y práctica*. Valencia: Letra Capital.

Hall, Stuart (1992), *Culture, Media, Language: Working Papers in Cultural Studies, 1972-19-79. Interkulturelle Kompetenzentwicklung: Sensibilisieren, Wissen vertiefen, Verhalten ändern*. Arbeitsgemeinschaft Betriebliche Weiterbildungsforschung e. V./Projekt Qualifikations-Entwicklungs-Management Storkower Straße 158, 10407 Berlin, Manuskriptdruck, September 2006.

Hofstede, Geert (2006). *Lokales Denken, globales Handeln. Interkulturelle Zusammenarbeit und Globales Management*. Frankfurt a./Main: DTV-Beck.

Maldonado Pérez, Estela/Juárez, Inés (2008). „El papel de las lenguas extranjeras en el desarrollo de la interculturalidad", en: *Memorias del IV Foro Nacional de Estudios en Lenguas*. México: UAM, 1 -11.

Oliveras, Ángels (2000), Hacia la competencia intercultural en el aprendizaje de una lengua extranjera. Estudio del choque cultural y los malentendidos. Madrid: Edinumen.

Peukert, Helmut (2002), „Las ciencias de la educación de la modernidad y los desafíos del presente".

Pfleger, Sabine (2012), „...existe un universo inmenso de oportunidades...". La educación para la interculturalidad en la enseñanza de L2 en la educación superior en México: ¿preparación para un mundo globalizado o un ejemplo de una nueva desigualdad educativa?", en: Fernández Hernández, Silvia/ Sinningen, John H. (coord.) *América para todos los americanos. Prácticas interculturales*. México: CEPE/UNAM, 63-110.

Pfleger, Sabine (2010b). „*Das Gleiche läßt uns in Ruhe; aber der Widerspruch ist es, der uns productiv macht.* Reflexiones sobre la interculturalidad como un valor transversal en la enseñanza del alemán como lengua extranjera (DaF) en México", conferencia magistral no publicada. Reunión anual de la Asociación Mexicana de Profesores de Alemán (AMPAL, DACH-Tage), 30 de abril 2010, *Universitas 2000*, Venezuela, 18, 3-4, 159-180.

Pfleger, Sabine / Siegfried Böhm/Ruben Garciadiego/Dieter Rall (2006a). „Aspectos de Interculturalidad", en: *Memorias del XII. Encuentro de profesores de Lenguas,* México: CELE/UNAM, 137-165.

Pfleger, Sabine / Garciadiego, Rubén (2006b). „Interkulturelle Kompetenz im DaF-Unterricht in Mexiko: Übungsmaterial, Strategien, Perspektiven", XI. Congreso   ALEG, La Habana, Cuba 13 – 17 de marzo 2006.

Pfleger, Sabine / Garciadiego, Rubén (2006c). „Strategieentwicklung für den interkulturellen DaF-Unterricht in Mexiko", en: *Interkulturelle Kompetenz. Sammelband der Karelischen Staatlichen Universität Petrosawodsk, Karelien,* Petrosawodsk: KSPU.

Pfleger, Sabine / Doná, Chiara (2005a). „¿Competencia oral, pero cómo? Una gramática comunicativa como medio en el diálogo intercultural", *en: Actas del XI. Encuentro de profesores de lengua,* México: CELE/UNAM, 143-157.

Pfleger, Sabine (2005b). „¿Cómo mejorar la competencia intercultural? Evasión de estereotipos y sensibilización hacia diferencias culturales", en*: Mariapia Lamberti/Franca Bizzoni. Actas de las VI. Jornadas internacionales de estudios italianos, 24-28 noviembre, pp.35-44,* México: UNAM.

Roche, J. (2001), Interkulturelle Sprachdidaktik. Eine Einführung. Tübingen: Narr.

Rico Martín, Ana María (2005), „De la competencia intercultural en la adquisición de una segunda lengua o lengua extranjera: conceptos, metodología y revisión de métodos". *Porta Linguarum: Revista Internacional de didáctica de las lenguas extranjeras*, Granada, 79-94.

Smith, Paul (1991), „A Course in „Cultural Studies", *The Journal of the Midwest Modern Language Association*, Chicago, 24.1, 39-49.

Welsch, Wolfgang (1995), *Die zeitgenössische Vernunftkritik und das Konzept der Vernunft*. Frankfurt a./Main: Suhrkamp.

Welsch, Wolfgang (2002), *Unsere postmoderne Moderne*. (6. Aufl.). Berlin: Akademie Verlag.

Interkultureller Deutschunterricht an Deutschen Schulen im spanischsprachigen Südamerika

Peter Bickelmann, Colegio Alemán/ Deutsche Schule Barranquilla

1. Interkulturelle DaF-Didaktik und LernerInnen-Kulturen

1.1 Die kulturwissenschaftliche Bestimmung der LernerInnen-Kulturen: Interkulturell vs. transnational-transkulturell

In der Zweitsprachenerwerbsforschung, die sich mit dem gesteuerten und dem ungesteuerten Spracherwerb befasst, wird die kognitionswissenschaftliche Sicht, die Vorstellung von der Wahrnehmung der Welt als Konstruktionsprozess, stärker (vgl. Schmidt 2010: 811f.). In dieser Sicht ist Lernen Informationsverarbeitung und Bereitstellung von Erfahrungen und Erleben: Es handelt sich um die Konstruktion von subjektivem Wissen aus der Interaktion zwischen Umweltstimuli und bereits vorhandenem Wissen, also um einen individuellen Konstruktionsprozess in sozialen Situationen (vgl. ebd.: 807). Der Lernerfolg ist – neben der Aufmerksamkeit, dem Interesse der LernerInnen und der Attraktivität des Lernkontextes, z. B. des Klassenzimmers – entscheidend vom Vorwissen der LernerInnen abhängig: Nach gegenwärtigem Kenntnisstand gehen wir davon aus, dass Wissen, gesteuert durch das Unbewusste, im Gehirn der LernerInnen aufgebaut wird. Diese unbewussten Prozesse kommen in der Hauptsache durch das limbische System zu Stande, das Affekte, Gefühle und Motivation transportiert. Zum limbischen System gehören u. a. die neuromodulatorischen Systeme und die limbischen Teile der Großhirnrinde. Durch das limbische System überprüft das Gehirn Situationen auf Bekanntes hin. Bei positivem Ergebnis wird über die neuromodulatorischen Systeme Neues mit in der Großhirnrinde enthaltenem Wissen verknüpft, so dass neues Wissen entstehen kann (vgl. Roth 2006: 51ff.). Menschen interpretieren ihre Erfahrungen also hinsichtlich dessen, was sie bereits wissen; wir können Neues nur in Bezug auf bekannte Muster verstehen. Damit kann Lernen nur dann stattfinden, wenn das Neue im Bekannten verankert wird.

Auf der Grundlage der Hirnforschung schlage ich vor, dass DaF-LernerInnen das Neue, Deutsch, durch einen von vornherein interkulturell konzipierten Unterricht in den ihnen bekannten Mustern, den LernerInnen-Kulturen, verankern: Mit diesem Vorgehen findet ein Befund der Hirnforschung Anwendung, dass nämlich LernerInnen im Unterricht hohe Lernzugewinne erreichen können, wenn sie Neues mit Bekanntem vergleichen (vgl. Marzano et al. 2001: 7).

Im interkulturellen DaF-Unterricht kommt der kulturwissenschaftliche Zugang dadurch zum Tragen, dass die LernerInnen die deutschsprachigen Kulturen auf einen Teil ihrer LernerInnen-Kulturen, nämlich auf ihre eigenen Herkunftskulturen und Identitäten, beziehen (vgl. Fandrych et al. 2010: 4). Aktuell wird der Begriff „interkulturell" hinterfragt. Altmayer (2010) spricht sich gegen eine Interkulturalität aus, die Individuen auf ihre nationalen bzw. ethnischen Identitäten festlegt: Nicht erfasst würden durch diesen Ansatz die Widersprüche und Heterogenitäten von Gesellschaften und deren Vermischungen und Verwischungen. Dadurch wird nach Altmayer pauschalisierendes und stereotypisierendes Denken gefördert (vgl. Altmayer 2010: 1407).

Dem interkulturellen Ansatz stellt Altmayer ein Verständnis von Kultur entgegen, nach dem der Mensch Bedeutung aufbaut: Die Akteure konstituieren die soziale Wirklichkeit bzw. die symbolischen Ordnungen durch subjektive Sinnzuschreibungen in diskursiver Deutung. Aufgabe kulturwissenschaftlicher Forschung ist es dann, die meist impliziten Deutungsmuster sichtbar zu machen (vgl. ebd.: 1407ff.).

Wie Altmayer kritisiert Wildemann am interkulturellen Ansatz den nationalstaatlichen Monokulturalismus und spricht sich für ein Kulturverständnis der Diversität aus (vgl. Wildemann 2011: 2). Wildemann schlägt von daher eine transkulturelle Deutschdidaktik vor (vgl. ebd.: 9), die den internationalen Migrationsbewegungen und den von den urbanen Zentren ausgehenden Impulsen Rechnung trägt (vgl. ebd.: 2). Sie erwähnt die multilingualen Sprachproduktionen wie z. B. DeuKisch, der Kombination aus Deutsch und Türkisch, und die Kiezsprache. Wildemann ordnet dem Begriff „interkulturell" das Verstehen des Eigenen und des Fremden zu, während sie mit „transkulturell" meint, dass Kultur individuell und flexibel ist (vgl. ebd.: 4ff.).

Ich bleibe aus zwei Gründen bei dem Begriff „interkulturell". Zum einen denken Altmayer und die anderen VertreterInnen der transnational-transkulturellen Richtung, wie Wolf feststellt, einseitig vom Individuum her und vernachlässigen dessen Prägung etwa durch Geschichte, Geographie und Religion; die Entwicklung der individuellen Identität ist ein sozialer Prozess, bei dem etwa Familie, Schule und *peer groups* wichtig sind (vgl. Wolf 2010: 1433). Zum anderen trifft die Beobachtung von Fandrych et al. zu, dass „transnational-transkulturell" bisher nicht eindeutig von „interkulturell" abgegrenzt wird (vgl. Fandrych et al. 2010: 4). Dass beim transnational-transkulturellen Lernen die Fremdperspektive betont wird und die nationalen Grenzen unwichtig sind, ist kein Widerspruch zum interkulturellen Lernen, bei dem unterschiedliche kulturelle Perspektiven zusammengebracht werden. Auch sehe ich das Kulturverständnis, nach dem der Mensch Bedeutung aufbaut, nicht als Gegenposition, sondern als Komplementär zur Interkulturalität: Das gesellschaftliche System aus Symbolen entsteht durch individuelle Konstruktion von Bedeutung.

1.2 Die philologisch-sprachdidaktische Bestimmung der LernerInnen-Kulturen über die Mehrsprachigkeitsforschung

Ich erweitere den Begriff „interkulturell": Neben den kulturwissenschaftlich über die Herkunftskulturen und die Identitäten der LernerInnen bestimmten Anteilen trägt der interkulturelle DaF-Unterricht auch den auf der philologisch-sprachdidaktischen Schiene ermittelten Anteilen der LernerInnen-Kulturen, den sprachlichen Vorerfahrungen der LernerInnen, Rechnung.

Im interkulturellen DaF-Unterricht arbeiten die LernerInnen zur Steigerung ihres Lernerfolgs vergleichend mit positiven Transfers aus ihren Erstsprachen L1 und dem an L1 gebundenen Wissen (vgl. Hufeisen/Riemer 2010: 739), aber auch aus anderen Fremdsprachen, in denen sie Kenntnisse haben. Dabei ist die erste Fremdsprache der Schlüssel für die Mehrsprachigkeit; die LernerInnen gewöhnen sich z. B. daran, unverständliche Laute zu dekodieren und fremdsprachige Texte zu entschlüsseln (vgl. ebd.: 747). LernerInnen von tertiären Sprachen, die sie nach der ersten Fremdsprache L2 lernen, profitieren von ihren Erfahrungen mit L2 (vgl. ebd.: 748).

Eine Tertiärsprachendidaktik für nach der ersten Fremdsprache L2 gelernte L3, L4 usw., die auf der Mehrsprachigkeitsforschung fußt, kann somit die Erfahrungen der LernerInnen mit L1 und L2 in allen sprachlichen Bereichen nutzen: Phonetik, Morphologie, Syntax, Semantik und Pragmatik.

2. Skizze: LernerInnen-Kulturen im Deutschunterricht an deutschen Schulen im spanischsprachigen Südamerika

Die hier dargestellten Unterrichtsaktivitäten erstrecken sich auf Spanisch, Englisch sowie auf das Fach Deutsch mit dem deutschsprachigen Fachunterricht Geschichte, in dem die LernerInnen-Kulturen ermittelt werden. Da die Planungen für das sprachenübergreifende Arbeiten an meiner Schule noch in den Kinderschuhen steckt und mir Informationen zu anderen deutschen

Schulen in Südamerika in dieser Hinsicht fehlen, kann ich hier noch nicht über Erfahrungen bei der Umsetzung berichten.

2.1 Die Vorbereitung in den Fächern Spanisch und Englisch

Um ihre Herkunftskulturen und Identitäten als Teil ihrer LernerInnen-Kulturen zu reflektieren, arbeiten die SchülerInnen an deutschen Schulen im spanischsprachigen Südamerika aus der Perspektive des Leitfachs Deutsch zu dem relativ Bekannten: zu Simón Bolívar (1783 bis 1830), dem Führer der Unabhängigkeitsbewegung gegen die spanische Kolonialmacht auf dem Gebiet der heutigen Länder Venezuela, Panama, Ecuador, Peru, Bolivien und Kolumbien, und zu dessen Begleiterin Manuela Sáenz, die als erste Feministin des Kontinents bezeichnet wird.[1] Damit im Fach Deutsch an die Inhalte des Spanisch- und Englischunterrichts angeknüpft werden kann, schreiben die SchülerInnen in diesen beiden Fächern jede Stunde jeweils die für sie wesentlichen Unterrichtsinhalte mit. Das Sprachenprofil Deutsch-Spanisch-Englisch kann zu einer Regionalisierung des DaF-Unterrichts im spanischsprachigen Südamerika beitragen. Tabelle 1 enthält die Inhalte des Spanischunterrichts als Vorbereitung auf den interkulturellen Deutschunterricht.

---

[1] Bundeszentrale für politische Bildung (Comp.) (2010), *Manuela und Simón. Lieben und Leben für die Revolution*, unter http://www.manuelaundsimon.de/ wordpress/?page_id=317 (19.08.2013).

Tabelle 1: Inhalte des Spanischunterrichts als Vorbereitung auf den interkulturellen Deutschunterricht

Unterthemen	Texte, die die SchülerInnen in Auszügen lesen	Aspekte, die die Schüler-Innen erarbeiten
Manuela und Simón	Falconí Gomezjurado 2009[2]	1. Manuelas Kindheit und Jugend: alte Konzepte verlieren Bedeutung, Einsamkeit
	Las Cuatro Estaciones de Manuela Sáenz von Víctor von Hagen[3], Manuela Sáenz, La Divina Loca von Olga Briceño[4], La Mujer Providencia de Bolívar von Humberto Mata[5]	2. Manuelas Schönheit, ihre Männer
	La Caballeresa del Sol von Demetrio Aguilera Malta[6], El General en su Laberinto von Gabriel García Márquez[7]	3. Simóns Geliebte und Märtyrerin, Liebe der ständigen Fluchten
	Mogollón Cobo/Narváez Yar 1997[8]	4. Simón Symbol für Freiheit, Bruch von Konventionen, Manuela Vorbild für Frauen
Manuela und die Politik	Mogollón Cobo/Narváez, Las Cuatro Estaciones … La Divina Loca	5. Manuela liest

---

[2] Falconí Gomezjurado, Carlos (2009), *Soledad y designio: Manuela Sáenz, Caballeresa del Sol, Libertadora y Proscrita*, unter http://www.scribd.com/doc/14538447/Soledad-y-Designio-Manuela-Saenz-Caballeresa-del-Sol-Libertadora-y-Proscrita (19.08.2013).

[3] von Hagen, Víctor (1989*), Las Cuatro Estaciones de Manuela Sáenz, la Amante de Bolívar.* Mexiko-Stadt: Hermes.

[4] Briceño, Olga (1950). *Manuela Sáenz: La Divina Loca.* Rio de Janeiro: Livraria H. Antunes.

[5] Mata, Humberto (1972). *La Mujer Providencia de Bolívar.* Cuenca/Ecuado: Editorial Biblioteca Cenit.

[6] Aguilera Malta, Demetrio (1964). *La Caballeresa del Sol.* Madrid: Guadarrama.

[7] Garcia Márquez, Gabriel (1989). *El General en su Laberinto.* Bogotá: Oveja Negra.

[8] Mogollón Cobo, María/ Ximena Narváez Yar (1997), *Manuela Sáenz. Presencia y Polémica en la Historia*, Quito: Corporación Editora Nacional.

	Rumazo González 1988[9]	6. In Lima Integration der Frauen ins antimonarchistische Lager und „Caballeresa del Sol"
	Mogollón Cobo/Narváez Yar	7. Betätigt sich politisch für Simon, bolivarianische Soldatin, Vertraute von Simón, beeinflusst Simón bei der Führung der Staatsgeschäfte
	... La Divina Loca	8. Simón schreibt ihr über politische Themen
	La Caballeresa del Sol	9. Bei Abwesenheit Simóns kümmert sie sich um seine Geschäfte
	Las Cuatro Estaciones ...	10. Bewegt sich unter Soldaten und unterstreicht ihre Worte mit Säbelbewegungen
	El General en su Laberinto	11. Beobachtet für Simón die politische Entwicklung, nur sie darf Simón die Wahrheit sagen
Manuela zensiert?	von Hagen 1988[10], Gónzalez López 2007[11]	12. Informationen zurückgehalten: in Venezuela Buch unterschlagen, Papiere im Nationalarchiv von Bogotá nicht mehr auffindbar, Verschleierung der Bedeutung Manuelas: sollte Nebenfigur der Geschichte sein

---

[9] Rumazo González, Alfonso (1988), „La cátedra ‚Manuela Sáenz'". In: Valero Martínez, Arturo (Hg.). En Defensa de Manuela Sáenz. La Libertadora del Libertador. Guayaquil/Ecuador: Editorial del Pacífico S.A, 48-50; zuerst in Tageszeitung „El Comercio" vom 2.6.1983, Quito.

[10] von Hagen, Víctor (1988), „El tiempo me justificará" In: Valero Martínez, Arturo (Hg.). En Defensa de Manuela Sáenz. La Libertadora del Libertador. Guayaquil/Ecuador: Editorial del Pacífico S.A., 70-77.

[11] González López, Waldo (2007). Manuela revivida, unter http://www.cubarte.cult.cu/periodico/print/articulo/4885.html (19.08.2013)

Im Spanischunterricht befassen sich die SchülerInnen mit den in Tabelle 1 aufgeführten Texten und arbeiten die Aspekte 1. bis 12. heraus. Die SchülerInnen
üben die produktive Fertigkeit Schreiben als natürliche schriftsprachliche Aktivität. Simón und Manuela haben einander geschrieben, und die SchülerInnen
schreiben von daher einen Brief von Simón an Manuela über politische Themen (vgl. Tabelle 1, rechte Seite, Aspekt 8.) und die Antwort Manuelas. Aus
der Perspektive des Faches Deutsch wenden die SchülerInnen, bevor sie sich
im Deutschunterricht mit Briefen befassen, diese Textsorte im südamerikanischen Spanischen an (vgl. Hufeisen 2008: 52).

Vorbereitend auf den interkulturellen Deutschunterricht lesen die Schüler-
Innen im Englischunterricht Auszüge aus der englischen Version von *Las
Cuatro Estaciones de Manuela Sáenz, The Four Seasons of Manuela*[12]. Die
EnglischlehrerInnen verabreden mit den SpanischlehrerInnen, welche der
Aspekte 2. und 10. (vgl. Tabelle 1, rechte Seite) die SchülerInnen – u. U.
im Vergleich zum Unterricht mit der spanischen Version vertiefend oder aus
anderer Sicht – mit der englischen Version erarbeiten; damit die SchülerInnen
sich auf das jeweils andere Fach beziehen können, sind hier Übungen der
Sprachmittlung möglich, im Rahmen deren die SchülerInnen Transfers zwischen Englisch und Spanisch leisten. Darüber hinaus lesen die SchülerInnen
im Fach Englisch Auszüge aus The Spaces of a Free Spirit[13] und beschäftigen
sich mit Manuelas female masculinity (vgl. Hennes 2005: 98ff.). Manuela bewegt sich zwischen dem femininen und dem maskulinen Raum: Im femininen
Raum, der durch die Kombination der Merkmale „zu Hause/Körperlichkeit/
Emotionalität" bestimmt ist, befindet sie sich mit den Aspekten 1. bis 3. (vgl.
Tabelle 1, rechte Seite), den maskulinen Raum mit den Merkmalen „Politik/
öffentliches Leben/Rationalität" füllt sie mit den Aspekten 4. bis 12. (vgl.
ebd.; Hennes 2005: 98).

2.2 Deutsch mit dem deutschsprachigen Fachunterricht Geschichte. Integration der Fertigkeiten Hören und Schreiben

Ich konzipiere Unterricht zu den Fertigkeiten Hören und Schreiben und in Verbindung damit die Ermittlung der LernerInnen-Kulturen. Der interkulturelle
Deutschunterricht selbst ist inhaltsorientiert. Die SchülerInnen fassen zunächst

---

[12] von Hagen, Víctor *(1952), The Four Seasons of Manuela: The Love Story of Manuela* Sáenz and Simón Bolívar. New York: Duell, Sloan and Pearce.

[13] Hennes, Heather R. (2005), *The Spaces of a Free Spirit: Manuela Sáenz in Litera-
ture and* Tallahassee: Florida State University. Dissertation, unter http://diginole.
lib.fsu.edu/cgi/viewcontent.cgi?article=1911&context=etd (19.08.2013).

anhand ihrer Mitschriften als weitere Übungen der Sprachmittlung den Spanisch- und den Englischunterricht zu Simón Bolívar und Manuela Sáenz auf Deutsch zusammen. Sie verwenden dabei eine produktive Grammatik, die einen geringeren Umfang als ihre rezeptive Grammatik hat. Nach einer internen Vereinbarung der Fachschaft Deutsch am Colegio Alemán/an der Deutschen Schule Barranquilla gehören wegen ihrer kommunikativen Reichweite etwa Präsens, Perfekt, das Präteritum der Hilfs- und Modalverben und Haupt- und Nebensätze erster Ordnung zur produktiven Grammatik, während die SchülerInnen mit den genannten Elementen, aber auch mit Präteritum, Plusquamperfekt, Präteritum der Vollverben, Futur und komplexeren Satzkonstruktionen beim Hören und Lesen rezeptiv umgehen.

Die Zusammenfassungen des relativ Bekannten sind die Brücke zu dem inhaltlich Neuen, dem Input auf Deutsch. Die SchülerInnen aktivieren ihr Vorverständnis und bauen die Kommunikationssituation auf: Ihnen wird gesagt, dass sie zu einem Polit-Hörspiel mit dem Titel „Manuela und Simón" arbeiten werden. Mit Hilfe der Zusammenfassungen äußern sie, wie sie sich das Hörspiel vorstellen. Dann hören die SchülerInnen die Szenen 2, 9 und 12 aus „Manuela und Simón"[14], die rezeptive Fertigkeit Hörverstehen ist thematisch eingebettet.

Szene 2 spielt 1822 nach der Befreiung von Ecuador: Simón und der argentinische General San Martín treffen sich in Guayaquil, um über die Zukunft von Peru und Lateinamerika zu sprechen; Manuela bekommt von San Martín den Orden Caballeresa del Sol, weil sie in Lima Frauen in das antimonarchistische Lager integriert hat.[15] In Szene 9 plant eine Gruppe von Verschwörern um den Vizepräsidenten Santander 1826 in Bogotá ein Attentat auf Simón, der sich dank Manuela retten kann. Szene 12 beginnt damit, dass Simón 1830 in Barranquilla sein Testament diktiert – die Einigung Südamerikas hält er nicht mehr für möglich. Simón stirbt in Santa Marta, Manuela geht nach Jamaica und stirbt 1856 an der peruanischen Pazifikküste (vgl. Bundeszentrale für politische Bildung 2010). Die SchülerInnen beziehen das Hörspiel auf ihr Vorverständnis, indem sie die Darstellungen von Simón und Manuela im Hörspiel und im Spanisch- und Englischunterricht zur Steigerung ihres Lernerfolgs vergleichen.

Das Ziel des interkulturellen DaF-Unterrichts ist die Kommunikative

---

[14] Bundeszentrale für politische Bildung (Hg.) (2010), *Manuela und Simón. Lieben und Leben für die Revolution*, unter http://www.manuelaundsimon.de/wordpress/ (19.08.2013).

[15] Rumazo González, Alfonso (1988), „*La cátedra ‚Manuela Sáenz'*". In: Valero Martínez, Arturo (Hg.), En Defensa de Manuela Sáenz. La Libertadora del Libertador. Guayaquil/Ecuador: Editorial del Pacífico S.A., 48f.

Kompetenz, d. h. die Fertigkeiten Hören und Schreiben werden als Mittel der Sprachverwendung integriert geübt. Die Entfaltung des Schreibens in der Erstsprache, also in unserem Fall Spanisch, unterstützt die Entfaltung des Schreibens in der Fremdsprache, Deutsch. Die SchülerInnen vergleichen also dadurch mit ihren sprachlichen Vorerfahrungen, dass sie die Briefe, die sie im Spanischunterricht geschrieben haben, vor dem Hintergrund der Kulturspezifik der Textsorten (vgl. Hufeisen 2008: 52) betrachten. Sie reflektieren ihr an das südamerikanische Spanische gebundenes Textmusterwissen (vgl. ebd.: 51), indem sie die Textstruktur dieser Briefe herausarbeiten und dadurch im Deutschunterricht an ihre Erfahrungen mit L1 Spanisch im Bereich Pragmatik anknüpfen.

Der Textstruktur der spanischen Briefe stellen die SchülerInnen die Struktur des deutschen Briefes von Manuela an ihre Freundin María aus Szene 4 des Hörspiels entgegen, der so beginnt: „Lima, 8. Oktober 1823. Liebe María" (vgl. Bundeszentrale für politische Bildung 2010). In diesem Brief spricht Manuela sich gegen James Thorne, mit dem sie noch verheiratet ist, und für Simón und die Freiheit aus. Ich halte die Wahrscheinlichkeit für groß, dass die SchülerInnen abgesehen von den deutschen Textsortenmarkern *Ort, Datum und Anrede* zwischen den spanischen Briefen und dem Brief von Manuela im Hörspiel Gemeinsamkeiten wie die emotionale Sprache feststellen. Dann schreiben die SchülerInnen ihre spanischen Briefe mit der deutschen Textstruktur. Möglicherweise sind diese neuen Briefe nicht mehr als Repräsentanten der Textsorte erkennbar; oder es tritt ein komischer Effekt ein (vgl. Hufeisen 2008: 52). Die SchülerInnen überlegen sich, welche Änderungen an den Briefen vorgenommen werden müssten, damit diese im südamerikanischen Spanischen als normal angesehen würden; sie denken auch darüber nach, ob diese Änderungen einen Wechsel der Textsorte bewirken. Schließlich vergleichen die SchülerInnen im deutschsprachigen Fachunterricht Geschichte, der auf die Prüfungen zum International Baccalaureate vorbereitet, die südamerikanischen Befreiungskriege mit Simón Bolívar mit dem Thema „Krieg" im zwanzigsten Jahrhundert, etwa dem Zweiten Weltkrieg oder dem Kalten Krieg.

3. Analyse: Ermittlung der LernerInnen-Kulturen

Um eine Verzahnung von Deutsch, Spanisch und Englisch in Richtung von Gesamtsprachencurricula sicher zu fundieren und um die Notwendigkeit auszuloten, u. U. noch andere auf Spanisch unterrichtete Fächer zu integrieren, bedarf es empirischer Untersuchungen der LernerInnen-Kulturen, was wiederum eine regionale Kooperation der Schulen untereinander und eine Betreuung durch die DaF-Forschung erfordert.

Im interkulturellen Deutschunterricht an deutschen Schulen im spanischsprachigen Südamerika verknüpfen die SchülerInnen das Neue, Deutsch, mit ihren LernerInnen-Kulturen, d. h. mit ihren Herkunftskulturen/Identitäten und mit ihren sprachlichen Vorerfahrungen. Deshalb kommt es hier nicht so sehr darauf an, welche Einflüsse genau auf die LernerInnen-Kulturen wirken, sondern eher darauf, wie die LernerInnen-Kulturen beschaffen sind. Von daher ist keine analytisch-nomologische Ermittlung der LernerInnen-Kulturen von außen, d. h. über Faktoren wie Geschichte, Religion und Familie, nötig. Ich entscheide mich für eine interpretative Analyse, die die LernerInnen-Kultur von innen exploriert (vgl. Grotjahn 2003: 495). Anhand des Themas „Manuela Sáenz und Simón Bolívar" werden nach Altmayer die subjektiven Sinnzuschreibungen der SchülerInnen (vgl. 1.1) und die dominierenden Gegebenheiten des SchülerInnen-Alltags erfasst (vgl. Wolf 2010: 1431), und die SchülerInnen werden sich entsprechend der kognitivistischen Sicht ihrer eigenen Wissenskonstruktion in den Fächern Spanisch und Englisch sowie Deutsch inklusive des deutschsprachigen Fachunterrichts Geschichte bewusst (vgl. Schmidt 2010: 813).

Im interkulturellen Deutschunterricht an deutschen Schulen im spanischsprachigen Südamerika werden die Daten zur Ermittlung der LernerInnen-Kulturen, damit möglichst gesicherte Ergebnisse zu Stande kommen, triangulierend (vgl. Grotjahn 2003: 497) durch einen Fragebogen und ein teilstandardisiertes Gruppeninterview erhoben. Tabelle 2 enthält den Fragebogen bzw. die Fragen für die Gruppeninterviews. Der Fragebogen entspricht der rechten Seite von Tabelle 2.

Tabelle 2: Fragebogen/Fragen für die Gruppeninterviews

Kriterien zur Bestimmung von LernerInnen-Kulturen	Fragen zu den Unterrichtsaktivitäten zum Thema „Manuela Sáenz und Simón Bolívar"
a. Herkunftskulturen/Identitäten	**Zum Fach Spanisch** 1. Was von den Aspekten 1. bis 12. (vgl. 2.4.1, Tabelle 4, rechte Seite) ist typisch südamerikanisch/venezolanisch kolumbianisch …?
b. sprachliche Vorerfahrungen	2. Waren die Briefe von Simón und Manuela, die ihr geschrieben habt, eine gute Vorbereitung auf den Deutschunterricht? Bitte erkläre. 3. Was hast du gelernt? 4. Wie hast du am Besten gelernt?
c. SchülerInnen werden sich ihrer eigenen Wissenskonstruktion bewusst d. dominierende Gegebenheiten des SchülerInnen-Alltags e. subjektive Sinnzuschreibungen	5. Was aus deinen Antworten zu den Fragen 1. bis 4. ist in deinem Alltag wichtig? 6. Was aus deinen Antworten zu den Fragen 1. bis 5. ist für dich persönlich von Bedeutung?
a. Herkunftskulturen/Identitäten	**Zum Fach Englisch** 7. Was am Unterricht mit „The Four Seasons of Manuela" und „The Spaces of a Free Spirit" ist nicht südamerikanisch/venezolanisch, kolumbianisch …?
b. sprachliche Vorerfahrungen	8. Vergleiche bitte den Englisch- mit dem Spanischunterricht: Was war gleich/ähnlich/anders/besser …? Bitte erkläre. 9. Was hast du gelernt? 10. Wie hast du am Besten gelernt?
c. SchülerInnen werden sich ihrer eigenen Wissenskonstruktion bewusst d. dominierende Gegebenheiten des SchülerInnen-Alltags e. subjektive Sinnzuschreibungen	11. Was aus deinen Antworten zu den Fragen 7. bis 10. ist in deinem Alltag wichtig? 12. Was aus deinen Antworten zu den Fragen 7. bis 11. ist für dich persönlich von Bedeutung?

	Zum Fach Deutsch inklusive deutschsprachigem Fachunterricht Geschichte
a. Herkunftskulturen/Identitäten	13. Was am Unterricht zu dem Hörspiel „Manuela und Simón" und zum Zweiten Weltkrieg/Kalten Krieg ist nicht südamerikanisch/venezolanisch, kolumbianisch …? Bitte begründe.
	14. Hat die Vorbereitung auf das Hörspiel in den Fächern Spanisch und Englisch geholfen? Bitte begründe.
b. sprachliche Vorerfahrungen	15. Bitte vergleiche: Wie schreibt man einen Brief im südamerikanischen/venezolanischen, kolumbianischen … Spanischen und im Deutschen?
	16. Was hast du noch gelernt?
	17. Wie hast du am Besten gelernt?
	18. Was aus deinen Antworten zu den Fragen 13. bis 17. ist in deinem Alltag wichtig?
c. SchülerInnen werden sich ihrer eigenen Wissenskonstruktion bewusst d. dominierende Gegebenheiten des SchülerInnen-Alltags e. subjektive Sinnzuschreibungen	19. Was aus deinen Antworten zu den Fragen 13. bis 18. ist für dich persönlich von Bedeutung? Bitte erkläre.
	20. Was fällt dir noch zu dem Thema „Simón Bolívar und Manuela Sáenz" ein?

Um den Grad der Steuerung niedrig zu halten, besteht der Bogen ausschließlich aus offenen Fragen. Alle SchülerInnen füllen den Bogen individuell aus. Nachdem die Antworten kodiert und interpretativ ausgewertet sind, folgen die mit den Fragen aus dem Fragebogen gesteuerten Gruppeninterviews, damit zu den Antworten im Fragebogen nachgefragt werden kann. Fragebogen und Interviews sind auch auf Spanisch möglich. Die Auswertung der Antworten aus den Gruppeninterviews wird mit der Auswertung aus dem Fragebogen abgeglichen, das Ergebnis sind die LernerInnen-Kulturen, die im weiteren Verlauf des interkulturellen Deutschunterrichts als Bezugsgröße dienen: als die den LernerInnen bekannten Deutungsmuster, in die diese das Neue, Deutsch, durch Vergleichen verankern.

4. Literaturverzeichnis

Altmayer, Claus (2010), „Konzepte von ‚Kultur' im Kontext von Deutsch als Fremd- und Zweitsprache". In: Krumm, Hans-Jürgen et al. (Hgg.). Zweiter Halbband, 1402-1413.

Fandrych, Christian / Hufeisen, Britta / Krumm, Hans-Jürgen / Claudia Riemer (2010), „Perspektiven und Schwerpunkte des Faches Deutsch als Fremd- und Zweitsprache". In: Krumm et al. (Hgg.). Erster Halbband, 1-18.

Grotjahn, Rüdiger (2003), „Konzepte für die Erforschung des Lehrens und Lernens fremder Sprachen." In: Bausch, Karl-Richard / Christ, Herbert/ Krumm, Hans-Jürgen (2003).

 (Hgg.). *Handbuch Fremdsprachenunterricht*. 4., vollständig neu bearbeitete Auflage. Tübingen, Basel: Francke, 493-499.

Hufeisen, Britta (2008), „Textsortenwissen – Textmusterwissen – Kulturspezifik von Textsorten". In: *Fremdsprache Deutsch*. 39, 50-53.

Hufeisen, Britta / Riemer Claudia (2010), „Spracherwerb und Sprachenlernen". In: Krumm et. al. (Hgg.). Erster Halbband, 738-753.

Krumm, Hans-Jürgen / Fandrych, Christian / Hufeisen, Britta / Claudia Riemer (Hgg.) (2010), *Deutsch als Fremdsprache. Ein internationales Handbuch*. Zwei Halbbände. Berlin / New York: De Gruyter Mouton.

Marzano, Robert J. / Pickering, Debra J. / Jane E. Pollock (2001), *A Handbook for Classroom Instruction that Works: Research-Based Strategies for Increasing Student Achievement*. ASCD Yearbook. Alexandria, VA: Association for Supervision and Curriculum Development.

Roth, Gerhard (2006), „Warum sind Lehren und Lernen so schwierig?" In: Herrmann, Ulrich (Hg.). *Neurodidaktik. Grundlagen und Vorschläge für gehirngerechtes Lehren und Lernen*. Weinheim, Basel: Beltz, 49-59.

Schmidt, Claudia (2010), „Kognitivistische/Konstruktivistische/Konnektionistische Ansätze". In: Krumm et al. (Hgg.). Erster Halbband, 807-817.

Wildemann, Anja (2011), „Kulturen der Großstadt als Ausgangspunkt für sprachlich-kulturelle Diversität in Gesellschaft – Annäherungen an eine transkulturelle Deutschdidaktik". In: *Zeitschrift für Interkulturellen Fremdsprachenunterricht* [*online*]1, 1-11, unter: http://zif.spz.tu-darmstadt.de/jg-16-1/beitrag/Wildemann.pdf (04.03.2014).

Wolf, Gordian (2010), „Vergleichende Kultur- und Mentalitätsforschung". In: Krumm et al. (Hgg.). Zweiter Halbband, 1431-1440.

Funktioniert die formative Evaluation wirklich? Metaevaluation eines Portfolioprojekts

Diana Hirschfeld, Universidad Nacional Autónoma de México

Einführung

Das im folgenden beschriebene Forschungsprojekt basiert auf den Ergebnissen eines Makro-Projekts („Diseño de Principios de Evaluación del Aprendizaje de Lenguas Extranjeras en el CELE"), das im März 2007 im Sprachenzentrum der Nationalen Universität Mexikos (CELE, UNAM) begonnen wurde und dazu dienen sollte, adäquate theoretische und methodische Richtlinien für die Evaluation von unseren Sprachlernenden zu entwerfen. Im Anschluss daran wurde im Jahre 2009 ein Pilot-Projekt in Form einer Portfolioarbeit entwickelt, das die schriftliche Produktion der Deutschlernenden in der Mittelstufe (B1 bis B2) mittels der Anwendung der Prinzipien einer formativen Evaluation verbessern sollte.

Begriffsbestimmung „formative Evaluation"

Im Unterschied zur „summativen Evaluation", der Bewertung und Benotung von Lernerleistungen nach der entsprechenden Unterrichtseinheit, fokussiert die „formative Evaluation" eher das Unterrichtsgeschehen. Manche deutschsprachige Autoren bezeichnen sie als „Lernberatung" oder „Lernfortschrittsberatung", wobei allerdings der Effekt auf die Lehrtätigkeit und auf das Material kaum eine Rolle spielt. Auch im englischen Begriff „Assessment FOR learning" (AFL) richtet sich der Evaluationsprozess eher an die Lernenden, auch wenn es deutliche Unterschiede zum Begriff „Assessment OF learning" gibt. Stiggins (2002: 5) unterscheidet diese beiden Begriffe und besteht dabei darauf, dass bei der, wie er sie nennt, „Evaluation ZUM Lernen" die Lernenden selbst in den Prozess miteinbezogen werden sollen. Wenn eine Bewertung dem Lernen dienen solle, müsse ein Lehrer den Evaluationsprozess im Unterricht und den dabei entstehenden kontinuierlichen Informationsfluss über die Leistungen der Lerner dazu verwenden, das Lernen zu fördern, nicht nur um es zu überprüfen. Auch andere Autoren schließen sich dieser Perspektive an. Black und Wiliam (2001: 2) legen besonderen Wert auf die Rolle aller Teilnehmer im Evaluationsprozess und auf die Wirkung des entstehenden Feedbacks auch auf die Lehrtätigkeit, um diese an die Notwendigkeiten der Lernenden anzupassen. Sie verwenden in ihrer Publikation den Begriff „Formative assessment" und definieren diesen wie folgt:

> The term ‚assessment' refers to all those activities undertaken by teachers, and by their students in assessing themselves, which provide information to be used as feedback to modify the teaching and learning activities in which they are engaged. Such assessment becomes ‚formative assessment' when the evidence is actually used to adapt the teaching work to meet the needs.

Auch hier wird also die Auswirkung der Evaluation auf das Unterrichtsgeschehen als besonders wichtig empfunden. Torrance und Pryor (1998: 8) streben ebenso nach dem Ziel, den Lernprozess zu verbessern, machen dabei aber besonders die Erfahrung des Lernenden und seine Reflexion über die Lernwege und die erreichten Lernziele dafür verantwortlich. Weitere spanischsprechende Autoren wie Álvarez Méndez (2001: 12), Diaz-Barriga und Hernández (2002: 351) und Ahumada (2005: 32), der übrigens von „authentischer Evaluation" schreibt, legen ihren Lesern die Notwendigkeit einer Reflexion und eines Dialogs über den Lern- und Lehrprozess nahe. In der Fachliteratur finden sich unterschiedliche Perspektiven und Schwerpunkte, daher zunächst einmal die Definition vom Begriff, der im Kontext dieser Veröffentlichung benutzt wird: „Formative Evaluation ist eine systematische und kritische Aktivität, die unterrichtsbegleitend ist und die mit dem Ziel durchgeführt wird, Hinweise zur kontinuierlichen Verbesserung des Lehr- und Lernprozesses zu finden. Dadurch soll das Unterrichtsgeschehen an die aktuellen Notwendigkeiten aller Beteiligten angepasst werden. Gleichzeitig soll diese Evaluation alle Beteiligten zu Reflexion und Autonomie führen." (Hirschfeld 2013: 37)

Epistemologischer Rahmen der theoretischen und methodologischen Grundlagen

Wenn man von einer Metaevaluation einer formativen Evaluation eines Lehr- und Lernprozesses spricht, dann sollte man auch den epistemologischen Rahmen erwähnen, in dem sich die theoretischen und die methodologischen Grundlagen befinden, wie in der Abbildung 1 dargestellt wird.

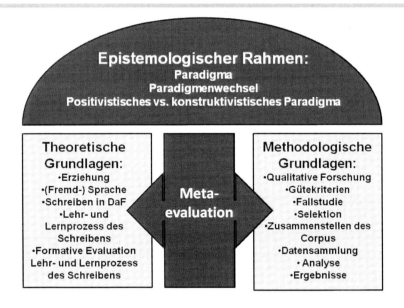

Abbildung 1: Epistemologischer Rahmen – theoretische Grundlagen – metho-
dologische Grundlagen – Metaevaluation als Verbindungsglied zwischen beiden
Säulen.

Das vorliegende Projekt wurde unter einem konstruktivistischen Paradigma konzipiert, in dem die Begriffe der ,Wirklichkeit' und der ,Wahrheit' nicht in der
Außenwelt zu suchen sind, sondern von jedem Individuum mittels seiner Erfahrungen selbst konstruiert werden. T. Schwandt äußert sich hierzu wie folgt:
„Konstruktivisten sind von der gegenteiligen Position [entgegen dem Positi-
vismus] überzeugt, dass das, was wir für objektives Wissen und für Wahrheit
halten, das Ergebnis unserer Perspektive ist. Wissen und Wahrheit werden geschaffen, nicht durch den Geist entdeckt." (Schwandt 1994: 125).

Dieses Prinzip gilt auch für die theoretischen Grundlagen des vorliegenden
Projekts, zu denen die Erziehung allgemein, die Sprache und in diesem Fall
besonders die Fremdsprache Deutsch, das Schreiben in der Fremdsprache,
sein Lehr- und Lernprozess und dessen formative Evaluation im Rahmen eines Portfolioprojekts gehören.

Abbildung 2: Kriterien der Glaubwürdigkeit in der qualitativen Forschung.

Das gleiche gilt aber genauso für den methodologischen Rahmen innerhalb der qualitativen Forschung mittels einer Fallstudie. Auch in Bezug auf die Gütekriterien sollte diese konstruktivistische Perspektive beibehalten werden. Laut Guba / Lincoln (1989), auch in Flick (2004) erwähnt, sind diese allerdings nicht direkt aus der quantitativen Forschung übertragbar, sondern finden ihre qualitativen Entsprechungen, wie man der Abbildung 2 entnehmen kann. Zudem müssen natürlich auch ethische Aspekte in Betracht gezogen werden, die unter anderem die Identität der Teilnehmer schützen.

Die Metaevaluation

Das Verbindungsglied zwischen den beiden Säulen des epistemologischen Rahmens bildet die Metaevaluation. M.A. Santos und T. Moreno erklären die Funktion einer Metaevaluation wie folgt:

> Sie führt dazu, dass wir besser verstehen, wie andere Menschen mittels der Aktivität einer Evaluation lernen. Die Evaluation erlaubt die Konstruktion von Wissen auf der Grundlage der dabei entstehenden Daten und der Tätigkeit der daran Teilnehmenden. Auch wenn das wichtigste Ziel die Verbesserung des Lehr- und Lernprozesses ist, steht es fest, dass eine Evaluation viel Neues zu den bestehenden Kenntnissen über Erziehung beiträgt. (Santos & Moreno 2004: 929)

In diesem Sinne besteht das Ziel des durchgeführten Projekts darin, den Einfluss der formativen Evaluation auf den Lehr- und Lernprozess besser zu verstehen und dabei zu lernen, wie man diesen Prozess in Hinsicht auf das Schreiben in Deutsch als Fremdsprache fördern kann.

Leider weiß man nämlich nicht viel über diesen Prozess, wesentlich mehr dagegen über dessen Produkte. In der Fachliteratur, z. B. bei Black und Wiliam (2001) wird das Geschehen im Unterrichtsraum als „black box" bezeichnet: Man kennt den „input" und den „output", aber man weiß kaum, was eigentlich in der Zwischenzeit geschieht. Dieser Begriff der „black box" zeigt eine gewisse Tendenz zu der Idee, dass das Unterrichtsgeschehen einerseits nicht interessiert oder dass es andererseits nicht messbar ist und daher nicht untersucht werden kann, wenn man es von einem positivistischen Standpunkt her betrachtet. Diese Herangehensweise wird in der Wissenschaft oft verwendet, um die „Komplexität" des Beobachtungsgegenstandes zu reduzieren.

Ziele des Forschungsprojekts

Im Falle des hier beschriebenen Projekts soll genau diese erwähnte Komplexität untersucht werden, um so ein wenig Licht in diesen Lehr- und Lernprozess zu bringen. Dabei geht es nicht darum, das Portfolioprojekt zu bewerten oder zu kritisieren, sondern darum, möglichst viel daraus zu lernen: sowohl aus den positiven Aspekten wie auch aus den Fehlern, die gemacht wurden. Und bei diesem Gedanken kamen viele Fragen auf, u. a. die grundsätzliche Frage, wie eine formative Evaluation überhaupt funktioniert und ob man auf diese Weise wirklich Lernprozesse, nicht nur Produkte, dokumentieren kann. Ein Ziel dieser Metaevaluation war es, genauer zu beobachten, wie sich die Textproduktion im Laufe des Lehr- und Lernprozesses verändert, und auch zu verstehen, welche Rolle dabei die Korrektion einerseits und das Feedback andererseits spielen. Aber auch in Hinsicht auf die Lehrtätigkeit sollten Veränderungen sichtbar werden. Schließlich wurden als Forschungsfragen folgende drei Fragen gestellt:
- Wie beeinflusst die formative Evaluation den Lehr- und Lernprozess in Hinsicht auf die schriftliche Produktion in Deutsch als Fremdsprache?
- Auf welche Weise unterstützt die formative Evaluation die Konstruktion von Kenntnissen und ihre Anwendung in der schriftlichen Produktion?
- Welche Faktoren begünstigen die Effektivität des Lehr- und Lernprozesses?

Auf diese drei Fragen sollte die Analyse des vorhandenen Materials eine Antwort finden.

Das verwendete Material

Der Corpus der Fallstudie bestand aus Textmaterial, das aus den Portfolien der Lernenden stammte, wie die Abbildung 3 beschreibt. Dazu zählen die Hausaufgaben der Lernenden zunächst in ihrer Originalfassung, anschließend die Revision durch den Dozenten, in welcher der Text in Hinsicht auf den Inhalt, die Kohärenz und Kohäsion, die kommunikative Angemessenheit und einige andere Aspekte kommentiert wurde und in der auch die Fehler markiert und verschiedenen Kategorien zugeordnet, aber normalerweise nicht verbessert wurden. Diese beiden Versionen wurden getrennt gespeichert, weil hier zwei verschiedene Perspektiven deutlich wurden: In der Originalversion konnte man den Inhalt des Textes, seinen Aufbau und die Vorkenntnisse des Lernenden über die Textsorte analysieren, ohne sofort durch die Fehlermarkierungen abgelenkt zu werden.

	6 Lerner	Dozent	Externes Material
▲ Zeitraum 3 Semester ▼	Texte in ihrer ersten Fassung	Kommentare und Korrektionen der Texte	Erhaltene Punkte im Zertifikat Deutsch des ÖSD (vor Kursbeginn)
			Erhaltene Punkte in der Mittelstufe Deutsch des ÖSD (nach dem 7. oder 8. Semester)
	Texte in der korrigierten Version	Kommentare und eventuelle Korrektion der 2. Version	Materialien für den "Input"
			Materialien für die Evaluation
	Reflexionen am Anfang, in der Mitte und am Ende des 7. und 8. Semesters	Beobachtungen während des Semesters	Bibliografie

Abbildung 3: Langzeitstudie (3 Semester) anhand von Portfolien von 6 Lernern und dem externen Material.

Die darauffolgende Markierung der Fehler im Text durch den Lehrer dagegen ermöglichte es, zu beobachten, ob die Lehrperson verschiedenen Fehlertypen unterschiedliche Bedeutung zumisst, in welchen Fällen sie kommentiert und in welchen sie korrigiert. Anschließend kam die dritte Version des Textes, die Verbesserung durch den Lernenden hinzu, in der offensichtlich wurde, welche

Fehler der Lernende selbst korrigieren konnte und bei welchen er doch Hilfe-stellung brauchte. Zu diesem Zweck entstand dann noch eine vierte Version des Textes, wieder mit Beobachtungen des Dozenten zu den gemachten Kor-rektionen und den notwendigen Erklärungen, wenn der Lerner nicht selbst die korrekte Form finden konnte.

Auch wenn diese Organisation eventuell etwas kompliziert erscheint, er-möglicht sie die unterschiedlichen Perspektiven, einerseits vom Lerner und andererseits vom Dozenten zu evaluieren. Außer diesen Texten wurden auch drei Reflexionen pro Semester geschrieben, die ersten beiden in einem Format mit offenen Fragen, die dritte jeweils in einem Format mit detaillierten, auf die Lernziele des jeweiligen Semesters bezogenen ‚Kann-Beschreibungen‘ und mit einer Autoevaluation und Platz für lernereigene Kommentare. Noch dazu wurde in jedem Semester ein Beobachtungsprotokoll vom Dozenten an-gefertigt und dem jeweiligen Portfolio beigefügt.

Das externe Material stammt zum einen aus Information aus den internen Prüfungen des Sprachinstituts und aus den Punkten, welche die Lernenden bei der Zertifikation des ÖSD erhalten hatten. Zum anderen handelt es sich um das verwendete Unterrichtsmaterial, meist authentische Materialien aus dem Internet, die als Input vor dem Schreiben bearbeitet wurden. Zusätzlich gibt es Material in Form von Bewertungsrastern, die vom Dozenten angefertigt wur-den. Natürlich zählt zum externen Material auch die Bibliografie zu den ver-schiedenen Themen. Das Besondere an dieser Fallstudie ist allerdings die Tat-sache, dass Material über drei Semester vorliegt, was nach dem Europäischen Referenzrahmen für Sprachen einer ganzen Stufe, von B1 bis B2, entspricht.

Die Analyse des Materials

Für die Analyse dieses reichhaltigen Materials standen verschiedene Möglich-keiten zur Verfügung. Daher wird an dieser Stelle kurz beschrieben, wie die Fallstudie durchgeführt wurde. Zunächst bedarf es einer gründlichen Vorberei-tung, besonders weil es sich in diesem Fall um so unterschiedliches Textmateri-al handelte, das kategorisiert werden sollte. R. Stake empfiehlt, die Kategorien für eine ‚instrumentelle Fallstudie‘, die dazu dient, ein Phänomen oder dessen Beziehungen besser zu verstehen, im Vorhinein festzulegen:

> With instrumental case studies, where the case serves to help us understand phe-nomena or relationships within it, the need for categorical data and measurement is greater. We will forego attention to the complexity of the case to concentrate on relationships identified in our research questions. (Stake 1995: 77)

Um die Komplexität der Studie nicht aus den Augen zu verlieren und auch die Authentizität zu gewahren, wurde daher ein Schema entwickelt, das die wichtigsten Konzepte und Begriffe aus den theoretischen Grundlagen wieder aufnahm und diese je nach den Beteiligten, Dozent oder Lerner, und dem Prozess, vom ‚Input' bis hin zur Integration der neuen Kenntnisse, ordnete. Die Idee, für dieses Schema die Form eines Kristalls zu verwenden, entstand aus dem Kommentar von L. Richardson (1994), die vorschlägt, statt einer Triangulation besser die Figur eines Kristalls zu benutzen:

> I propose that the central image for „validity" for postmodernist texts is not the triangle – a rigid, fixed, two-dimensional object. Rather, the central image is the crystal, which combines symmetry and substance with an infinite variety of shapes, substances, transmutations, multidimensionalities, and angles of approach. Crystals grow, change, alter, but are not amorphous. Crystals are prisms that reflect externalities and refract within themselves, creating different colors, patterns, arrays, casting off in different directions. What we see depends upon our angle of repose. Not triangulation, crystallization. (Richardson 1994: 522)

Bevor die eigentliche Analyse begann, sollten die wichtigsten Punkte aus den theoretischen Grundlagen festgehalten werden. Daraufhin wurde das folgende Schema schrittweise erarbeitet, mit der ‚formativen Evaluation' im Mittelpunkt der Forschungsintention. Zunächst entstand die horizontale Achse (Lehren, Dozent, Evaluation, Lerner, Lernen) und die vertikale („Input", Textsorten und Modelle, Evaluation, Feedback, Integration). Mit der formativen Evaluation im Zentrum des Schemas sollte so einerseits die jeweilige Perspektive der Beteiligten am Lern- und Lehrprozess gewahrt werden und andererseits sollten die Veränderungen in den Texten, die durch den Einfluss der Evaluation bewirkt werden, beobachtet werden. Im Nachhinein betrachtet, wird in dieser ersten Version des Schemas immer noch eine Triangulation von Lehrer, Lerner und Material ganz deutlich. Anschließend wurden weitere Konzepte aus den Grundlagen hinzugefügt. Neben die Textsorten und Modelle wurden zwei sehr wichtige Konzepte, die „Fremd"-sprache und die „fremde" Kultur eingefügt. Gerade in einem distanten Land wie Mexiko ist Deutsch etwas Fremdes und die Lernenden kommen häufig zum ersten Mal bewusst in einen direkten Kontakt mit der deutschen Kultur. Das bedeutet, dass das verwendete Unterrichtsmaterial einen sehr hohen repräsentativen Wert hat. Auf der unteren Hälfte des Kristalls wurden dann die metakognitiven und kognitiven Strategien auf der Seite des Lehrens und die sozioaffektiven Strategien auf der Seite des Lernens lokalisiert, da davon ausgegangen wurde, dass „Lernen lernen" vom Dozenten gefördert wird und dass z. B. Angst vor der Fremdsprache das Lernen beeinflussen kann.

Im nächsten Schritt kamen vier weitere Punkte hinzu. Wiederum ausgehend von der Evaluation, wird das Lernen der Fremdsprache durch die Objektive des Unterrichts bestimmt, während die Umstände des Lerners, seine eigene Kultur und seine persönlichen Erfahrungen das Erleben der fremden Kultur beeinflussen. Währenddessen werden die Empfehlungen für Lernstrategien je nach den Beobachtungen des Dozenten gegeben und die sozioaffektiven Strategien bedürfen der Reflexion der Lernenden. In einem letzten Schritt wurde das Schema dann noch durch andere wichtige Punkte ergänzt, die allerdings nicht direkt durch die formative Evaluation beeinflusst werden: Institution, Methodik, Autonomie, Erkenntnis und Verständnis, Curriculum der Institution, Notwendigkeiten des Lerners, Linguistische Aspekte und Lernertexte. So entstand das Schema der Abbildung 4, in dem alle wichtigen Punkte der theoretischen Grundlagen vereinigt sind.

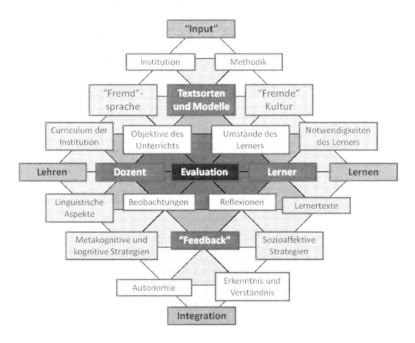

Abbildung 4: Schema zur Analyse des Textmaterials.

Für die Fallstudie (*Multiple case study*, nach Yin, 2003) wurden die Portfolios von sechs Lernenden ausgewählt, wobei vor allem darauf geachtet wurde, dass diese Fälle unterschiedliche Aspekte boten (*Purposive sample*). Es gab Lerner und Lernerinnen, aus naturwissenschaftlichen Fachrichtungen und aus der Kunst, erste Lernerfahrungen mit einer Fremdsprache und plurilinguale

Lerner. Außerdem wurde ein siebtes Portfolio zusammengestellt, das das ganze noch zur Verfügung stehende Material enthielt, das während des Pilot-Projekts im Unterricht verwendet wurde. Während der Analyse wurde dann jeder einzelne dieser Fälle in verschiedenen Schritten bearbeitet. Zunächst wurde das Textmaterial aus den Portfolien in einer Art Tabelle chronologisch geordnet, um den Verlauf des Lehr- und Lernprozesses besser überschauen zu können. Dazu wurde jeweils in einer Spalte, von links nach rechts, zunächst ein Kennzeichen für den Autor und die Version des Textes angebracht, dann der Text in seiner jeweiligen Fassung und dem entsprechenden Format, daraufhin eine Spalte zur Kodifizierung und eine für die entsprechenden Kategorien und schließlich eine weitere für Kommentare und die notwendigen Übersetzungen, da das ganze Material auf Deutsch entstanden ist, die Thesis allerdings auf Spanisch verfasst werden musste. Für die Kodifizierung wurden, gekürzt auf 3 bis 4 Buchstaben, die Begriffe aus dem Schema verwendet, und für die Kategorien die verschiedenen Achsen.

Der nächste Schritt bestand aus der ‚Technik einer qualitativen Analyse‘ nach Mayring, wie Flick (2004: 207) sie für die Analyse von großen Textmengen vorschlägt. Durch eine Zusammenfassung der Inhaltsanalyse wurde das Material sinngemäß umschrieben, weniger wichtige Textteile wurden zusammengefasst oder aussortiert (erste Reduktion) und anschließend wurden ähnliche Aussagen zusammengeführt und erneut reduziert (zweite Reduktion). Der dritte Schritt der Analyse bestand in einem Vergleich der verschiedenen Fälle (Cross-case analysis, nach Yin, 2003). In dieser Phase wurden die Gemeinsamkeiten und auch die Unterschiede sichtbar im Hinblick darauf, wie die formative Evaluation den jeweiligen Lehr- und Lernprozess unterstützt. Dabei entstanden deutlich rekurrente Themenbereiche, die sich auf dem Schema als vier Abschnitte bestimmen ließen, wie in der Abbildung 5 deutlich wird.

Ergebnisse

Das bereits erwähnte Schema war während der Analyse sehr nützlich, aufgrund einiger Ergebnisse, die in den ersten Phasen der Analyse spontan auftauchten, wurden aber einige Änderungen notwendig. Das betraf zunächst einmal den Begriff ‚Input‘: Mittels einer formativen Evaluation der Lernertexte ist es nicht möglich, ein bestimmtes Input zu identifizieren. Was evaluiert wird, ist ein kleiner Teil der in diesem Moment bestehenden Kenntnisse des Lerners. Statt dem Begriff ‚Input‘ wurde also an die obere Spitze des Schemas der Begriff ‚Vorkenntnisse‘ gesetzt. Allerdings soll deutlich festgehalten werden, dass es sich hierbei keinesfalls um die gesamten Vorkenntnisse eines Lerners handeln kann und dass diese momentanen Vorkenntnisse durch die Evaluation bereits wieder verändert werden. Im Nachhinein erschien diese Erkenntnis logisch, doch durch den Einfluss der sonst üblichen Triangulation von Lerner, Lehrer und Material wurde sie anfangs nicht erkannt.

Die folgenden Veränderungen betrafen die ‚metakognitiven und kognitiven Strategien', die von der Seite des Lehrens auf die Seite des Lernens verschoben werden mussten. Es ist zwar richtig, dass es meist der Dozent ist, der diese Strategien vorschlägt, aber evaluieren, also sie auf ihren Wert und Nutzen prüfen, kann sie eigentlich nur der Lerner. Andererseits befanden sich die ‚Lernertexte' im konstruierten Schema auf der Seite der Lerner, doch wer diese Texte begutachtet, ist in diesem Fall der Dozent. Nachdem diese drei weiteren Änderungen in das Kristall integriert wurden, musste das bis dahin analysierte Material nochmals neu zugeordnet werden, aber ab diesem Punkt konnten die Ergebnisse klar zugeordnet werden und im Schema in den entsprechenden Vierteln verdeutlicht werden, wie in der Abbildung 5 erkenntlich wird. Anschließend werden einige Ergebnisse zu jedem der so entstandenen Viertel präsentiert.

Die Analyse des Materials wies klar darauf hin, dass bei der formativen Evaluation von Lernertexten zwei Phasen auftreten und auch zwei Gesichtspunkte evaluiert werden. In der ersten Phase werden die Kenntnisse des Lerners begutachtet, die er zu einem gewissen Zeitpunkt zu Papier gebracht hat. Durch den Lernertext kann man einen kleinen Überblick in Bezug auf seine allgemeinen Kenntnisse bekommen, z. B. sieht man, ob er die Textsorte kennt, ob er einen Text logisch und kohärent aufbauen und ob er seine Ideen klar ausdrücken kann. Außerdem erlaubt das Material natürlich auch einen Einblick in seine Grammatik- und Wortschatzkenntnisse. Dieser Schritt ist der übliche Teil jeder Bewertung einer Lernleistung, in einer summativen Evaluation erfolgt auf dieser Grundlage die Benotung. Allerdings werden meist nur die Ergebnisse des Schülers bewertet, das Lehren ist selten Gegenstand einer Evaluation. Durch die beschriebene Analyse des Materials konnten Ergebnisse festgestellt werden, die die Evaluation der Vorkenntnisse zum Zweck der Verbesserung des Lehrens einerseits und des Lernens andererseits betrafen.

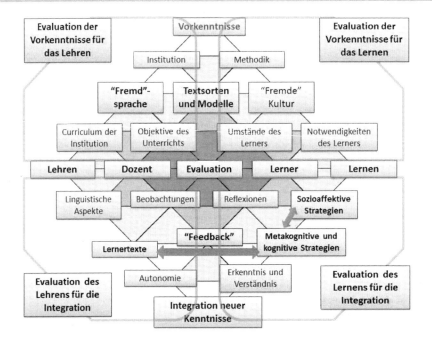

Abbildung 5: Die ersten Änderungen und die gefundenen Themenbereiche innerhalb des Schemas.

Die weiteren Funde zeigten, dass sich die eigentliche Wirkung der formativen Evaluation in der darauffolgenden Phase entfaltet, nämlich in der Evaluation des Lehrens und des Lernens für die Integration der neuen Kenntnisse und auch der Korrektur von Unstimmigkeiten im Vorwissen.

Die Evaluation der Vorkenntnisse für das Lehren

In diesem Abschnitt wurden alle Daten zusammengeführt, die einerseits Hinweise auf die Planung des Lehrens und andererseits Kritik an dem bestehenden Lehrplan enthielten. Dieser Teil der Evaluation könnte also dazu dienen, den aktuellen Lehrplan und das verwendete Material zu verbessern, um so einen effektiven Unterricht zu unterstützen.

- Unsere Institution richtet sich zu sehr nach den gebräuchlichen Lehrwerken und nach der internationalen Zertifikation, die eigentlichen Unterrichtsziele sind weder dem Dozenten noch den Lernenden unbedingt klar. Nirgendwo wurden klar definierte Objektive beschrieben.

- Bei der Planung der Aktivitäten wird kaum in Betracht gezogen, dass die Lerner im Sprachzentrum (fast) alle die gleiche Muttersprache und ähnlich hohe intellektuelle Ansprüche haben, auch wenn sie nicht alle aus den gleichen Studienbereichen stammen. Einige Lehrwerke und auch so manches andere Material entsprechen diesen Anforderungen nicht, da sie nicht für so ein Publikum geplant sind. Die Objektive des Unterrichts sollten daher viel besser auf die Notwendigkeiten und die Interessen der Lernenden abgestimmt werden. Z. B. wurden häufig auftretende, typische Fehler gefunden, die wohl mit einem Transfer aus dem Spanischen zu erklären wären, wie der oft fehlende unbestimmte Artikel vor „anderer". Eine kontrastive Erklärung könnte hier schnell Abhilfe schaffen.
- Grammatikunterricht ist offensichtlich weiterhin ein Hauptteil des Unterrichts, Kommunikation ist leider kein zentrales Anliegen. Die Lerner wünschen sich in ihren Reflexionen mehr Flüssigkeit und Sicherheit und konzentrieren sich trotzdem ständig auf die Grammatikregeln.

Die Evaluation der Vorkenntnisse für das Lernen

Befunde, die sich auf die Situation der Lerner bezogen, wie z. B. die Zeit, die ihnen zum Lernen zur Verfügung steht, ihre Notwendigkeiten je nach ihren persönlichen Zielen, ihr Zugang zur fremden Kultur und vor allem ihre Vorkenntnisse in Bezug auf Textsorten wurden in diesem Viertel zusammengefasst.

- Das im Unterricht verwendete Material und die angebotenen Modelle entsprechen nicht immer den Notwendigkeiten und den Wünschen der Lerner. Einerseits sollten mehr Modelle für verschiedene Textsorten wie z. B. formelle Briefe zur Verfügung stehen; andererseits sollte das Material viel mehr die Kultur der deutschsprachigen Länder repräsentieren, nicht in Form von Landeskunde und Bevölkerungsdaten, sondern im Sinne einer Annäherung an andere Denkweisen und Perspektiven, die auch einen Vergleich mit der eigenen Kultur ermöglichen.
- Die Hausaufgaben, die den Lernern gestellt werden, insbesondere die Textsorten und auch ihr thematischer Inhalt sind für sie nicht immer relevant. Daher äußern einige Lerner fehlendes Interesse und sehen in den Aufgaben keinen tieferen Sinn als nur die reine Schreibübung:

Einer der Lerner kommentiert z. B. in Bezug auf seine Erfahrung mit früheren Hausaufgaben: „Ich konnte nicht das nutzen. Ich hatte kein Interesse an den Themen, über die wir schreiben sollten. Deswegen hatte ich keine echte Meinungen." Sie schreiben „Hausaufgaben" für den Lehrer, keine Texte an ein Publikum.

Evaluation des Lehrens für die Integration neuer Kenntnisse

In diesem Teil des Schemas wurden alle Befunde zusammengestellt, die es erlaubten nachzuvollziehen, ob und wie der Dozent nach der Revision der schriftlichen Produktion seinen Unterricht an die festgestellten Notwendigkeiten des Lerners anpasst. Hierbei wurde vor allem das schriftliche Feedback beobachtet. Unter anderem wurde beispielsweise danach gesucht, ob Lernstrategien angeboten oder ob Lernerfolge bzw. Lernschwierigkeiten in den Beobachtungen kommentiert wurden. An dieser Stelle wurde deutlich, ob die Maßnahmen im Unterricht die gewünschten Erfolge ermöglichen oder ob der Unterricht sein eigentliches Ziel verfehlt.

- Fehler sind ein wesentlicher Bestandteil des Lernprozesses, ein natürlicher Teil der Interimsprache und ein Indikator dafür, ob der Lerner Fortschritte macht. Allerdings sind nicht alle Fehler gleich wichtig, manche sind einfach nur Leichtsinnigkeitsfehler, während andere auf falsch verstandene Konzepte hinweisen können. Letztere bieten dem Lehrer die Möglichkeit, seinen Unterricht an die Notwendigkeiten des Lerners anzupassen.
- Als Dozent versucht man häufig, die Schwierigkeiten der Lerner mit ‚noch mehr Übungen' und ‚noch mehr vom Gleichen' zu bekämpfen. Sicherlich ist Übung gut, aber kein Heilmittel und kein Standardrezept. Die formative Evaluation schafft aufgrund des ständigen Feedbacks, der Reflexion und der Beobachtung die Möglichkeit, tiefer in die Problematik zu schauen und da einzugreifen, wo es notwendig ist. Wenn Übung nicht zum Erfolg führt, dann liegt das Problem meist ganz woanders: bei den fehlenden Strategien.
- Manche Lerner kürzen ihre Texte, statt sie zu verbessern. Damit vermeiden sie das Problem, die richtige Form finden zu müssen. Leider vermeiden sie so aber auch den Lerneffekt: Lerner, die selten ihre Texte verbessern oder die Korrektur durch Umstrukturieren vermeiden, zeigten deutlich weniger Lernerfolge.
- Das eventuell wichtigste Ergebnis dieser qualitativen Studie war die

Erkenntnis, wie groß die Unterschiede in den Vorkenntnissen der einzelnen Lerner sind. Jeder einzelne Lerner hat andere Probleme, andere Stärken und Schwächen, einen anderen Lernrhythmus. Alle Schüler gleich zu behandeln, wie so oft gefordert wird, kann den Lernerfolg nur reduzieren. Also muss auch jeder Lehrprozess, so weit wie möglich, differenziert an die Notwendigkeiten des jeweiligen Lerners angepasst werden. Gerade das Schreiben bietet sich als ideale Möglichkeit an, Lernende individuell zu beraten und so den Lernerfolg effizienter zu machen.

Evaluation des Lernens für die Integration neuer Kenntnisse

Nach der ersten Phase der Analyse waren, wie schon erwähnt, Veränderungen des Kristalls notwendig gewordenen. Daher lokalisieren sich jetzt in diesem vierten Abschnitt des Schemas alle Strategien. Manche davon wurden von einigen Lernern erfolgreich, andere aber gar nicht oder nicht adäquat benutzt. Besonders deutlich wurde in dieser Sektion auch die Notwendigkeit einer Reflexion des Lerners über seinen Lernweg.

- Die meisten Lernschwierigkeiten liegen nicht in den linguistischen Aspekten, in der ‚Grammatik‘ oder beim ‚Wortschatz‘, wie die Lerner selbst häufig glauben. Die Lerndefizite entstehen, weil viele Lernende keine adäquaten Strategien besitzen, um ihr eigenes Lernen zu planen, zu beurteilen, zu kontrollieren und um sich erreichbare Ziele zu setzen. Die Studie zeigte, dass manche Lerner Regeln und Wörter lernen und sie dann auch in ihren nächsten schriftlichen Produktionen verwenden, aber nach mehreren Monaten vergessen sie diese wieder und die gleichen Fehler tauchen erneut auf. Offensichtlich können sich die Lerner das neu Gelernte -und leider auch das bereits Verbesserte- nicht über längere Zeit merken. Die neuen Erkenntnisse dringen scheinbar nicht bis ins Langzeitgedächtnis vor und sind so später auch nicht verfügbar, also werden sie wieder vergessen. Das kann zu einer Art Teufelskreis führen, in dem der Lerner frustriert wird und irgendwann aufgibt. Z. B. kommentiert eine Lernerin in einer ihrer Reflexionen auf die Frage, ob sie sich nach der Verbesserung der schriftlichen Produktion ihre Fehler merken und diese anschließend vermeiden kann: „Fast immer, aber... einige Fehler, die dummen, kommen zurück.“
- Lernstrategien ganz allgemein, seien es metakognitive Strategien wie Lernplanung und -überwachung, seien es kognitive Strategien wie das

Erschließen von Wortschatz im Kontext statt dem ständigen Gebrauch des Wörterbuchs, und vor allem auch soziale und affektive Strategien wie z. B. eigene Erfolge zu feiern, sollten ein fester Bestandteil des Unterrichts sein. Vor allem im Erwachsenenunterricht geht man leicht davon aus, dass die Lerner diese Strategien beherrschen: Leider ist das aber nicht der Fall, wie viele Daten der hier beschriebenen Untersuchung deutlich zeigen. Diejenigen Lerner, die regelmäßig bewusst Strategien verwendeten, wie sie selbst auch in ihren Reflexionen angaben, zeigten beständige Lernerfolge, während Lerner, die kaum über adäquate Lernstrategien verfügten, häufig die gleichen Fehler wiederholten.

- Ein Lerner sollte einerseits seinen momentanen Kenntnisstand bestimmen und andererseits seine (erreichbaren) Lernziele identifizieren können, damit er seinen Lernweg effektiver planen und verwirklichen kann. Dazu brauchen viele Lerner anfangs die Unterstützung ihres Dozenten, besonders durch eine regelmäßige Beobachtung ihres Lernprozesses und einer rechtzeitigen Beurteilung des Lernerfolgs.
- Erst wenn der Lehrer lernt, FÜR das Lernen zu evaluieren, also die Lerner zu beraten, wie ihr Lernen effektiver werden könnte, und wenn die Lerner dazu fähig sind, DAS Lernen, also ihre eigenen Fortschritte, richtig zu beurteilen (nicht zu benoten) und daraufhin ihre Lernstrategien anzupassen (z. B. nicht die gleichen Fehler immer wieder zu machen), werden sich effektivere Wege finden, um den Lehr- und Lernprozess zu gestalten.
- Deshalb sollten Lerner unbedingt in die Evaluation ihres Lernens miteinbezogen werden. Sie selbst müssen lernen, für ihre Erfolge zu arbeiten und auch dafür verantwortlich zu sein. Solange die Beurteilung des Lernens fest in den Händen des Dozenten liegt, scheint das Lernen seine Verantwortung, nicht die des Lerners zu sein.

Schlussfolgerungen

Ganz allgemein hat die vorliegende Metaevaluation viel Information geboten. Zunächst einmal lässt sich sagen, dass man Lernprozesse wirklich dokumentieren kann, aber dazu muss sowohl der Dozent als auch der Lernende selbst das anfallende Material regelmäßig chronologisch betrachten, nur so können Lernerfolge effektiv erkannt und Lernschwierigkeiten rechtzeitig bekämpft werden. Das bedeutet, dass das alleinige Sammeln des Materials nicht ausreicht: Außer der Reflexion und der Beobachtung bedarf die formative Evaluation einer Planung und dem Gebrauch von Strategien. Offenbar funktioniert die formative Evaluation gerade deshalb, weil nicht nur der Lerner, sondern auch der Dozent dabei lernt und so das Unterrichtsgeschehen an die Notwendigkeiten angepasst werden kann.

Im Hinblick auf die erste Forschungsfrage, wie die formative Evaluation den Lehr- und Lernprozess in Hinsicht auf die schriftliche Produktion in Deutsch als Fremdsprache beeinflusst, hat die Fallstudie gezeigt, dass die formative Evaluation diesen Prozess durch ein adäquates Feedback unterstützt. Ganz technisch ausgedrückt, wird die Interaktion zwischen dem Subjekt, in diesem Fall dem Lerner, und dem Objekt, hier die Fremdsprache Deutsch, durch eine dritte Komponente, im vorliegenden Fall der Dozent, reguliert und gefördert. Dadurch werden neue Kenntnisse konstruiert und auch das Vorwissen revidiert, was bei der nächsten schriftlichen Produktion erneut zur Anwendung kommt. Als wichtigste Faktoren, welche die Effektivität des Lehr- und Lernprozesses begünstigen, wurden vor allem die Strategiekenntnisse der Lerner und die Kontinuität der Evaluation bestätigt. Vor allem aber ist eine bewusste Korrektion und Reflexion über die Fehler die Grundlage dafür, diese später zu vermeiden. Nur wenn ein Lerner lernt, seine Fortschritte selbst zu evaluieren und autonom seine Lernschritte entsprechend zu planen und zu überwachen, wird er effektiv und nachhaltig lernen.

Literaturverzeichnis

Ahumada, Pedro (2005b): „La evaluación auténtica: Un sistema para la obtención de evidencias y vivencias de los aprendizajes", *Revista perspectiva educacional,* 45, primer semestre.

Álvarez, Juan Manuel (2001): *Evaluar para conocer, examinar para excluir.* Madrid: Ediciones Morata.

Black, Paul / Wiliam, Dylan (2001): Inside the Black Box: Raising Standards through Classroom Assessment, September 2010, unter: http://www.collegenet.co.uk/admin/download/inside%20the%20black%20box_23_doc.pdf (20.06.2013)

Díaz-Barriga, Frida / Hernández, Gerardo (2002): *Estrategias docentes para un aprendizaje significativo. Una interpretación constructivista* (2ª ed.) México: McGraw Hill.

Flick, Uwe (2004): *Introducción a la investigación cualitativa.* Madrid: Ediciones Morata

Guba, Egon / Lincoln, Yvonne (1989): *Fourth generation evaluation.* CA: Sage.

Hirschfeld, Diana (2013): Los efectos de una evaluación formativa sobre la producción escrita en alemán como lengua extranjera: una metaevaluación, Masterarbeit, UNAM (Leiterin: Paola Suárez),Volltext zur Verfügung unter: http://132.248.9.195/ptd2013/enero/405490545/Index.html (20.06.2013).

Richardson, Laurel (1994): „Writing. A method of inquiry." In: Handbook of Quality Research. (Cap. 32) Denzin, Norman / Lincoln, Yvonne (Hrgs.) Thousand Oaks, CA: Sage, 516-529.

Santos, Miguel Ángel / Moreno, Tiburcio (2004): „¿El momento de la metaevaluación educativa? Consideraciones sobre epistemología, método, control y finalidad". In: Revista mexicana de investigación educativa. Octubre-diciembre, Año/vol. IX, No. 023, México: COMIE, 913-931, unter: http://www.oei.es/evaluacioneducativa/momento_metaevaluacion_educativa_santos_guerra.pdf (25.06.2013).

Stake, Robert (1995): The art of case study research. Thousand Oaks: Sage Publications.

Stiggins, Richard (2002) Assessment Crisis: The Absence of assessment FOR learning. Phi Delta Kappan, 83, 10, 758-765. September 2010, unter: http://www.edtechpolicy.org/CourseInfo/edhd485/AssessmentCrisis.pdf (23.07.2013).

Schwandt, Thomas (1994): „Constructivist, interpretivist approaches to human inquiry." In: Handbook of Quality Research. (Cap. 7) Denzin, Norman / Lincoln, Yvonne (Hgg.) Thousand Oaks, CA: Sage, 118-137.

Torrance, Harry / Pryor, John (1998): Investigating formative assessment. Teaching, learning and assessment in the classroom. Buckingham: Open University Press.

Yin, Robert (2003) Case study research. Design and methods. (3rd edition) Thousand Oaks, CA: Sage Publications.

Standardisierte Leistungsmessung (DaF) an einem universitären Sprachenzentrum in Brasilien

Isabel Heller, Universidade Federal do Paraná/ DAAD-Lektorin

Die wachsenden Wirtschaftsbeziehungen und wissenschaftlichen Kooperationen zwischen Ländern weltweit fordern von Studenten, Wissenschaftlern und Arbeitnehmern verstärkt Kenntnisse in Fremdsprachen (FS). Dies wiederum bringt neue Herausforderungen für Spracheninstitute wie das Sprachenzentrum der Universidade Federal do Paraná (UFPR). Die Entwicklung des standardisierten Gemeinsamen europäischen Referenzrahmens (GeR) in den 90er Jahren brachte eine Standardisierung der Niveaus in Fremdsprachenkenntnissen über die Grenzen des Mutterlandes der Sprache hinaus. Diese Standardisierung gilt auch besonders für Brasilien, da auch hier Fremdsprachenkenntnisse oft nur dann Wert haben, wenn sie standardisierten Deutsch als Fremdsprache (DaF)-Niveaus, wie denen des GeR, entsprechen, da diese oft Türöffner für akademischen Austausch und berufliches Weiterkommen sind.

Dieser Beitrag stellt die Überlegungen zu einem standardisierten Sprachtest für das Niveau A1 am Centro de Línguas e Interculturalidade (CELIN) und dessen Entwicklung bis heute vor. Dabei werden die Prozesse der Lehrmaterialanalyse, Testkriterien und Aufgabenprototypenanalyse für die Entwicklung der Testaufgaben vorgestellt und erste Ergebnisse beschrieben sowie notwendige Entwicklungen für die Zukunft der Tests vorgeschlagen.

Das Sprachenzentrum der UFPR

Das Sprachenzentrum der UFPR, CELIN[1] sieht seine Aufgabe in der Lehre der Sprachen und Kulturen brasilianischer Einwanderergruppen[2] für Studenten, Arbeitnehmer und Privatpersonen (z. B. Hausfrauen oder Rentner mit deutschen Vorfahren) sowie der Ausbildung von Sprachlehrpersonal, welches im CELIN Lehrerfahrung sammeln kann.

---

[1] www.celin.com.br.

[2] Diese beinhalten Deutsch, Englisch, Französisch, Italienisch, Japanisch und Spanisch.

Deutsch als Fremdsprache und seine Kultur ist auch im Angebot der gelehrten Kurse und wird von ehemaligen und aktuellen Studenten der Área de Alemão an der UFPR unterrichtet, oder Personen, die Deutsch außerhalb der UFPR anderweitig erworben haben. Die Mindestanforderung an Deutschkenntnissen für die Lehre am CELIN liegt bei einem niedrigen B1-Niveau[3]. Voraussetzung für die Einstellung als Lehrer am CELIN ist das entsprechende Sprachniveau und ein Interview mit dem Koordinator der Deutschkurse am CELIN, der auch Mitarbeiter an der Área de Alemão ist.

Die Tests und Prüfungen der verschiedenen DaF-Kurse am CELIN (Alemão 1-6, d. h. A1 bis B1), wie auch der Lehrinhalt sind nicht standardisiert und beruhen auf der Lehrwerkauswahl der Kurskoordination DaF des CELIN sowie der Wahl des pädagogischen Ansatzes sowie der Zusammenstellung von Testaufgaben durch die Kurs-Lehrer. Diese basieren hauptsächlich auf dem im Kurs verwendeten Lehrmaterial.

Wenn man die Definition von Robinsohn (1973: 80) zugrunde legt, so existiert für die DaF-Kurse des CELIN kein Curriculum, welches Lehrinhalte und -ziele genau definiert und „angemessene Prozeduren für Bewertung und Entscheidung" (ibid.) bezüglich der Lernresultate festlegt.

Auch eine Lernziel- oder Lernerbedürfnisanalyse findet im Rahmen der Kurse nicht standardisiert statt, obwohl die Lernergruppen, verschiedene Lerner- und Lernzielprofile haben. Auch sind die Fremdsprachenkenntnisse von brasilianischen Studierenden mit vergleichbarer Schulausbildung oft nicht einheitlich entwickelt. Diese Lernziele (Studium, Beruf, Urlaub) sind meist heterogen und entsprechen nicht dem, was das gewählte Lehrwerk an Inhalten und Strukturen anbietet.

Hintergründe und erste Schritte für die Sprachtestentwicklung

Heute streben Fremdsprachenschulen und -lerner in Brasilien die regelmäßige Lernerfolgsprüfung vorzugsweise mit standardisierten Sprachprüfungen (z. B. GeR Sprachstandsprüfungen des Goethe-Instituts) oder vergleichbaren Bewertungsmethoden an, um den erfolgreich abgeschlossenen Sprachkurs für z. B. die Karriere oder das Studium nutzbar zu machen.

Als Teil einer staatlichen Einrichtung hat das CELIN nicht die Vorausset-

---

[3] Alle CELIN-Lehrer in Deutsch als Fremdsprache müssen im Studium an der Área de Alemão erfolgreich den Kurs *Língua Alemã 3* abgeschlossen haben, um nach einem Interview mit dem Koordinator der CELIN-Kurse dort unterrichten zu dürfen. Der Kurs wird mit dem Lehrbuch *em-Mittelstufe* unterrichtet und die abschließende mündliche Prüfung (*Banca*) fordert untere B1-Fertigkeiten, entsprechend dem GeR.

zungen, um kostenpflichtige Prüfungen oder Prüfungslizenzen (z. B. TOEFL, TestDaF) einzusetzen. Doch auch in Brasilien gewinnen international anerkannte Sprachzertifikate kontinuierlich an Bedeutung.

Vor diesem Hintergrund wurde 2010 in der Área de Alemão damit begonnen, für die GeR-Niveaustufe A1 (Glaboniat u. a. 2008) die CELIN-Kurse auf ihre Inhalte, Herausforderungen an Lehrer und Lerner zu analysieren sowie mögliche Testformen zu diskutieren. Dies fand in einem Kurs statt, der von 2 Professoren der Área de Alemão in Kooperation[4] ein Semester lang unterrichtet wurde und an dem Studenten des Deutschen Bereichs teilnahmen, die auch am CELIN, in der untersuchten Niveaustufe, unterrichteten.

Von der Lehrwerkanalyse (damals *Dimensionen*) im Vergleich mit den GeR-Beschreibungen von Kenntnissen und Fertigkeiten für A1 über die Definition von Lücken im Lehrwerk zum Referenzrahmen bis hin zur ersten Gestaltung von Testaufgaben wurden die Grundlagen für die Entwicklung einer Sprachprüfung für die CELIN-Kurse gestellt.

Als Basis für die Lehrwerkanalyse, den Vergleich mit den A1-Beschreibungen des GeR und den Aufgaben im GeR-Werk *Start Deutsch 1* dienten uns die Typologien zu Aufgaben und Übungen von Kniffka (2003). Darin enthalten sind Aufgabentypen (d. h. geschlossene, halb-offene und offene Aufgaben) und deren Beschreibungen und Rolle beim Testen (z. B. offene Aufgaben = kreative Sprachproduktion, wenig Objektivität in der Bewertung; geschlossene Aufgaben = Wissensabfrage/ -erkennen, starke Objektivität bei der Bewertung).

Weiterhin untersuchten wir die Aufgaben von *Dimensionen* und *Start Deutsch 1* anhand der Aufgabenprototypen-Kriterien von Raabe (2007: 285). Diese Kriterien ermöglichten uns eine Analyse des Lehrmaterials nach Inhalt (Themen = Vokabeln), nach den geforderten (und gelehrten) Fertigkeiten sowie nach den notwendigen Lerner-Fähigkeiten.

In der Entwicklung der Test-Aufgaben achteten wir darauf, die Prototypenkriterien und Aufgabentypen für jede Aufgabe in der Gruppe zu bestätigen, die Verständlichkeit der Aufgabenstellung sicherzustellen und die Bewertung so einheitlich und klar wir möglich (durch Antwortbögen und Ergebnishinweisen für die Lehrer) zu gestalten. Damit versuchten wir, innerhalb unserer eingeschränkten Möglichkeiten das Kriterium der Objektivität zu wahren.

Alle Entwicklungen und Ergebnisse waren Grundlage für die Gestaltung des ersten CELIN-Sprachtests für das Niveau A1 in den Fertigkeiten Lesen, Schreiben und Hören.

---

[4] Profa. Ludmila Sandmann, Koordinatorin der Área de Alemão, und der Autorin.

Sprachtest-Entwicklung: Aufgabenprototypen und Gütekriterien

Leistungsmessung soll gültig (valide), zuverlässig (reliabel) und objektiv sein, damit am Ende geprüft wird, was geprüft werden soll, unabhängig vom Prüfungskontext. Es muss wiederholbar sein, so dass unter gleichen Bedingungen mit ähnlichen Voraussetzungen (d.h. Lernerwissen) vergleichbare Resultate erzielt werden (Chapelle 1999, Perlmann-Balme 2010:1277-80). Erst dann kann ein Test als zuverlässig gelten (Kniffka 2003). Außerdem müssen Tests eindeutig Funktionsbereiche (d. h. Fertigkeiten und Teilkompetenzen) und Lösungshandeln (z. B. Ankreuzen, Auswählen, Umformulieren, Stellung nehmen) in den Aufgaben darstellen. Eine Definition der Funktionsbereiche und Varianten des Lösungshandelns müssen in diesem Fall aufgrund des CELIN-Lehrwerks für A1 und des *Start Deutsch 1* sowie des GeR definiert und für die Testentwicklung operationalisiert werden.

In unserer Testentwicklung fand diese Operationalisierung wie folgt statt: Validität betrifft die Frage „Testet die Aufgabe auch was getestet werden soll (Inhalt/Strukturen)?". Dafür darf die Aufgabe nicht zu leicht und nicht zu schwierig sein, muss vordefiniertes Lernerwissen (bei der Aufgabenentwicklung) testen (Inhalt/Vokabeln und/oder Grammatik) und eine für den Schüler eindeutige Aufgabenstellung haben (ibid.). Das heißt, die Testziele müssen betreffend Vokabular und Grammatikstrukturen sowie Lösungsaktivität für die Aufgabenentwicklung genau definiert sein.

Reliabilität bedeutet, dass die Testresultate tatsächliche Lernerperformanz und nicht den Einfluss der Testsituation, des Testers oder der Aufgabenstellung auf die Aufgabe zeigen. Somit bedarf die Prüfung eines Tests nach Reliabilität einer statistischen Analyse der Aufgabenresultate innerhalb der Lernergruppe. Dadurch wird untersucht, ob die Testresultate mit dem Lernertyp (schwach, mittelmäßige oder stark) auch wirklich übereinstimmen. Erst dann ist sicher, dass die Aufgabe zwischen den Lernertypen trennt. Dazu werden die Resultate einer Aufgabe meistens mit dem Gesamtresultat des Tests aller Lerner in einem Statistikprogramm korreliert (Fisseni 2004: 38).

Weiterhin ist *Reliabilität* eng mit *Objektivität* verbunden, bei der beachtet werden muss, dass Bewerter nicht unterschiedliche Bewertungskriterien anwenden, um Aufgaben zu bewerten, und dadurch andere Resultate aufgrund derselben Antworten produzieren.

Durch die Anwendung dieser Schritte erwarteten wir, auf die bestmögliche Art und Weise eine „systematische" und „kriteriengeleitete" (Roche 2008) Evaluation der Sprachlernresultate am CELIN gewährleisten zu können, die Auskunft darüber geben kann, was der Student in authentischer Kommunikation an FS zu produzieren in der Lage ist. McNamara (2000) stellt diesen wichtigen Zusammenhang in seinem Modell „Test and Criterion" so dar, dass der Test auch immer Rückschlüsse auf die Kapazitäten des Lerners im Themenbereich zulassen muss, die außerhalb der Testsituation stattfinden. Daher muss der Test die Aspekte (*Features*) der realen Situation enthalten, in der das angewendet werden muss (*Criterion*), was die Aufgabe wiederum testet. Es ist also notwendig, die Ziele der Aufgabe in Evaluation und in zukünftiger Performanzaktion genau zu definieren.

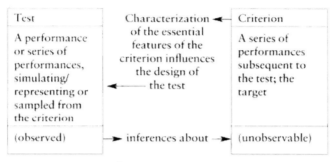

FIGURE 1.1 *Test and criterion*

(McNamara 2008: 8)

Sprachtests-DaF CELIN Niveau A1: Desiderate

Gütekriterien

Die oben eingeführten Orientierungspunkte (d. h. Aufgabentypen, -prototypen und Gütekriterien) konnten nicht vollkommen in der ersten Testversion umgesetzt werden, da Zeit und Kapazitäten fehlten. Um die Gütekriterien in der Testentwicklung anzuwenden, haben wir uns entschlossen, die Kriterien der Objektivität und Validität durch regelmäßige Gruppendiskussionen zu den ausgewählten Themen und Aufgaben so gut wie möglich in den Test zu integrieren. Dazu haben wir die von den Kollegen erstellten Aufgaben und Themeninhalte individuell auf ihren Inhalt, die Aufgabenstellung und Schwierigkeit untersucht. Dabei war vor allen Dingen das Ziel, unklare Aufgabenstellungen und mehrdeutige Inhalte auszumerzen und eine Bewertungsprozedur für die Aufgabe festzulegen, der alle Prüfer zu folgen haben. In diese integrierten wir auch Hinweise zum Prüferverhalten während des Tests und Vorinformationen, die den Studenten zur Lösung der Aufgaben gegeben werden können.

Die Analyse der Aufgabentypen endete mit der gemeinsamen Auswahl von Aufgabentypen und -prototypen, die dem Lehrmaterial (d. h. den Unterrichtsinhalten) entsprachen (d. h., die Lerner hatten diese Aufgabentypen und -prototypen schon kennengelernt), aber auch eine Varietät im Test darstellten. Dadurch hatte der Lerner in einer Fertigkeit nicht immer denselben Aufgabentyp (z. B. Multiple Choice) zu lösen und wurde entsprechend in der Anwendung des Wissens in den Aufgaben gefordert.

Weiterhin bedeutet das Gütekriterium der *Objektivität*, dass die Prüfer, welche die Sprachtests Niveau A1 durchführen, den einheitlichen Ablauf des Tests und die Bewertungsprozedur kennen, verstehen und anwenden. Dies bedarf eines Trainings der Prüfer durch Simulation der Testsituation und/oder einer schriftlichen, detailliert beschriebenen Orientierung für Testdurchführung und -bewertung. In der ersten Testversion waren beide Teilnehmer bei der Entwicklung CELIN-Lehrer und die Prüferschulung fand während der Testentwicklung statt. Gleichwohl werden für die kommenden Semester Orientierungen verfasst oder Trainingssitzungen konzipiert werden müssen.

Statistische Analyse der Aufgabenresultate: Reliabilität

Die statistische Analyse der *Reliabilität* von Aufgaben in Bezug auf ihre Trennfähigkeit (auch genannt *Trennschärfe*) (Fisseni 2004: 38) war durch die kleine statistische Größe der Lernerzahlen (35) zur Zeit des Kurses nicht möglich. Die Untersuchung der *Trennschärfe* mit Hilfe eines Statistikprogrammes (z. B. SPSS) bedarf einer Datengröße von mindestens 50. In der Zukunft kann diese Datengröße durch das Einbeziehen von allen Kursen im Niveau Alemão 1 erreicht werden. Das bedeutet auch, dass die Prüfergruppe größer sein wird und Training oder Orientierung für die Testdurchführung entsprechend angepasst werden müssen.

Criterion (McNamara 2000) in Testaufgaben

An dieser Stelle muss erwähnt werden, dass die Quellen der Testinhalte (Lehrbücher und Testvorbereitungsmaterial (*Start Deutsch 1*)) die *Criterion*-Definition von McNamaras Modell stark einschränken, da den Aufgaben schon Ziele durch die Autoren zugeteilt wurden. Ob diese Ziele jedoch immer der tatsächlichen Situation und den GeR-Fertigkeitsbeschreibungen entsprechen, muss im Detail genau untersucht werden. Leider hatten wir in dieser Phase der

Testentwicklung nicht die Zeit und notwendigen Ressourcen für eine genaue Inhaltsanalyse von Lehrbuch-Aufgabenmaterial, GeR und entsprechenden authentischen Situationen anhand der schon genannten Kriterien.

Testinhalte mit Blick auf den GeR: Fertigkeiten

Für die Entwicklung der Sprechaufgaben des Tests war nicht ausreichend Zeit verfügbar. Außerdem bedarf die Bewertung der Lernerperformanz in „Sprechen" gesonderter Bewertungsorientierungen, welche die Testdurchführung durch die Prüfer und deren Verhalten sowie die Bewertung der sprachlichen Produktion standardisieren.

Im FS-Unterricht sind Sprechaufgaben oft das Stiefkind, da die Zeit fehlt oder Lehrbücher wenige kreative Sprechaufgaben (auch in Gruppen) anbieten. Der GER ist jedoch auf kommunikative Produktion ausgerichtet. Dass dies den Lehrer/Prüfer und die Lerner in eine neue, unbekannte Situation versetzt, welche die Produktion des Lerners auch stark beeinflusst, ist wahrscheinlich. Daher muss die Orientierung dem Prüfer so viele Anhaltspunkte wie möglich für eine einheitliche Testdurchführung bieten. Dies soll eine der wichtigen Herausforderungen der kommenden Schritte in der Testentwicklung werden.

Aussichten auf eine neue Testversion

Mittlerweile ist die Testentwicklung weiter fortgeschritten und es existiert eine 2. Generation des Sprachtests-DaF für das Niveau A1. Für diese Generation haben wir uns das Ziel gesetzt, so viele Schüler wie möglich in die Resultatsanalyse (statistisch und qualitativ) zu integrieren, um auf den Sollwert von 50 Testsätzen für eine statistische Prüfung zu kommen.

Außerdem existiert nun eine Bewertungsorientierung für alle Prüfer, die Testablauf, Orientierungen für die Lerner und Bewertungsstrukturen/Lösungsschlüssel (Punktevergabe für Antwortvarianten, Bewertungsansätze zur Evaluierung der schriftlichen Antworten) beinhaltet. Die Fertigkeit „Sprechen" ist auch Teil des neuen Sprachtests, der zum Abschluss des Kurses eingesetzt wird, so dass die wichtigsten Fertigkeiten des GeR vertreten sind.

Die Tests wurden alle in den letzten Kurswochen durchgeführt und die Resultate liegen uns noch nicht vor, da die Bewertungen einige Tage dauerten. Es wird unsere statistische und inhaltliche Analyse der Resultate folgen. Dabei müssen wir jedoch folgende Punkte beachten, die auch die Zukunft des Sprachtests beeinflussen.

Obwohl die Aufgabenstellungen, Orientierungsinformationen und Lösungsschlüssel im Detail, mit viel Zeitaufwand und in einer neuen Gruppe von 3 Personen auf Grundlage der Kategorien der Aufgabentypen und -prototypen sowie Gütekriterien entwickelt wurden, entstanden Unklarheiten in der Testsituation, die auch die Resultate (Punkte) der Lerner für Ihre Performanz beeinflussen könnten. Zum Beispiel war offensichtlich, dass in einer Kursgruppe die Lernergruppen, die den Sprechtest als 3. oder 4. Gruppe in der Reihe machten, die Themen anscheinend schon kannten, weil Klassenkameraden das Testschema den wartenden Lernern verraten hatten. Die Räumlichkeiten der UFPR und des CELIN machen leider eine örtliche Trennung der Gruppen von fertigen Lernern und wartenden Lernern (welche die Prüfung noch machen mussten) fast unmöglich und ein einzelner Lehrer/ Prüfer könnte diese Trennung auch nur schwer überwachen.

Aus diesem Grund fungierten wir (d. h. die Testentwickler) für 5 Kursgruppen als Zweitprüfer in der mündlichen Prüfung. Dadurch konnten Unklarheiten zum Wert einer nicht deutlich vorgetragenen Antwort und Anweisungen zum Umgang mit unverwertbaren Antworten (z. B. gegeben während die Gruppe lacht und damit die Antwort übertönt) schon gelöst werden. Diese Erfahrung als Zweitprüfer hat gezeigt, dass die statistische Analyse der Resultate noch nicht möglich sein wird, da zu viele Faktoren die Resultate beeinflusst haben (z. B. kam die halbe Gruppe zu spät, weil sie den Raum nicht gefunden haben; ein Lerner weigerte sich, die Sprechprüfung fortzusetzen, was die Performanz aller beeinträchtigte; die Aufgabenstellung der Sprechprüfung muss genauer werden, damit keine Zweifel bei Bewertung und Durchführung bleiben), so dass wir die Sprechprüfung nicht in die statistische Analyse einbeziehen werden und nur die Resultate der Fertigkeiten „Lesen", „Schreiben" und „Hören" verwenden werden. Die Informationen der Sprechtests werden wir untersuchen und in die zukünftigen Tests einbauen, um so die Aufgaben und Datengröße für ihre Analyse zu verbessern.

In den zukünftigen Tests wird das GeR-Niveau A1 aufgeteilt werden, so dass jeweils ein Test für die CELIN-Kurse Alemão 1 und Alemão 2 gestaltet wird, da beide zu A1 gehören. Auch werden wir in der Analyse und Aufgabenentwicklung mit dem Lehrwerk *Aussichten 1.1 und 1.2* arbeiten, welches nun Lehrmaterial für die Kurse Alemão 1 und Alemão 2 ist.

Für alle Prüfer hatten wir Beobachtungsbögen für Notizen zu Problemen und Fragen der Lerner während des Tests und in Bezug auf den Test ausgegeben. Diese Bögen werden auch analysiert, damit die Durchführung des Tests in den 3 Fertigkeiten weiter vereinheitlicht wird. In der nächsten Testperiode werden die Lehrer die neuen Testversionen und Orientierungsinformationen schon kennen und wir erwarten weniger Schwierigkeiten, so dass mit der Zeit die Testanwendung immer standardisierter stattfindet.

Zusammenfassung

In diesem Beitrag hat sich gezeigt, dass Testentwicklung ein ganz individueller, langfristiger und komplexer Prozess ist, der nicht von einer Person allein (z. B. einem Lehrer für den Kurs, den er immer unterrichtet) realisiert werden kann. Es bedarf der Lehrmaterialanalyse, der Operationalisierung theoretischer Konzepte, weiterer Revisionen und Reflektionen, der Anwendung statistischer Hilfsmittel und ständiger Anpassungen von Aufgabenstellungen, Inhalten und Durchführungsanweisungen, damit diese für jeden Prüfer und Lerner eindeutig verständlich sind.

Im CELIN-Kontext wird deutlich, dass nicht jeder Kurs der Niveaustufe A1 gleich ist und dementsprechend die Testentwicklung alle Eventualitäten bedenken muss, um einheitliches Sprachtesten auf heterogene Kurse anzuwenden, aber trotzdem die kursspezifischen Aspekte dabei nicht ignoriert.

Damit beginnen wir eine neue Testentwicklung, die leider nie den Standards von Testentwicklern vollkommen entsprechen wird, aber trotzdem ein Grad an *Objektivität*, *Reliabilität* und *Validität* für individuell entwickelte Tests sowie deren Vergleichbarkeit mit GeR-Standards bringt. Somit stellt dieser Ansatz einen von verschiedenen möglichen zur individuellen Sprachtestenwicklung dar, die im Fremdsprachenunterricht in Brasilien immer wichtiger werden wird.

Literaturverzeichnis

Bausch, Karl-Richard / Christ; Herbert / Krumm, Hans-Jürgen (Hgg.) (2007), *Handbuch Fremdsprachenunterricht*. Tübingen: A. Francke Verlag.

Bausch, Karl-Richard (2007), „Funktionen des Curriculums für das Lehren und Lernen fremder Sprachen". In: Bausch, Karl-Richard u. a. (Hg.), *Handbuch Fremdsprachenunterricht*. Tübingen: A. Francke Verlag, 111-115.

Chapelle, C. (1999), „Validity in Language Assessment". In: *Annual Review of Applied Linguistics* 19, 254-272.

Fisseni, Hermann-Josef (2004), *Lehrbuch der psychologischen Diagnostik*. Göttingen: Hogrefe.

Gerbes, Johannes / van der Werff, Frauke (2009), *Start Deutsch 1: Fit fürs Goethe-Zertifikat A1*. Berlin: Hueber.

Glaboniat, Manuela / Müller, Martin / Rusch, Paul / Schmitz, Helen / Wertenschlag Lukas (2008), *Profile Deutsch*. München: Langenscheidt Verlag.

Jenkins, Eva-Maria / Fischer, Roland / Hirschfeld, Ursula (2010), *Dimensionen Lehrwerk Deutsch als Fremdsprache*. Berlin: Hueber.

Kniffka, Gabriele (2007). „Prüfen und Bewerten". In: Karl-Richard Bausch et al. (Hg.): *Handbuch Fremdsprachenunterricht*. Tübingen: A. Francke Verlag, 373-377.

Perlmann-Balme, M. (2010). „Testen und Prüfen von Sprachkenntnissen". In: Fandrych, Christian, Krumm, Hans-Jürgen, Hufeisen, Britta und Riemer, Claudia (Hgg.): *Deutsch als Fremd- und Zweitsprache: Ein internationales Handbuch*. Berlin: De Gruyter. 1272-1287.

Raabe, H. (2007), „Grammatikübungen". In: Karl-Richard Bausch et al. (Hg.), *Handbuch Fremdsprachenunterricht*. Tübingen: A. Francke Verlag, 283-287.

Robinsohn, Saul Benjamin (1973), *Bildungsreform als Revision des Curriculum*. Neuwied am Rhein: Luchterhand.

Roche, Jörg (2008), *Fremdsprachenerwerb – Fremdsprachendidaktik*. Stuttgart: UTB.

Vollmer, Helmut Johannes (2007), „Leistungsmessung, Lernerfolgskontrolle, Selbstbeurteilung: Ein Überblick". In Karl-Richard Bausch et al. (Hg.), *Handbuch Fremdsprachenunterricht*. Tübingen: A. Francke Verlag, 365-370.

Erwerb von Textkompetenz im universitären Kontext: Lernangebote und Grenzen gängiger DaF-Lehrwerke der Niveaustufe B2 – ein Erfahrungsbericht

Simone Auf der Maur Tomé, Universidade do Porto

Im vorliegenden Beitrag sollen einige vorläufige Ergebnisse einer Untersuchung aufgezeigt werden, welche das Ziel hat, den Erwerb bzw. die Förderung der Textkompetenz universitärer DaF-Lernender (Niveaustufe B2) genauer zu beleuchten. Mit dem Begriff Textkompetenz folge ich hier den neueren didaktischen Konzepten (Thonhauser 2008; Portmann-Tselikas / Schmölzer-Eibinger 2008; Hornung 2008), nach denen dieser sowohl Rezeption als auch Produktion von Texten umfasst und dabei Fertigkeiten und Kompetenzen impliziert, die eng aufeinander bezogen sind bzw. sich gegenseitig bedingen (Thonhauser 2008: 19; Portmann-Tselikas / Schmölzer-Eibinger 2008: 8).

Laut Schmölzer-Eibinger unterscheidet sich der Begriff der Textkompetenz „von soziologisch, kulturwissenschaftlich und erziehungswissenschaftlich geprägten Ansätzen vor allem durch seine Orientierung an Erkenntnissen der Textlinguistik und der Schreibforschung" (Schmölzer-Eibinger 2010: 1131). Textkompetenz wird hier demzufolge als ein Wechselspiel zwischen der Rezeption und der Produktion von Texten verstanden. Dieser Ansatz scheint besonders relevant für Studierende in geisteswissenschaftlichen Studiengängen zu sein, die sich im Laufe ihres Studiums bereichsspezifisches Wissen durch die Lektüre von gewissen Textsorten aneignen sollen. Die Studierenden sollen nicht nur die Kompetenz erwerben, Texte zu rezipieren, sondern im Rahmen ihrer Ausbildung auch relevante Textsorten eigenständig zu verfassen, was auch „das Reflektieren, Abwägen und kritische Bewerten von schriftsprachlich gefasster Information" (Schmölzer-Eibinger 2010: 1135) als grundsätzlich zu erwerbende Kompetenz beinhaltet.[1]

---

[1] Gemäß Moll werden in geistes- und sozialwissenschaftlichen Studiengängen folgende Textarten (im vorliegenden Beitrag jeweils als Textsorten bezeichnet) als relevant erachtet: Mitschrift, Protokoll, Exzerpt, Abstract, Handout/Thesenpapier (sekundäre Textarten), Seminar- bzw. Hausarbeit, Magisterarbeit/Staatsexamen/Diplom, Manuskript für mündliches Referat (primäre Textarten) (Moll 2003: 5). In diesem Zusammenhang ist wichtig festzuhalten: „Die prototypischen Leitgattungen

„Textkompetenz" im universitären Bildungskontext impliziert deshalb nicht nur den Erwerb von allgemeinsprachlichen Kompetenzen, sondern vor allem auch den Erwerb einer formalen, an der Wissenschaftssprache ausgerichteten Textkompetenz, welche sowohl für Studium oder Fortbildung als auch im Hinblick auf eine sich anschließende qualifizierte Berufstätigkeit auf einem globalisierten und konkurrenzstarken Markt von fundamentaler Bedeutung ist.

Der Impuls für die Untersuchung „Erwerb von Textkompetenz im universitären Kontext: Lernangebote und Grenzen gängiger DaF-Lehrwerke der Niveaustufe B2" stammt aus meiner Tätigkeit als Dozentin an der Geisteswissenschaftlichen Fakultät der Universität Porto (FLUP), Portugal, wo ich im Masterstudiengang für angehende DaF-Lehrer im Bereich der Didaktik tätig bin (*Mestrado em Ensino do Inglês/Alemão no 3° Ciclo do Ensino Básico e Ensino Secundário*). Dabei stelle ich häufig fest, dass die meisten Studierenden, welche zur Immatrikulation in diesen Masterstudiengang zwar die Niveaustufe B2 nachweisen müssen, aber dennoch erhebliche Schwierigkeiten mit der Rezeption von deutschen Fachtexten (in diesem Fall von wissenschaftlichen Artikeln zu Themen der Didaktik) haben, insbesondere wenn es darum geht, den Texten relevante Informationen zu entnehmen und diese mit eigenen Worten wiederzugeben. Diese Schwierigkeit äußert sich des Weiteren in der mangelnden Kompetenz, in der Fremdsprache sowohl mündlich als auch schriftlich kritisch über das Gelesene zu reflektieren. Dies kommt besonders deutlich zum Ausdruck, wenn von den Studierenden etwa die Bearbeitung einer fachdidaktischen Thematik, die Präsentation eines Referats oder das Verfassen einer Unterrichtsverlaufsplanung bzw. einer schriftlichen Seminararbeit verlangt wird.

Befragung der Dozenten

Im Rahmen meiner Untersuchung ging ich deshalb zunächst der Frage nach, welche Fertigkeiten und Text(teil)-Kompetenzen die Studierenden im sprachpraktischen Unterricht im Laufe des – dem Masterstudiengang vorangestellten – dreijährigen Bachelorstudiengangs erwerben. Ein erstes Ziel bei der

---

der verschiedenen wissenschaftlichen Disziplingruppen und ihre jeweiligen stilistischen Konventionen [...] sind Ausdruck von disziplinspezifischen Traditionen des Fachdenkens, die mit unterschiedlichen stilistischen, rhetorischen und argumentativen Verfahren" der jeweiligen Fachgemeinschaft korrespondieren (Kretzenbacher 2010: 498).

Befragung der DaF-Lehrenden dieses ersten Studienzyklus bestand darin, mehr über die Rahmenbedingungen, unter denen der sprachpraktische DaF-Unterricht an der Fakultät stattfindet, zu erfahren. Die in den Studienjahren 2009/2010 und 2010/2011 anhand eines Fragebogens durchgeführte Befragung von insgesamt elf DozentInnen aller Niveaustufen (A1-B2) ergab, dass die Lernergruppen dieses Unterrichts sehr heterogen zusammengesetzt sind: Die Studierenden kommen nämlich aus verschiedensten geisteswissenschaftlichen Fachrichtungen; Sprachen, Literatur und Kultur; Internationale Studien; Sprachen und Wirtschaftswesen; Lehramt Deutsch als Fremdsprache; Angewandte Sprachen (Wirtschaftskommunikation und Übersetzung). Die Ausrichtung des DaF-Unterrichts nach spezifischen Berufszielen (Übersetzung, DaF-Lehre u. a.) wird erst im jeweiligen zweijährigen Masterstudiengang vollzogen (*Mestrado em Ensino do Inglês/Alemão no 3° Ciclo do Ensino Básico e Ensino Secundário; Mestrado em Tradução e Serviços Linguísticos; Mestrado em Estudos Alemães*). Die Anzahl der DaF-Unterrichtsstunden im Bachelorstudiengang ist relativ gering. Sie beträgt in jedem der drei Studienjahre nur gerade zweimal 90 Minuten pro Woche. Auffällig ist, dass die Niveaustufen innerhalb der Studiengänge ausschließlich nach dem Gemeinsamen Europäischen Referenzrahmen für Sprachen (GER) bezeichnet werden (A1, A2, B1, B2). Des Weiteren ist festzuhalten, dass die Zielformulierungen für den DaF-Unterricht in den Bachelorstudiengängen auf den Kann-Beschreibungen desselben Referenzrahmens basieren. Dabei orientiert sich der Unterricht kurstragend am Lehrwerk, da kein eigens für diesen Lernkontext formuliertes Curriculum vorliegt.

Was die Übungen und Aufgaben zum Leseverstehen und Schreiben betrifft, zeigen die erhaltenen Resultate der Befragung, dass die DozentInnen im DaF-Unterricht hauptsächlich die Übungen aus dem Lehrwerk verwenden, die sie jedoch teilweise durch eigene Aufgaben ergänzen. Hinzu kommt, dass die systematische Förderung des wissenschaftlichen Lesens und Schreibens an dieser Bildungseinrichtung nicht explizit vorgesehen ist, weder im regulären DaF-Unterricht, noch im Rahmen eines zusätzlichen Kursangebotes.

Befragung der Studierenden

Zwei Gruppen Studierender (davon 82% Frauen; Durchschnittsalter 25 Jahre), die Deutsch als Fremdsprache im Bachelorstudium auf der Stufe B2 abschließen und somit einen Masterstudiengang mit Deutsch an unserer Fakultät aufnehmen können, wurden in einer zweiten Phase jeweils am Ende der Studienjahre

2009/2010 (20 Studierende) bzw. 2010/2011 (11 Studierende) befragt. Die aus insgesamt 31 Studierenden bestehende befragte Gruppe setzte sich aus folgenden Studienrichtungen zusammen: Angewandte Sprachen (32,5%); Sprachen, Literatur und Kultur (27%); Internationale Studien (23,5%); Lehramt (17%). Ziel der Befragung war, die Meinung der Studierenden zur Arbeit mit dem Lehrwerk *Aspekte 2* im Unterricht zu erfahren und ihre Textsortenkenntnisse zu überprüfen. Den Studierenden wurden dazu ein Fragebogen mit teils offenen, teils geschlossenen Fragen und eine gemischte Palette von 16 Textsortenbeispielen deutscher Textsorten aus dem Alltag und aus dem akademischen Bereich vorgelegt. Die Studierenden erhielten dazu die Aufgabe, die Textsorten mit einem Begriff zu benennen.

Das Lehrwerk aus der Perspektive der befragten Studierenden

Was die Arbeit mit dem Lehrwerk grundsätzlich angeht, wurden die Aussagen, dass der Einsatz des Lehrwerks den Unterricht interessanter, unterhaltsamer und vielfältiger werden lässt (23x) und dass das Lehrwerk bei der Strukturierung des Lernens bzw. bei der Testvorbereitung hilfreich ist, am häufigsten angekreuzt (16x).[2]

Auf die Frage, welche Kompetenzen und Wissensbereiche durch die Arbeit mit dem Lehrwerk vertieft und erweitert werden, waren folgende Antworten am häufigsten:

- Erweiterung lexikalischer und grammatischer Kenntnisse (27x);
- Vielfältiges und abwechslungsreiches Angebot zum Üben und zur Verbesserung der verschiedenen Fertigkeiten (25x);
- Aneignung bzw. Erweiterung von Schlüsselkompetenzen (Arbeit in Gruppen, freie Meinungsäußerung) (19x);
- Aneignung bzw. Erweiterung autonomiefördernder Lernstrategien (14x).

Zu geringe Förderung erfahren laut der Befragten folgende Kompetenzen:

- Aneignung bzw. Erweiterung von für den jeweiligen Studiengang relevanten Fachkenntnissen (23x);
- Aneignung bzw. Erweiterung von Kenntnissen in Kultur, Politik und Geschichte bezüglich der deutschsprachigen Länder (Kenntnisse also, die für Studierende von Internationalen Studien, aber auch von Übersetzung und Lehramt von besonderer Bedeutung sind) (18x).

---

[2]   Mehrfachnennungen waren jeweils möglich.

Als problematisch wurden bei der Arbeit mit dem kurstragend verwendeten Lehrwerk im Unterricht folgende Aspekte identifiziert:

- Unzureichende Flexibilität bezüglich der Wahl der Themen und Textsorten, die relevant sind für die einzelnen Studienrichtungen bzw. für die jeweiligen bevorstehenden beruflichen Tätigkeiten (21x);
- Unzureichende Abstimmung der Materialien und Übungen auf die im Rahmen des Studiums zu erwerbenden Kompetenzen (19x).

Die Textsortenkenntnisse der befragten Studierenden

Zur Definition des Begriffs „Textsorte" stützen wir uns auf Westhoff und Engel. Nach Westhoff sind Textsorten „eine Gruppe von Texten mit bestimmten, gemeinsamen Textmerkmalen, die unter anderem durch die Zielsetzung des Textes und durch traditionelle Textmuster bedingt sind" Westhoff (1997: 167). Engel wiederum definiert Textsorten folgendermaßen: „Unter Textsorten darf man nicht einfach jegliche irgendwie definierten „Sorten" von Texten verstehen. Vielmehr hat die Forschung sich darauf festgelegt, als Textsorten bestimmte Gattungen von Texten zu verstehen, die formale Eigenschaften aufweisen, die mit nichtsprachlichen Gegebenheiten korrelieren, so dass ihre formalen Eigenschaften aus diesen nichtsprachlichen Gegebenheiten erschlossen werden können" (Engel 2004: 70). Als Hauptmerkmale von Textsorten lässt sich deshalb aus diesen beiden Definitionen ableiten, dass Textsorten eine spezifische Zielsetzung bzw. eine spezifische Funktion innewohnt, die bestimmte formale und nichtsprachliche Eigenschaften aufweisen, welche traditionell gewachsen und kulturspezifisch sind.

Was die Textsorten anbelangt, welche die Befragten für ihre akademische Laufbahn bzw. für ihre berufliche Zukunft als relevant erachten, wurden folgende am häufigsten gewählt: journalistische Texte (Schwerpunkt Nachricht) (28x), thematisch auf die jeweiligen Studiengänge abgestimmte akademische Texte (wissenschaftliche Artikel, Rezensionen) (25x) und mit den Anforderungen des Studiengangs im Zusammenhang stehende Texte (Seminararbeiten, Zusammenfassungen, Inhaltsangaben, literarische Texte) (23x), persönliche Texte (Briefe, E-Mails) (20x) und Texte für das Berufsleben (Lebenslauf, Bewerbungsbrief, formelle Briefe) (18x).

Hinsichtlich ihrer allgemeinen Textsortenkenntnisse, dies ergab die Befragung, weisen die Studierenden, übrigens auch in der Muttersprache, einen erheblichen Mangel auf. Die Befragten verfügen tatsächlich nur über rudimentäre Kenntnisse und sind sich der textuellen Normen in verschiedenen kulturellen Kontexten nur unzureichend bewusst. Dies wurde deutlich, als den

Studierenden 16 Textsortenbeispielen in deutscher Sprache vorgelegt wurden
(es handelte sich dabei um Textsorten sowohl aus dem Alltagsleben als auch
aus dem akademischen Bereich), für die sie eine Bezeichnung auf Portugiesisch oder auf Deutsch notieren sollten. Die Auswertung der Antworten ergab,
dass die Studierenden Schwierigkeiten beim Erkennen und Benennen einiger
Textsorten hatten, weil ihnen das Fachvokabular (sogar in der Muttersprache)
nicht vertraut war. Dies war besonders markant bei den Textsorten Filmrezen-
sion, Todesanzeige, Gesetzesartikel und wissenschaftlicher Aufsatz.

Die Todesanzeige wurde z. B. mit einer Visitenkarte verwechselt oder als
„Grabstein" bezeichnet. Ein Gesetzesartikel wurde mal als „Eintrag" (auf Por-
tug. *entrada*, womit ein Register gemeint ist) oder mal sogar als „Fußnote"
bezeichnet. Dieser offenkundige Mangel an Textsortenkenntnissen ist wahrscheinlich darauf zurückzuführen, dass Textsorten schon im portugiesischen
Sekundarschulunterricht nicht konsequent thematisiert und analysiert werden
und die Lernenden im Studium deswegen nicht auf solide Kenntnisse zurückgreifen können.

Zusammenfassend lässt sich sagen, dass Textkompetenz für den beschriebenen Lernkontext den Erwerb verschiedener Teilkompetenzen umfasst. Janich schreibt in der Einleitung des textlinguistischen Lehrbuchs für den universitären Unterricht:

> Heute ist man sich weitgehend darin einig, dass Texte Ausdrucksformen sprach-
> lich-kommunikativen Handelns sind, dass aber zum Verständnis dieses kommuni-
> kativen Handelns alle sprachlichen Ebenen, d.h. zum Beispiel auch die Grammatik
> der Sätze, die Semantik der verwendeten Lexik oder die propositionale Struktur
> des Textes untersucht werden müssen. (Janich 2008: 11)

Textkompetenz setzt also zunächst die Kenntnis der verschiedenen Textebenen
voraus. Wenn man den Begriff ausweitet, kommt die Fähigkeit hinzu, Texte
bzw. Textsorten als Ganzes zu erkennen und auf ihre spezifisch formalen und
sprachlichen Merkmale hin unterscheiden zu können, seien es Textsorten aus
dem Alltagsleben, seien es spezifisch akademische Textsorten mit einem an der
Wissenschaftssprache ausgerichteten Schreibstil und fachspezifischen Inhalten.

Analyse eines repräsentativen Lehrwerks der Stufe B2

Als weiterer Schritt interessierte mich die Frage, inwiefern gängige Lehrwerke der Förderung dieser Text(teil)kompetenzen nachkommen. Dabei ging es
darum, zu untersuchen, was für Textsorten und Übungen im Lehrwerk vor-

kommen und welche Ebenen der Textkompetenz damit erarbeitet und geübt werden.

Meine Analyse bezieht sich nicht auf das Lehrwerk als Ganzes, sondern
zielt auf die Analyse eines spezifischen Aspektes ab, abgestimmt auf eine
spezifische Lerngruppe. Folgender Kriterienkatalog scheint sich aus meiner
Fragestellung zu ergeben: Anzahl der Texte im Lehrwerk; Themen; Textsorten und ihre Relevanz für Studierende; Länge und Komplexität der Texte;
kommunikatives Ziel der Texte (informieren, überzeugen, Kontakt pflegen,
belehren etc.); Sprachstil; Frage nach Authentizität bzw. Didaktisierung der
Texte; explizite Nennung der Quellen; Verdeutlichung textsortenspezifischer
Aspekte in sprachlicher und formaler Hinsicht; Vergleiche der Umsetzung
textsortenspezifischer Aspekte in verschiedenen Sprachen; Anregung kog-
nitiver Prozesse auf einer Metaebene (z. B. durch die Fragen: „Wie gehen
Prozesse der Textualisierung vonstatten?" bzw. „Wie kommt Kohärenz und
Kohäsion in einem Text zustande?").

Als Hauptgegenstand der Untersuchung diente *Aspekte 2*, welches an der
FLUP im B2-Unterricht kurstragend verwendet wird. Dieses Lehrwerk steht
stellvertretend für eine ganze Reihe von weiteren gängigen Lehrwerken
für Erwachsene wie z. B. *em neu Hauptkurs* (Hueber, 2007), *Mittelpunkt
B2* (Klett, 2007) und *Barthel 1* (Fabouda, 20103), die sich an ein breites
Lernpublikum wenden und vom Stil her gewisse Ähnlichkeiten bezüglich
Aufbau, Textauswahl, behandelter Themen sowie Übungen und Aufgaben
aufweisen.[3]

Aspekte – Mittelstufe Deutsch, Lehrbuch 2 (Langenscheidt, 2008)

Eingangs soll erwähnt werden, dass die klare und übersichtliche Gliederung
des Lehrwerks in zehn Einheiten positiv auffällt. Nach der 10. Einheit gibt
es einen separaten Teil mit einer Übersicht über die Redemittel, die in den
einzelnen Einheiten des Lehrwerks vorkommen. Auffällig ist dabei, dass die
Mehrheit der aufgelisteten Redemittel auf mündliche Kommunikation abzielt
(Ausdruck von Zustimmung, Wünschen, Gefühlen, Aushandlung einer Lösung, Telefongespräch, Vortrag etc.). Zur Produktion schriftlicher Texte findet

---

[3] Der folgenden Analyse soll allerdings nur ein beispielhafter Charakter zukommen.
Leider können die Resultate der Analyse der weiteren Lehrwerke im Rahmen dieses
Beitrags nicht dargestellt werden. Es darf jedoch vorweggenommen werden, dass
die Texte in den weiteren Lehrwerken mehrheitlich didaktisiert sind und sich das
Übungsangebot überwiegend auf den Inhalt der Texte und die grammatischen bzw.
lexikalischen Aspekte konzentriert.

der Lerner eine Reihe von Redemitteln zur Zusammenfassung von Informationen, zum Aufbau von Spannung, zum Verfassen eines formellen Briefes, eines Leserbriefes und eines Bewerbungsschreibens.

Das Lehrwerk bietet ein breites Angebot an Textsorten.[4] Dazu gehören: Porträt (10), Bericht (7), populärwissenschaftlicher Text (6), Meldung (4), Reportage (3), Kurzporträts, Nachrichtentext, persönliche E-Mails (je 2), Erfahrungsbericht, Fachtext, Feature, Lebenslauf, Stellenausschreibung, Bewerbungsschreiben, Cartoons, Stellungnahme, Grafik, Inhaltsangabe, Buchbesprechung, Gedicht, literarischer Text, Liedtext und Werbeanzeige (je 1). Bei diesen Texten fällt jedoch auf, dass die Textsorten als textuelle Kategorien begrifflich im Lehrwerk kaum genannt werden. In den Anweisungen steht deshalb meist nur „Lesen Sie den Text". Da die Einbettung in einen Kontext fehlt und darüber hinaus die Quellen der Texte nicht oder nur lückenhaft angegeben werden, wird die genaue Zuordnung zu einer Textsorte erschwert. Darüber hinaus sind Adaptionen als solche nicht kenntlich gemacht. Dies zeigt sich zum Beispiel an einer Reportage, deren Quelle zwar angegeben wird und die sich tatsächlich online finden lässt, die im Original jedoch umfangreicher und im Wortlaut komplexer ist. Das Autorenteam hat den Originaltext gekürzt und z. T. vereinfacht, ohne jedoch im Lehrwerk darauf hinzuweisen.[5]

Problematisch ist auch die Tatsache, dass die Texte im Lehrwerk oft nur Ausschnitte von Volltexten sind und – herausgelöst aus ihrem ursprünglichen Kontext – den Rezipienten wenig Aufschluss über ihr typisches Auftreten und ihre charakteristischen grafischen Merkmale geben. Fehlt dazu noch eine explizite Quellenangabe, ist es dem fremdsprachigen Leser nicht möglich, dem Text gegenüber eine kontextabhängige Erwartungshaltung aufzubauen.[6] Die-

---

[4] Da *Aspekte 2* jedoch keine Textauswahl anbietet, muss der/die Unterrichtende Zusatztexte zusammen stellen, „um mit den Lernenden nicht nur Texterschließungs-, sondern auch Textauswahlstrategien selbst zu erarbeiten. Dadurch werden die Lernenden in die Lage versetzt, die Qualität und den Nutzen gefundener Texte zu beurteilen, ihre Suchstrategien zu verfeinern und die textuelle Ausbeute zu maximieren bzw. das Erlesen zu erleichtern" (Willkop 2003: 227).

[5] *Aspekte 2*, Modul 2, S. 13: Trotz „noiroze" zur „arubaito" (Artikel von Thomas Häusler aus *Die Zeit*). http://www.zeit.de/2006/47/Trotz_noiroze_zur_arubaito_ (Zugriff am 26.06.2012)

[6] Die Rahmenbedingungen, in die die schriftliche Kommunikation eingebettet ist, sind unvollständig: Zeit und Ort der Entstehung und der Veröffentlichung eines Textes, Verfasser und Adressaten des Textes. Dazu schreibt Portmann-Tselikas: „Aufmachung, Publikationsort (Zeitung, Zeitschrift...), Titel und ev. weitere Kontextinformationen sind integrale Komponenten des Textes. Sie erlauben es, vor jedem weiteren Zugang hierarchisch hochstehende Verständnisschemata und darauf

ser typisch gestaltete „Lehrbuchtext" scheint demnach eine eigene Textsorte zu sein:[7] Im Stil der Reportage verfasst, tatsachenorientiert, aber persönlich gefärbt, wobei der Leser nicht nur informiert werden soll, sondern auch unterhalten wird. Ein Hauptkennzeichen ist ein an der Alltagssprache orientierter Sprachgebrauch, die Schilderung von Hintergründen und einigen persönlichen Beobachtungen in einem relativ kurzen Text.

Des Weiteren gibt es am Rand des Textes jeweils Zeilenangaben, was auf die Didaktisierung des Textes hinweist, diesen also als nicht authentischen Text ausweist.[8] In der realen Textwelt kommen solche präparierten Texte nicht vor. Ferner ist festzustellen, dass das Lehrwerk keine Übungen anbietet, die den Lernenden dazu befähigen soll, eine tatsachenbetonte Textsorte (z. B. Nachricht, Bericht oder Meldung) von einer meinungsbetonten Textsorte (z. B. Kritik, Karikatur, Glosse, Leitartikel oder Kommentar) zu unterscheiden, da sich das Übungsangebot fast ausschließlich auf den Textinhalt oder auf grammatische bzw. lexikalische Phänomene bezieht. Der Unterrichtende muss also diesbezüglich noch zuarbeiten.

Was das Üben der Schreibkompetenz betrifft, bietet das Lehrwerk Aufgaben wie das Verfassen eines Textes im Kurs-Forum, das Schreiben eines Leserbriefes oder einer Geschichte. Auch hier ist festzuhalten, dass die Schreibaufträge für ein am Erwerb der Allgemeinsprache interessiertes Lernpublikum durchaus sinnvoll sind.

Was zu einem tieferen Verständnis von Texten und Textsorten beiträgt, ist ansatzweise in einem separaten Grammatikteil am Ende des Lehrwerks vorhanden. So gibt es einen kurzen Eintrag zum Thema „Textzusammenhang", bei dem Artikelwörter, Pronomen, Orts- und Zeitangaben, Konnektoren, Pronominaladverbien, Synonyme und Umschreibungen thematisiert werden, dies jedoch ohne ein weiteres didaktisches Angebot.

---

basierend Erwartungen zu mobilisieren, die den darauf folgenden Sinnaufbau beim Lesen stützen" (Portmann-Tselikas 2000: 832).

[7] Einige von den befragten Studierenden haben, für mich überraschend, manche Texte des Lehrwerks als „Lehrwerkstext" bezeichnet, so dass man davon ausgehen darf, dass die vermeintliche Authentizität der abgedruckten Texte von den Lernenden als leicht durchschaubare Illusion demaskiert wird.

[8] Westhoff definiert den Begriff „authentischer Text" folgendermaßen: „authentische Texte (Pl.): = ‚echt', ‚den Tatsachen entsprechend': Von Muttersprachlern verfasste und nicht oder nur wenig für den Fremdsprachenunterricht bearbeitete Texte und Materialien, deren ursprüngliche (Text-)Merkmale (z. B. typischer Aufbau von Zeitungstexten: Hauptüberschrift, Untertitel, eventuell fett gedruckte Zusammenfassung, Zwischenüberschriften) deutlich erkennbar sind" (Westhoff 1997: 164).

Zusammenfassung

Was die Förderung der Textkompetenz von Lernenden an Universitäten angeht, darf gefolgert werden, dass die Materialien im Lehrwerk (und dies vor allem bei kurstragender Verwendung des Lehrwerks) insgesamt nur bedingt den Bedürfnissen der Studierenden hinsichtlich ihrer akademischen und berufsspezifischen Ausbildung entsprechen. Was den Lehrwerken beispielsweise fast durchgängig fehlt, sind konkrete Lernangebote zum Erwerb eines wissenschaftlichen Schreibstils und das Bearbeiten und Analysieren von akademischen Textsorten, wie z. B. Referat, Hausarbeit und wissenschaftliche Abschlussarbeit. Dabei spielen neben den generellen Aspekten des Erwerbs von inhaltlichem Fachwissen und dem dazugehörigen Fachvokabular auch konkrete textgebundene Aspekte wie thematische Kohärenz, inhaltlich-logische Kohärenz (auf der strukturellen Ebene) und Kohäsion (auf der grammatischen Ebene) eine wichtige Rolle (siehe dazu Thillosen 2008: 80).

Somit hat meine Lehrwerkanalyse ergeben, dass der kurstragende Einsatz eines Lehrwerks im universitären DaF-Unterricht die Bearbeitung von besonders relevanten Themen und Textsorten nur bedingt fördert.

Obwohl in den einzelnen Lehrwerken punktuell auch textlinguistische Arbeitsweisen vorkommen, die zu einem tieferen Verständnis von Texten beitragen, werden solche nicht systematisch eingeführt, an konkreten Textbeispielen exemplifiziert und durch Übungen trainiert. Wünschenswert wären folglich Übungen und Aufgabenstellungen, die die Lernenden schrittweise zu folgenden Teiltextkompetenzen hinführen:[9] das Wissen über die Funktion studienrelevanter Textsorten, das Herstellen von Referenzbezügen, das Erkennen von Wiederaufnahmestrukturen (Rekurrenz), das Erkennen der Funktion von Konnektoren, das Erschließen von Wortbedeutungen aus dem Kontext, die Analyse der inhaltlichen Gliederung von Texten und ihrer optischen Signale, das Erkennen von Präsuppositionen, das Wissen um Vertextungsmuster und der Funktion von grammatischen Phänomenen und schließlich die Fähigkeit, verschiedene sprachliche Register zu erkennen und zu unterscheiden. Es gibt jedoch noch eine Reihe von anderen Anforderungen, die ein Lehrwerk erfüllen sollte, um im universitären Kontext die von mir genannten notwendigen Anforderungen zu erfüllen. So wäre der Vergleich von sprachlichen und textuellen Aspekten der Muttersprache mit der Zielsprache wünschenswert.

Auch sollte die Ebene des thematisch-inhaltlichen Wissens, welches gerade im akademischen Bereich von großer Bedeutung ist, nicht außer Acht gelassen werden. Damit ließen sich auch die Arbeit mit Fachvokabular aus

---

[9] Einige der aufgeführten Schwerpunkte wurden von Moll (2003: 13) übernommen.

den entsprechenden wissenschaftlichen Disziplinen und die Thematisierung von Strategien zu deren Erschließung in Verbindung bringen. Darüber hinaus wäre die Aneignung von Wissen über charakteristische wissenschaftliche Handlungsformen, wie z. B. begründen, erklären, einschätzen, bewerten, definieren etc. und die Aneignung von Formulierungen mit fester Kombinatorik aus der Wissenschaftssprache besonders wichtig.

Ich bin mir dessen bewusst, dass Lehrwerkautoren authentische Texte in den Lehrwerken oftmals vermeiden, basierend auf dem Argument, dass es bis zum B2-Niveau schwierig ist, im Unterricht mit authentischen Texten zu arbeiten, weil die Lernenden erst noch zu einem gewissen sprachlichen Niveau geführt werden müssen. Deshalb wird versucht, den Schwierigkeitsgrad der Texte an die Lernstufe anzupassen, weil die Anforderungen der Rezeption eines authentischen Textes oft nicht den Kenntnissen der Lernenden entsprechen. Als Gegenargument möchte ich jedoch anführen, dass schwierige Aspekte eines Textes nicht bewältigt werden, indem sie vermieden bzw. vereinfacht werden, sondern indem sie durch ein bestimmtes methodisch-didaktisches Verfahren im Unterricht bearbeitet werden. Gerade Studierende im universitären Kontext sollten m.E. so früh wie möglich mit authentischen Texten konfrontiert werden. Dies ist beispielsweise für angehende Übersetzer oder DaF-Lehrer von zentraler Bedeutung, da diese im Studium die Fähigkeit erwerben sollten, verschiedenste Textsorten zu rezipieren bzw. zu produzieren. Textsortenwissen ist demnach keine übergeordnete Kompetenz, sondern sie geht mit der Bearbeitung der verschiedenen Textebenen Hand in Hand. Das strukturelle Wissen (strukturelle Ebene eines Textes) ist ebenso wichtig wie das Sprachwissen (sprachliche Ebene eines Textes). Das strukturelle Wissen ist sozusagen eine Stütze, die beim Textverstehen helfen kann. Deshalb ist die Verdeutlichung dieser Ebenen anhand authentischer Textbeispiele, so, wie sie in der Realität vorkommen, von fundamentaler Bedeutung. Die methodisch-didaktische Vorgehensweise bei der Heranführung der Studierenden an komplexere authentische Texte ist eine andere Fragestellung, der im Rahmen dieses Beitrags jedoch keine weitere Aufmerksamkeit geschenkt werden konnte.

Was die konkreten Bedingungen des DaF-Unterrichts im Bachelorstudiengang an der FLUP angeht, soll ferner festgehalten werden, dass die Studierenden auf der B2-Stufe kaum akademische Textsorten rezipieren bzw. selber verfassen und dass sie mit Inhalten und sprachlichen Spezifika von gewissen wissenschaftlichen Disziplinen, wie z. B. der Didaktik oder der Übersetzungswissenschaft auf der Bachelorstufe nicht explizit vertraut gemacht werden. Dieser Spagat zwischen dem Erwerb von allgemeinsprachlichen Kompetenzen zum Erwerb wichtiger Aspekte der Wissenschaftssprache müsste schon auf dieser Stufe in einem gewissen Maße gelingen. Ein Problem liegt darin, dass eine individuelle Korrektur und begleitende Beratung der Studierenden fehlt: „Lese- und Texterschließungstechniken wie extensives Lesen und Exzerpieren werden vorausgesetzt, das wissenschaftliche Schreiben lernen die Studenten im imitierenden Selbstversuch" (Kaluza 2009: 41, zitiert in Singer 2009: 337).[10]

Zusammenfassend lassen sich folgende Desiderate formulieren:

- Genauere Definition der Handlungsfelder spezifischer Zielgruppen und Fassung der wesentlich zu erreichenden Lern- bzw. Bildungsziele in einem separaten Curriculum;
- Sensibilisierung der Lernenden für die Tatsache, dass die Produktion von Texten eine zielgerichtete Kommunikation ist, die in verschiedenen Kulturen unterschiedliche Ausprägungen erfährt;
- Die Erstellung einer Materialsammlung, die sich spezifisch an Deutschlernende im universitären Bereich richtet, in der eine ausführliche und systematische Textarbeit und der daraus resultierenden Textkompetenz schrittweise entwickelt wird und die z. B. konkrete Übungen zu textsortenspezifischen Merkmalen und kulturellen Ausprägungen anbietet. Diese Materialsammlung dürfte sich durchaus an eine ganz spezifische Zielgruppe richten, wie z. B. an portugiesische Deutschlernende in geisteswissenschaftlich ausgerichteten Studiengängen. Ein solches Kompendium könnte in Modulen online angeboten werden und ein didaktisch aufbereitetes Lernangebot rund um eine vielfältige Palette an authentischen und für Studierende besonders relevanten Texten zur Verfügung stellen.

Abschließend soll auch darauf hingewiesen werden, dass diese Arbeitsweise vorausgesetzte, dass die Dozenten über die Fähigkeit verfügen, Lernprozesse zu individualisieren und zu optimieren: „Die besondere Leistung der Fremdsprache-Unterrichtenden besteht in der hochspezialisierten Qualifikation, spezifische Lernangebote zu entwickeln, vorzuhalten und einzusetzen" (Ehlich 1998: 24 f., zitiert in Singer 2009: 338). Portmann-Tselikas weist in diesem Zusammenhang auf folgendes Problem hin:

> Wir verfügen zwar über eine Vielzahl von textbezogenen Unterrichtsverfahren und dazu gehörigen Legitimationsansätzen, die Didaktik hat aber noch kein ausreichendes Konzept der Textarbeit entwickelt, das die wichtigsten Fragen in diesem Bereich konsistent zu explizieren erlaubte. (Portmann-Tselikas 2000: 831)

---

[10] Siehe dazu auch Fix: „Wer bei uns [an deutschen Hochschulen] eine wissenschaftliche Arbeit schreibt, ist in der Regel auf sich selbst angewiesen, ein explizites Training der erforderlichen Kompetenzen findet selten statt." (Fix 2008[2]: 225)

In diesem Bereich muss weitere Forschungsarbeit geleistet und müssen – daraus resultierend – Fortbildungsprogramme für DaF-Lehrende an Universitäten entwickelt werden.

Literaturverzeichnis

Brinker, Klaus (2000), „Textfunktionale Analyse". In: Brinker, Klaus et al. (Hgg.), *Text- und Gesprächslinguistik. Ein internationales Handbuch zeitgenössischer Forschung*, 16.1. Berlin, New York: De Gruyter, 175-186.

Engel, Ulrich (1996), *Deutsche Grammatik*. Heidelberg: Julius Groos.

Engel, Ulrich (2004), *Deutsche Grammatik*. Neubearbeitung. München: Iudicium.

Fix, Martin (2008²), *Texte schreiben. Schreibprozesse im Deutschunterricht*. Paderborn: Ferdinand Schöningh.

Janich, Nina (Hg.) (2008), *Textlinguistik. 15 Einführungen*. Tübingen: Narr.

Koithan, Ute et al. (2008), *Aspekte – Mittelstufe, Lehrbuch 2*. Berlin, München: Langenscheidt.

Kretzenbacher, Heinz L. (2010), „Fach- und Wissenschaftssprachen in den Geistes- und Sozialwissenschaften". In: Krumm, Hans-Jürgen *et al*. (Hgg.), *Deutsch als Fremd- und Zweitsprache. Ein internationales Handbuch* (HSK 35.1). Berlin u. a.: De Gruyter, 493-501.

Moll, Melanie (2003), „Komplexe Schreibsituationen an der Hochschule". In: Hoppe, Almut / Ehlich, Konrad (Hgg.), *Mitteilungen des Deutschen Germanistenverbandes: Propädeutik des Wissenschaftlichen Schreibens / Bologna-Folgen*, Heft 2-3/2003, 232-249.

Portmann-Tselikas, Paul R. (2000), „Der Einfluss der Textlinguistik auf die Fremdsprachendidaktik". In: Brinker, K. et al. (Hg.), *Text- und Gesprächslinguistik. Ein internationales Handbuch zeigenössischer Forschung.* (HSK 16.2). Berlin, New York: De Gruyter, 830-842.

Portmann-Tselikas, Paul R. / Schmölzer-Eibinger, Sabine (2008), „Textkompetenz". In: Bimmel, P. et al. (Hgg.), *Textkompetenz. Fremdsprache Deutsch – Zeitschrift für die Praxis des Deutschunterrichts*. Ismaning: Hueber, 5-16.

Schmölzer-Eibinger, Sabine (2010), „Textkompetenz und Lernen in der Zweitsprache". In: Krumm, Hans-Jürgen et al. (Hgg.), *Deutsch als Fremd- und Zweitsprache. Ein internationales Handbuch* (HSK 35.2). Berlin u. a.: De Gruyter, 1130-1137.

Singer, Gesa (2009), „Wissenschaftliches Lesen – wissenschaftliches Schreiben". In: *InfoDaF* 36, 334-339.

Thillosen, Anne (2008), „Schreiben im Netz. Neue literale Praktiken im Kontext Hochschule". In: *Reihe Medien in der Wissenschaft*, 49. Münster u. a.: Waxmann.

Thonhauser, Ingo (2008), „Textkompetenz im Fremdsprachenunterricht – Was können Lernende mit dem Lesen und Schreiben im Fremdsprachenunterricht anfangen?". In: Bimmel, P. et al. (Hgg.), *Textkompetenz. Fremdsprache Deutsch – Zeitschrift für die Praxis des Deutschunterrichts*. Ismaning: Hueber, 17-22.

Westhoff, Gerard (1997), *Fertigkeit Lesen*. Fernstudieneinheit, 17. Berlin u. a.: Langenscheidt.

Willkop, Eva-Maria (2003), „Texte im Mitteilungsprozess – Wege durch ein vereinigtes Babylon". In: Wierlacher, Alois et al. (Hgg.), *Jahrbuch Deutsch als Fremdsprache*, 29. München: Iudicium, 221-250.

Wissenschaftssprache im DaF-Unterricht mit Studierenden aller Fakultäten: Vorschläge zur Arbeit mit fachübergreifenden Redemitteln

Norma Wucherpfennig, Universidade Estadual de Campinas

Grundüberlegungen und Ausgangssituation

Der vorliegende Beitrag wird sich mit der Integration von Wissenschaftssprache in den universitären DaF-Unterricht im Grundstufenbereich[1] beschäftigen. Dabei geht es einerseits um die Frage nach der Notwendigkeit der Integration von Wissenschaftssprache in das Curriculum und andererseits um mögliche Inhalte sowie Vorschläge für deren didaktische Umsetzung. Eine Reflexion über bisherige Praxiserfahrungen beschließt die Betrachtungen.

Zunächst zu der Frage, welche Relevanz der Wissenschaftssprache im Unterricht mit Studierenden aller Fakultäten zukommt. Sie mag angesichts des universitären Zielpublikums hinfällig erscheinen, brauchen doch viele unserer Studierenden spezifische Sprachkenntnisse, um z. B. deutschsprachige Fachliteratur zu rezipieren. Gleichzeitig verzeichnen die Universitäten ein steigendes Interesse an Austauschprogrammen; im Jahr 2011 richtete die brasilianische Regierung das Programm *Ciência sem Fronteiras* ein, durch das innerhalb von vier Jahren 75.000 Auslandsstipendien an Studierende naturwissenschaftlicher und technologischer Fächer vergeben werden sollen, allein 10.000 davon für Studienaufenthalte in Deutschland.

Insofern steht die Notwendigkeit gezielter sprachlicher Vorbereitung außer Frage; jedoch finden sich an den Universitäten wie auch in sonstigen Sprach-

---

[1] In den Niveaus des Gemeinsamen europäischen Referenzrahmens (GeR) gemessen, bezieht sich der Vorschlag grob auf die Stufen A1-B1. Die Praxiserfahrungen, auf die im Text Bezug genommen wird, entstammen Kursen am Sprachlehrzentrum der Unicamp/Brasilien, bei denen sich das Niveau nicht pauschal für alle Fertigkeiten bestimmen lässt, da der Schwerpunkt der Kurse auf dem Lesen authentischer Texte liegt. Die Lernenden sollten also in diesem Bereich ein höheres Niveau erreichen als in den anderen Fertigkeiten. Daher werden die Niveaustufen für die einzelnen Kursniveaus im Folgenden lediglich als orientierende Richtwerte angegeben. Detailliertere Informationen zur Methodik s. u.

institutionen kaum Angebote, die diesem Bedarf entsprechen. In den letzten Jahren wurden zwar an deutschen Hochschulen mehr und mehr Kurse zum wissenschaftlichen Arbeiten sowohl für deutsche als auch für ausländische Studierende in das Studienangebot aufgenommen. Da aber die Austauschprogramme i. d. R. nur ein oder zwei Semester dauern, nützen diese Angebote den Gaststudenten nur bedingt, denn die Phase des Erlernens fällt unmittelbar mit der Notwendigkeit der produktiven Anwendung zusammen. Es bleibt kaum Zeit für die Adaption innerhalb des neuen akademischen Kontextes. Sinnvoller erscheint es daher, die sprachliche Vorbereitung auf die Erfordernisse eines Studienaufenthaltes im Ausland schon vor der Ausreise zu beginnen, um so einer Überlastung der Studierenden entgegenzuwirken sowie den Aufenthalt von vornherein fruchtbarer zu gestalten.

Auch Schweiger (2011a: 19) weist auf den Zeitmangel in Bezug auf den Erwerb von Kenntnissen und Fertigkeiten zum wissenschaftlichen Arbeiten während des Auslandsstudiums hin. Sie spricht sich dafür aus, dass das Erlernen der Wissenschaftssprache bereits im Heimatland beginnen sollte und bezieht sich dabei in erster Linie auf das wissenschaftliche Schreiben. Im Gegensatz zu dem von ihr unterbreiteten Vorschlag, diese Kurse z. B. durch Goethe-Institute anbieten zu lassen, liegt meiner Ansicht nach die Verantwortung vorrangig bei den Universitäten selbst, da diese neben den strukturellen auch die fachlichen Voraussetzungen schaffen müssen, um den Studienerfolg im In- wie im Ausland zu ermöglichen.

Zwar finden sich vereinzelte (z. T. zahlungspflichtige) Angebote zum wissenschaftlichen Schreiben an einigen brasilianischen Hochschulen, jedoch beziehen sich diese zumeist auf die Muttersprache, in Einzelfällen auch auf das Englische, und sind meist nicht fest in den Curricula verankert. Kurse zum wissenschaftlichen Arbeiten in Bezug auf Deutsch als Fremdsprache sind bisher die Ausnahme.

Möglichkeiten und Grenzen der Gestaltung von Angeboten

Wenn man von wissenschaftlichem Arbeiten spricht, kommen verschiedene sprachliche Handlungen in Betracht. Analysiert man Publikationen zum Thema wie z. B. Mehlhorn (2009) oder Schäfer / Heinrich (2010)[2], so lassen sich die folgenden schriftlichen Textsorten als wichtigste herauskristallisieren: for-

---

[2] Beide Werke sind spezifisch auf ausländische Studierende an deutschen Hochschulen ausgerichtet.

melle E-Mails[3], Handouts, Mitschriften / Protokolle, Exzerpte, Abstracts, Hausarbeiten sowie Klausuren. Hinzufügen würde ich außerdem die Beschreibung von Grafiken, da sie für eine Vielzahl von Fachrichtungen relevant ist. Im mündlichen Bereich werden als häufigste Kommunikationssituationen Referate, mündliche Prüfungen, Wortmeldungen im Unterricht bzw. Beteiligung an Diskussionen sowie Sprechstundengespräche aufgeführt.

Was davon jedoch machbar und sinnvoll ist, hängt vom Zielpublikum und von den institutionellen Rahmenbedingungen ab. Die folgenden Ausführungen stützen sich auf Erfahrungen aus dem Unterricht mit Studierenden aller Fakultäten am Sprachenzentrum der Unicamp, einer der namhaftesten öffentlichen Universitäten in Brasilien. In den Sprachkursen lernen durchschnittlich 15 bis 20 Teilnehmende aus unterschiedlichen Studiengängen zusammen; eine Trennung in natur- und geisteswissenschaftliche Fächer findet dabei nicht statt. Das grundständige Angebot an Deutschunterricht besteht aus sechs Semestern und beinhaltet ein relativ dichtes Programm mit steiler Progression welches jedoch nicht spezifisch akademisch ausgerichtet ist.[4] Insofern bleiben kaum Zeit und Raum für zusätzliche Aktivitäten, weswegen es sich empfiehlt, solche an bereits vorgesehene Inhalte zu koppeln. Anknüpfungspunkte können sich einerseits über Textsorten und andererseits über bestimmte grammatische Strukturen oder thematischen Wortschatz ergeben. Trotz der Überschneidungen wird dennoch ein Großteil der Arbeit außerhalb des Unterrichts erfolgen müssen.

Neben diesen organisatorischen Hürden ist weiterhin zu bedenken, dass vielen Studierenden, abhängig von der bereits absolvierten Semesterzahl bzw. ihrem persönlichen Engagement, oftmals noch die wissenschaftliche Erfahrung fehlt – auch in der Muttersprache. Sie haben oft noch keine konkrete Vor-

---

[3] Obwohl es sich hierbei nicht um eine akademische Textsorte handelt, spielt formelle Korrespondenz im Studienalltag jedoch eine wichtige Rolle und sollte deshalb Teil der sprachlichen Vorbereitung sein. Ein Vorteil ist, dass es sich um eine Textsorte handelt, die sich schon relativ früh in den Unterricht integrieren lässt.

[4] Ein Semester entspricht 60 Unterrichtseinheiten. Gearbeitet wird mit der brasilianischen Version des Lehrwerks „Blaue Blume" (*Editora Unicamp* 2011), welches sich durch Themenauswahl, Progression sowie sprachliche Komplexität vorrangig an akademische Lerner richtet, aber keine explizit akademischen Textsorten enthält. Die rezeptiven Fertigkeiten, v. a. das Lesen, stehen im Mittelpunkt, was jedoch nicht bedeutet, dass es sich um reine Lesekurse handelt. Die produktiven Fertigkeiten finden gleichfalls Berücksichtigung. Eingangs wurde schon darauf hingewiesen, dass eine pauschale Klassifizierung nach dem GeR problematisch ist. Die Teilnehmer schließen am Ende der sechs Semester etwa auf B1 ab, in Bezug auf die Lesefertigkeit sollte jedoch B2 erreicht werden.

stellung darüber, in welche Richtung sie sich vertiefen möchten und sind noch nicht an Forschungsprojekten beteiligt. Dies macht die Themenfindung bei der Arbeit mit Textsorten wie Abstracts oder Hausarbeiten schwierig. Auch Klausuren und Mitschriften lassen sich schwer trainieren, da die Studierenden keine Gelegenheit haben, Lehrveranstaltungen ihres Fachs in der Fremdsprache zu besuchen. Exzerpte hingegen sind sehr arbeitsaufwändig, wenn sie einen fachlichen Bezug zu den Gebieten der Lernenden haben sollen, denn in einem Kurs kommen Teilnehmende aus vielen verschiedenen Studiengängen zusammen und es müssten zunächst grundverschiedene Quelltexte ausgewählt werden. Um die Exzerpte letztendlich auch inhaltlich beurteilen zu können, muss die Lehrperson die Ausgangstexte kennen und verstehen.

Von den oben aufgeführten Textsorten im schriftlichen Bereich sind daher E-Mails, die Beschreibung von Grafiken und Handouts am ehesten integrierbar. Lohnenswert, wenn auch sehr arbeitsaufwändig, scheinen darüber hinaus kürzere Texte mit Fachbezug (z. B. in Form von Projektbeschreibungen).

Was die mündlichen Kommunikationssituationen angeht, so erweist sich die Einübung von Formeln zur Beteiligung an Diskussionen aus kultureller Hinsicht als nicht sinnvoll, was mit dem eher spontanen Diskussionsverhalten in Brasilien zusammenhängen mag. Die Verwendung vorgegebener metasprachlicher Redemittel (z. B. zur Einleitung, Unterbrechung, Zustimmung bzw. zum Widerspruch) wird als künstlich empfunden und hemmte in den bisherigen Anwendungsversuchen den inhaltlichen Diskussionsverlauf. Sprechstundengespräche und mündliche Prüfungen wären allenfalls als Simulation möglich, dann jedoch ohne fachlichen Bezug. Dieser lässt sich hingegen bei Referaten herstellen, ohne dass dies gleichzeitig einen erhöhten Arbeitsaufwand für die Lehrenden bedeutet. Gefordert wird hier lediglich die Offenheit aller Teilnehmenden, sich über den eigenen Fachbereich hinaus auch für Themen aus anderen Gebieten zu interessieren.

Inhaltliche Bestimmung und zeitliche Verankerung

Im Folgenden sollen nun einige Erfahrungen aus der Praxis als Grundlage dienen, um über eine geeignete Methodik nachzudenken, wie Strukturen der fachübergreifenden Wissenschaftssprache eingeführt und gefestigt werden können, indem sie an curriculare Inhalte der DaF-Kurse angeknüpft werden. So kann bei der Arbeit mit „Blaue Blume" im 2. Kursniveau (ca. A1) das Thema „Anrede- und Grußformen in Briefen" in Bezug auf formelle E-Mails ausgebaut und auf den universitären Kontext ausgerichtet werden. Im 4. Semester (ca. A2) werden an verschiedenen Stellen Grafiken zu allgemeinen Themen und

z. T. auch dazugehörige Ausdrücke zur Beschreibung präsentiert, sodass man in diesem Zusammenhang die Arbeit mit fachspezifischen Grafiken anschließen bzw. sie sogar als Ersatz für die ursprünglich vorgesehene Aktivität verwenden kann.

Für fachspezifische Texte, etwa Abstracts, Projektbeschreibungen oder Hausarbeiten, finden sich zwar keine inhaltlichen Anker, aber man kann sie ebenfalls in das 4. Niveau einbetten, da hier wichtige grammatische Strukturen, wie Passivkonstruktionen, komplexe Nominalsyntagmen, nicht-eingeleitete Nebensätze und Pronominaladverbien, eingeführt werden, die häufig in wissenschaftlichen Texten vorkommen.

Referate werden derzeit in das 6. Semester (ca. B1) integriert. Das hängt zum einen damit zusammen, dass in unserem Ansatz den rezeptiven Fertigkeiten zunächst mehr Platz eingeräumt wird. Zum anderen liegt es auch daran, dass im 5. und 6. Niveau mehr Zeit für zusätzliche Aktivitäten bleibt, was nötig ist, da sich Referate, von der Vorbereitung abgesehen, nicht aus dem Unterricht auslagern lassen.

Die Eingliederung spezifisch akademischer Handlungsfelder findet also relativ früh statt und beginnt etwa zwischen den Niveaus A2 und B1. Allerdings handelt es sich auch nicht um einen vollständigen Kurs zum wissenschaftlichen Arbeiten, sondern um eine „dosierte" Integration ausgewählter Inhalte. Schweiger (2011a: 20) hingegen schlägt für ihr Kurskonzept zum Vorbereitungskurs „Studieren in Deutschland" beispielsweise das Ausgangsniveau B2/C1 vor.

Beschreibung der Redemittel

Vor der Darstellung einer konkreten didaktischen Sequenz im nächsten Abschnitt sollen zunächst die Redemittel noch genauer beleuchtet werden, die für die Arbeit grundlegend sind. Ziel ist es, den Studierenden anhand der zur Verfügung gestellten Listen typische Formulierungen der deutschen Wissenschaftssprache nahezubringen und sie zu deren Einsatz anzuleiten.

Bei den Übersichten, die u. a. in Mehlhorn (2009) und Esselborn-Krumbiegel (2010) zu finden sind, handelt es sich um sehr umfangreiche Zusammenstellungen zu verschiedenen sprachlichen Handlungsfeldern (z. B. *„Beteiligung an Lehrveranstaltungen"* oder *„E-Mails an Dozenten"*) und Kommunikationsabsichten (z. B. *„Eine Hausarbeit einleiten und zum Thema hinführen"* oder *„Formulierungen um Hypothesen vorzustellen"*).

Mehlhorn (2009: 15) versteht die Formulierungshilfen „v.a. [als] Ideen, was man überhaupt in einer bestimmten Kommunikationssituation sagen bzw. schreiben kann". Laut Esselborn-Krumbiegel (2010: 10), deren Publikation sich in erster Linie an deutsche Muttersprachler richtet, sollen diese Listen „die Suche nach dem treffenden Ausdruck [erleichtern]". Es handelt sich hierbei also um Vorschläge, die keinen Anspruch auf Vollständigkeit erheben.

Schaut man sich die Redemittellisten an, bemerkt man, dass diese sehr detailliert sind und jeweils verschiedene, z. T. synonyme Varianten zu jeder Kommunikationsabsicht präsentieren. So umfasst beispielsweise die Liste zum Thema „Hausarbeiten" bei Mehlhorn (2009) insgesamt sechs Seiten, wobei jede der 22 Unterkategorien im Schnitt sieben Alternativen anbietet (siehe Abb. 1).

eine Hausarbeit einleiten und zum Thema hinführen
In der vorliegenden Arbeit geht es um ...
Diese Arbeit beschäftigt sich mit ...
In dieser Arbeit wird ... behandelt.
Diese Arbeit setzt sich mit ... auseinander.
Die Arbeit behandelt die Frage, wie / ob ...
In dieser Arbeit soll ... dargestellt werden ...
Im Mittelpunkt dieser Arbeit steht die Frage ...
...
...
...
das Thema begründen und einordnen
... hat eine nicht zu unterschätzende Bedeutung für ...
Die Frage nach ... ist von besonderem Interesse für ..., weil ...
Das Thema ... erfreut sich gegenwärtig großer Popularität.
... ist Thema in verschiedenen Wissenschaften.
... ist ein viel diskutiertes und strittiges Thema.

Abb. 1: Ausschnitt aus Formulierungshilfen zum Thema „Hausarbeiten" (Mehlhorn 2009; CD-ROM: Liste F 6).

Obwohl die Auswahl der jeweiligen Formulierungen durchweg schlüssig erscheint, ist die Anzahl der Alternativen im Hinblick auf unsere Lernenden zu umfangreich, v. a., wenn es sich um den ersten Kontakt mit diesen Strukturen handelt. Die Listen mit den Redemitteln richten sich in erster Linie an Studierende, die im deutschsprachigen Hochschulkontext handeln müssen. Da es in unserem Fall vorrangig um eine Heranführung an wissenschaftliches Arbeiten und eine erste Sensibilisierung für typische Strukturen geht, sollte sowohl die Anzahl der Kategorien wie auch die der einzelnen Alternativen reduziert werden. Die Entscheidung, was und wie viel man dabei ausklammert, ist abhängig vom Niveau der Teilnehmer, vom Lernziel und von der Textsorte. In diesem Zusammenhang erübrigen sich einige Kategorien u. U. von selbst, so

z. B. der Punkt „die Gliederung der Arbeit vorstellen", wenn man die Redemittel für Hausarbeiten als Grundlage für eine – wesentlich weniger umfassende – Projektbeschreibung nimmt. Hierfür können ebenfalls die verschiedenen umfangreichen Kategorien zum Verweis auf andere Autoren zusammengefasst und reduziert werden. Was die einzelnen synonymen Formulierungen betrifft, so ist der Auswahlprozess nicht leicht, denn alle Alternativen scheinen plausibel und authentisch. Ein Überangebot an möglichen Formulierungen kann aber auf Seiten der Lernenden zu Orientierungslosigkeit führen und hat im schlimmsten Fall zur Folge, dass die Liste mit den Redemitteln gar nicht benutzt wird. Insofern empfiehlt es sich, v. a. für den ersten Kontakt mit diesen Strukturen, pro Kategorie nur zwei bis vier Alternativen zu präsentieren. Als Kriterium für die Auswahl kann man sich z. B. daran orientieren, welche Strukturen grammatisch und in Hinblick auf den Wortschatz von den Lernenden am besten erfasst werden können.

Beschreibung der didaktischen Sequenz

Im Folgenden soll beispielhaft einer der oben erwähnten didaktischen Vorschläge detailliert beschrieben werden, um eine mögliche Vorgehensweise zu erläutern. Die dargestellten Phasen und Überlegungen lassen sich meiner Erfahrung nach – unter gewissen Anpassungen in Bezug auf Textsorte und Lernerniveau – auch auf andere Lehr-Lern-Kontexte mit ähnlichen Zielsetzungen übertragen.

Seit 2009 wird mit Studierenden des Niveaus Deutsch IV (ca. A2) ein erster Text mit Bezug zu ihrem Studienfach erarbeitet. Hatte der Text zu Beginn kein spezifisches Format, so werden derzeit als Textsorten die Beschreibung eines Forschungsprojekts bzw. eine Einleitung/Einführung zu einem wissenschaftlichen Thema vorgeschlagen. Der Arbeitsprozess ist dabei in die folgenden sechs Phasen gegliedert, die im Anschluss beschrieben werden sollen:

1. Rezeption
2. Schreiben
3. Vorversion
4. Revision
5. Endversion
6. Rückgabe

1.   Rezeption

Die erste Phase zielt auf die Sensibilisierung der Lernenden ab. Da bei vielen Studierenden auch in der Muttersprache das Bewusstsein für formales Schreiben schwach ausgeprägt ist, kommt diesem Schritt besondere Bedeutung zu.[5] Zudem mangelt es auch aufgrund der fehlenden wissenschaftlichen Erfahrung in der Muttersprache, besonders bei Studierenden des 1. und 2. Studienjahres, an Erfahrung im Umgang mit typischen Strukturen in akademischen Texten.

Daher sollen die Kursteilnehmer zunächst anhand von portugiesischsprachigen Texten typische Formulierungen und häufig verwendete Strukturen erkennen. Abstracts eignen sich aufgrund ihrer übersichtlichen Länge gut für diese Aufgabe, obwohl die Vielfalt der Formulierungen dadurch begrenzt ist. Im Anschluss werden gleichwertige zielsprachige Texte präsentiert und analysiert. Auch hier sollen wiederum häufige Formen wahrgenommen und identifiziert werden. Die Ergebnisse dieser beiden Prozesse können daraufhin verglichen werden.

In den ausgewählten Abstracts aus Master- und Doktorarbeiten der Unicamp finden sich häufig Verben wie *apresentar, desenvolver, estudar, evidenciar, discutir, investigar, propôr, verificar,* die als Bedeutungsträger fungieren und den Texten einen Verbalstilcharakter verleihen. Außerdem ist der vielfache Gebrauch der 1. Person Plural (z. B. *nossos resultados, neste trabalho deduzimos, aplicamos o conceito*) sowie ein ausgewogenes Verhältnis zwischen Aktiv und Passiv festzustellen.[6] Im Deutschen herrschen dagegen deutlich der Nominalstil sowie Passivformen vor. Durch das folgende Beispiel (Abb. 2) sollen einige dieser Unterschiede veranschaulicht werden, wobei typische lexikalische Wendungen, hier v. a. zur inhaltlichen Strukturierung, fett gedruckt und grammatische Besonderheiten (Aktiv / Passiv, Genitiv) unterstrichen sind.

---

[5]   Dies zeigt sich z. B. schon in Bezug auf formelle E-Mails, die im Niveau Deutsch II thematisiert werden. In Brasilien ist der Kontakt zwischen Dozenten und Studierenden i. d. R. persönlicher und weniger normiert, sodass formale Aspekte oder festgeschriebene Standards als übertrieben, unnatürlich oder schlicht irrelevant empfunden werden.

[6]   Für eine systematische Darstellung zu lexikalischen und grammatischen Strukturen in portugiesischsprachigen Abstracts vgl. Motta-Roth / Hendges (2010: 159 f.).

| A presente dissertação de mestrado dedica-se a **verificar como** o romance de Thomas Mann A montanha mágica <u>poderia filiar-se</u> ao gênero literário do Bildungsroman. **Sua introdução** é um breve comentário […], **seguido de um excurso** […] aos temas que ocupavam Thomas Mann […].
Feito isto, <u>parte-se</u> **a**o trabalho propriamente dito de **pôr** […] **ao lado do** […], para **investigar** o proveito em <u>lê-lo</u> como Bildungsroman. […] | **In der vorliegenden Arbeit wird der Frage nachgegangen, inwieweit** Thomas Manns Roman Der Zauberberg der literarischen Gattung des Bildungsromans <u>zugeordnet werden kann</u>. **Die** <u>**Einleitung der Arbeit**</u> **besteht aus** einem Kurzkommentar […]; **dem folgt** […] **ein Exkurs** über die Themen, die Thomas Mann […] beschäftigten.
Im Hauptteil der Arbeit <u>**wird**</u> […] **zur Seite** <u>gestellt</u>, und es wird <u>**untersucht**</u>, ob Thomas Manns Buch in produktiver Weise als Bildungsroman <u>gelesen werden kann</u>. […] |

Abb. 2: Ausschnitte aus der portugiesisch- sowie deutschsprachigen Version eines Abstracts (Marco Antonio Rassolin Fontanella: „A montanha magica como Bildungsroman"; Mestrado: Teoria Literária – Instituto de Estudos da Linguagem, Unicamp), http://www.bibliotecadigital.unicamp.br/document/?code=vtls0 00205810&opt=4 (30.04.2013).

Im Anschluss an diese Analyse und den Sprachvergleich sollten die Teilnehmenden einen ersten persönlichen Bezug zur Aufgabe herstellen, indem sie das Thema für ihren Text definieren. Dies kann in der Muttersprache geschehen, da es in erster Linie darum geht, sich verbindlich auf einen Inhalt festzulegen und die nächsten Schritte auf dieser Grundlage zu verfolgen. Im Idealfall ist das motivierend; jedoch kann es bei Schwierigkeiten (z. B. aufgrund mangelnder Ideen) auch zu einer ersten Frustration führen. Dann sollte man als Lehrperson Unterstützung leisten, etwa indem man individuell mit dem Teilnehmer mögliche Themen bespricht.[7]

Erst am Ende in dieser Phase erfolgt die Präsentation der Redemittel. Die Auswahl sollte, wie oben erwähnt, auf ein Minimum an Kategorien bzw. Alternativen beschränkt werden. Für die Anfertigung der Projektbeschreibung/ Einleitung wurde die Liste für „Hausarbeiten" von sechs auf eine Seite reduziert.

Bei der Besprechung der Redemittel sollte man der Versuchung widerstehen, eine 1:1-Übersetzung vorzunehmen. Die interkulturellen Unterschiede im wissenschaftlichen Arbeiten drücken sich nicht nur durch verschiedene sti-

---

[7] Dies kann z. B. bei Studienanfängern der Fall sein, die noch nicht in institutionelle Projekte eingebunden sind oder sich auf ein bestimmtes Forschungsthema spezialisiert haben. Ein Kompromissvorschlag wäre hier, dass sie das Thema einer ihrer Lehrveranstaltungen beschreiben.

listische Konventionen[8] aus, sondern haben auch Implikationen auf der Wort-
schatz- und Grammatikebene, sodass es oftmals keine genaue Entsprechung
für einen bestimmten Ausdruck gibt. Hier bietet es sich an, auf die jeweilige
Funktion der Formulierungen aufmerksam zu machen (z. B. einen Text einleiten, auf Autoren verweisen oder Ergebnisse darstellen). Um den Studierenden
eine klarere Vorstellung davon zu geben, wie das Endprodukt aussehen soll,
können auch Textmodelle präsentiert werden.[9]

2.   Schreiben

Da die Erfahrungen von 2009 bis 2011 gezeigt haben, dass es für die Studierenden eine große Herausforderung ist, einen mehrseitigen Text auf Deutsch zu
schreiben, wurde 2012 die produktive Phase dahingehend optimiert, dass der
Text nicht mehr als ein Ganzes verfasst wird, sondern dass jeder Teil einen in
sich abgeschlossenen Arbeitsschritt darstellt, für den eine gesonderte Frist vereinbart wird.

Dies erwies sich als notwendig, denn die Arbeit erfolgt zum großen Teil
selbstgesteuert außerhalb des Unterrichts. Eine wichtige Voraussetzung ist daher die Fähigkeit, sich zu organisieren und den eigenen Arbeitsprozess zu planen, was jedoch eine komplexe Aufgabe für die Studierenden darstellt, welche
einer stärkeren Anleitung bedarf.

Bei der nun vorgeschlagenen kleinschrittigeren Vorgehensweise registriert
die Lehrperson jeweils, ob die einzelnen Abschnitte formuliert wurden, gibt
aber noch keine inhaltliche Rückmeldung. Andernfalls wäre die Arbeitsbelastung zu hoch.

Der Prozess beginnt damit, dass die Studierenden die Grundstruktur ihres
Textes erarbeiten. Dieser Schritt dient dazu, den Inhalt zu planen und den lo-
gischen Aufbau des Textes zu sichern. Es ist empfehlenswert, dass dies noch
in der Muttersprache geschieht, da die Konzentration hier auf inhaltlich-struk-
turellen und nicht vorrangig auf sprachlichen Aspekten liegt. Einerseits haben
sich viele Studierende bis zu diesem Zeitpunkt wenig oder nicht bewusst mit
Wissenschaftssprache auseinandergesetzt, andererseits ist es auch das erste
Mal, dass sie dies in der Fremdsprache Deutsch tun sollen. Insofern bietet ihnen das Portugiesische zunächst eine sicherere Basis, als wenn sie gleich in

---

[8]   Ein kurzer Abriss zum Thema Wissenschaftsstil findet sich z. B. bei Schäfer / Heinrich (2010: 9-17).

[9]   Dabei ist zu beachten, dass die Vorlage umso stärkeren Modellcharakter haben
muss, je niedriger die Lernstufe der Studierenden ist (etwa fertige Textbausteine für
formelle E-Mails im 2. Kursniveau).

der Zielsprache handeln müssten. So kann der Text gedanklich klar strukturiert werden und es kommt in dieser Phase nicht zu einer sprachlichen Überforderung. Eine solide Planung ist essentiell für den weiteren Arbeitsverlauf, bestimmt sie doch den Rahmen, in dem die folgenden Schritte ablaufen (wie Recherche zielsprachiger Begriffe, Auswahl passender Redemittel etc.).

Wichtig ist dabei, dass die Gedankenfolge nur stichpunktartig notiert wird, nicht dass es später zur Übersetzung eines auf Portugiesisch vorformulierten Textes kommt. Die Übersetzung birgt zwei Hauptgefahren: Zum einen verfügen die Studierenden in der Muttersprache über eine höhere Komplexität des Ausdrucks und zum anderen lassen sich viele Strukturen nicht 1:1 in die Fremdsprache übertragen.

Der Schreibprozess auf Deutsch beginnt mit der Formulierung der Einleitung; anschließend soll der Inhaltsteil Absatz für Absatz ausgearbeitet werden; es folgt der Schlussteil. In jedem Schritt soll bewusst auf den Einsatz der Redemittel geachtet und eine gezielte Auswahl einiger Formulierungen getroffen werden.

3. Vorversion

Nachdem der komplette Text verfasst wurde, sollen die Lernenden eine erste Revision am eigenen Text durchführen. Für diesen komplexen Prozess bekommen sie eine gesonderte Anleitung, in der mögliche Fehlerquellen aufgezeigt und verschiedene Korrekturtechniken erklärt werden. Dazu gehört ganz grundlegend der Einsatz einer automatischen Rechtschreibprüfung.[10]

Des Weiteren soll gezielt auf typische Fehlerquellen wie Verbposition, Genus, Deklination und Subjekt-Verb-Kongruenz, geachtet werden. Da es sich um eine Arbeit handelt, die eine große Anzahl neuer Vokabeln einschließt, ist es auch wichtig, noch einmal auf einige Regeln im Umgang mit Wörterbüchern hinzuweisen, etwa dass zur Sicherheit mindestens zwei Wörterbücher konsultiert und dass die gefundenen Alternativen auch rückübersetzt werden sollten. Es bietet sich auch eine Eingabe in einer der Suchmaschinen an, um zu überprüfen, in welcher semantischen Umgebung das jeweilige Wort vorkommt.

---

[10] Diese Programme tragen dazu bei, die gröbsten orthografischen Fehler zu identifizieren. Sie stellen heute ein wichtiges Hilfsmittel dar und sind über verschiedene Anwendungen kostenlos verfügbar. Selbst wenn sie – aufgrund begrenzter Datenbanken – ein richtiges Wort als falsch anzeigen, so ist dies doch Anlass, es noch einmal mithilfe anderer Quellen zu überprüfen und ggf. dem Benutzerwörterbuch hinzuzufügen, und nicht von vornherein ein Argument gegen den Einsatz solcher Programme.

Zu den Anweisungen gehört auch, zu unterstreichen, dass es sich bei der Revision um eine anspruchsvolle Arbeit handelt, die nicht mit einmaligem Lesen erledigt werden kann. Diese Hinweise mögen allzu offensichtlich erscheinen, wir stellen jedoch zunehmend fest, dass unsere Studierenden formalen Aspekten beim Schreiben immer weniger Wert beimessen, was möglicherweise mit ihren Gewohnheiten in der auf Zeitersparnis und Praktizität ausgerichteten Kommunikation im Internet zusammenhängt.

Die folgenden Textausschnitte aus verschiedenen Vorversionen, entstanden im 1. Semester 2012, sollen als Anschauungsbeispiele für einige wichtige Aspekte dienen. Lexikalische Strukturen sind dabei durch Unterstreichen hervorgehoben, während besondere grammatische Strukturen fett gedruckt sind.

a) Einsatz von Redemitteln in Einleitung und Abschluss:
In dem vorliegenden Text geht es um eine kurze Übersicht zum Thema „Evolutionäre Strukturoptimierung Methode". Diese Methode […] **wurde** zunächst bei Xie und Steven am Anfang 90s **gestellt** und ist von besonderem Interesse für Maschinenbau, weil **wird** es für viele Topologie Optmierung Probleme und als eine Projektion der abschließenden Form **benutzt**. […] Zusammenfassend lässt sich sagen, dass das Konzept der Evolutionäre Strukturoptimierung Methode besonders einfach ist und muss man keine Experte sind es verstehen. (Bsp. 2012_M1)

b) Gliederung:
Erstens gibt es ein Kurzkommentar über was der Film geworden ist […]. Dann geht es um der Verweis und die Wichtigkeit der Intertextualität […]. Danach **werden** die Verweisen durch drei Weise **gekennzeichnet**. Am Ende kommt der Kommentar, der weiter Untersuchung leiten soll: […] (Bsp. 2012_B1)

c) Referenz auf Experten:
In der Musikliteratur gibt es viele Definitionen für die Melodie aber sie sind nicht immer vollständig. Goethius definiert Melodie als eine Folge von Tönen. […] Das ist unlogisch, weil jede Melodie von einem Rhythmus charakterisiert wird und, Schoenberg zufolge, eine innewohnende Harmonie hat. (Bsp. 2012_F1)

Diese Beispiele zeigen, dass die Strukturen verstanden und in einem angemessenen Kontext angewendet wurden.

Die Probleme, die in dieser Textversion auftreten, werden nun von der Lehrperson in der ersten Korrektur gekennzeichnet. Dabei geht es hauptsächlich darum, eine Rückmeldung zu sprachlichen Aspekten, zum Textaufbau sowie zur Angemessenheit und Verständlichkeit der eingesetzten sprachlichen Mittel zu geben. Die Verantwortung für den fachlichen Inhalt liegt bei den Studierenden; es wäre nicht nur eine Überlastung, sondern auch eine Illusion, sich als Lehrender in alle Themen einzuarbeiten, da die Beurteilung derselben spezifische Fachkenntnisse voraussetzt.

Soweit möglich, werden die Fehler nur markiert und z. B. durch Farben klassifiziert (Orthografie, Position, Wortwahl etc.); eine direkte Korrektur sollte nur stattfinden, wenn es sich um ein dem Lernenden unbekanntes Phänomen handelt. Komplexere Stellen können auch mit einem Kommentar versehen werden. Zum Abschluss werden in einem schriftlichen Feedback die Stärken und Schwächen des Textes beleuchtet.[11]

4.   Revision

Nach der ersten Korrekturphase erhalten die Teilnehmenden ihre Texte zurück und sollen sich nun in der zweiten Revision bewusst mit ihren Fehlern auseinandersetzen. Die farblich gekennzeichneten Markierungen helfen dabei, die Art des Fehlers zu erkennen und zu beheben. Auch hier wird eine Anleitung zur Verfügung gestellt, in der noch einmal die verschiedenen Kategorien bzw. Fehlerquellen erklärt und Beispiele für die häufigsten Probleme gegeben werden, die mögliche Lösungswege aufzeigen. Das Ziel in dieser Phase ist die Fertigstellung des Textes.

Im Folgenden werden die oben aufgeführten Textausschnitte in der revidierten Endfassung wiedergegeben:

> In dem vorliegenden Text geht es um eine kurze Übersicht zum Thema „Evolutionäre Strukturoptimierunge Methode". Diese Methode […] wurde zunächst von Xie und Steven Anfang des 90 aufgestellt und ist von besonderem Interesse für Maschinenbau, weil es für viele Probleme der Optimierung der Topologie und als eine Projektion der abschließenden Form der Struktur wird benutzt. […] Zusammenfassend lässt sich sagen, dass das Konzept der Evolutionäre Strukturoptimierung Methode besonders einfach ist und man muss kein Experte sein um es zu verstehen. (Bsp. 2012_M2)

> Erstens gibt es einen Kurzkommentar darüber, was der Film geworden ist […]. Dann geht es um den Verweis und die Wichtigkeit der Intertextualität […]. Da-

---

[11] Aus Gründen der Lesbarkeit wird auf die Aufführung von Beispielen für diesen Schritt verzichtet.

nach werden die Verweise durch drei Arten gekennzeichnet. Am Ende folgt der Kommentar, der weiteren Untersuchungen leiten soll: […] (Bsp. 2012_B2)

In der Musikliteratur gibt es viele Definitionen für die Melodie, aber sie sind nicht immer vollständig. Goethius definiert Melodie als eine Folge von Tönen. […] Das ist unlogisch, weil jede Melodie von einem Rhythmus charakterisiert wird und, Schönberg zufolge, eine innewohnende Harmonie hat. (Bsp. 2012_F2)

Diese Beispiele zeigen, dass gerade in den Bereichen Deklination und Verbposition Korrekturen vorgenommen wurden; auch Interpunktion und Wortwahl wurden revidiert.

5.   Endversion

Die Endfassung wird dann von der Lehrperson abschließend korrigiert und bewertet. Die Korrektur erfolgt hier direkt, sodass Fehler, die nicht behoben werden konnten, nachvollziehbar werden. Neben einer Note sollte auch eine verbale Bewertung gegeben werden, um die Note transparent zu machen. Bewertungskriterien sind neben der Korrektheit und Komplexität des Textes auch Verständlichkeit, Textaufbau und Kohärenz. Auch die sinnvolle Verwendung der Redemittel sowie die Qualität der Revision spielen eine Rolle.

Als Beispiel für diese Phase dient die Korrekturversion des ersten Textausschnittes. Gearbeitet wurde mit dem Korrekturmodus von Word, was hier durch das Durchstreichen der fehlerhaften Strukturen und das Unterstreichen der Korrekturvorschläge dargestellt wird.

In dem vorliegenden Text geht es um eine kurze Übersicht zum Thema „Evolutionäre Strukturoptimierunges Mmethode". Diese Methode […] wurde zunächst von Xie und Steven Anfang ders 90er Jahre aufgestellt und ist von besonderem Interesse für Maschinenbau, weil es sie für viele Probleme der Optimierung der Topologie und als eine Projektion der abschließenden Form der Struktur wird benutzt wird. […]
Zusammenfassend lässt sich sagen, dass das Konzept der Evolutionären Strukturoptimierungs Mmethode besonders einfach ist und man muss kein Experte sein muss, um es zu verstehen. (Bsp. 2012_M2k)

6.   Rückgabe

Nachdem die Bewertungsphase abgeschlossen ist, werden die Texte den Autoren zurückgeschickt. Da diese Phase in aller Regel nach dem Ende des Semesters stattfindet, liegt sie außerhalb des Wirkungsfeldes der Lehrperson. Ob die Lernenden also lediglich Kenntnis von der Bewertung nehmen oder sich tatsächlich bewusst mit dem Feedback und den Korrekturen auseinandersetzen, bleibt jedem selbst überlassen.

Zusammenfassung und Ausblick

Abschließend soll nun über die Entwicklung des Arbeitsprozesses seit Beginn des Versuchs im Jahre 2009 reflektiert werden. Dabei werden die zentralen Aspekte beleuchtet, um einerseits Verbesserungen herauszustellen und andererseits offene Herausforderungen aufzuzeigen.

Zunächst zur Untergliederung des Prozesses in kleinere Teilschritte: Diese Maßnahme erleichterte die Organisation der Arbeit. Den Ablauf einer so komplexen Aufgabe selbstständig zu planen, stellte für die Studierenden eine erste Hürde dar, da viele von ihnen erfahrungsgemäß die Erledigung von Arbeitsaufträgen oft bis zum letztmöglichen Moment hinauszögern. So gab es bei den ersten Durchführungen einige Teilnehmende, die erst kurz vor Semesterende mit der Arbeit begonnen hatten, was sie nicht nur enorm unter Druck setzte, sondern auch die Qualität der Arbeiten beeinträchtigte. Hier schaffen das vorgegebene Chronogramm sowie die Registrierung der einzelnen Arbeitsschritte Abhilfe, indem der Schreibprozess besser strukturiert und so die Arbeitsbelastung über das gesamte Semester verteilt wird.

Der große Anteil an selbstgesteuerter Arbeit außerhalb des Unterrichts stellt aber trotzdem eine Herausforderung dar. Idealerweise wäre es erforderlich, Rückmeldungen zu jedem Textteil zu geben, bevor der nächste Abschnitt formuliert wird, was jedoch den momentan zur Verfügung stehenden Zeitrahmen übersteigt.

Ein weiterer zentraler Aspekt ist die Arbeit mit den Redemitteln und häufigen grammatischen Strukturen. Hier hat es sich als sinnvoll erwiesen, von der Muttersprache der Lernenden auszugehen, damit sie zunächst ein Bewusstsein über Existenz und Relevanz bestimmter Strukturen in akademischen Textsorten entwickeln, bevor sie sich der Fremdsprache zuwenden. Nicht selten beeindruckt es die Studierenden mehr, was sie über das akademische Portugiesisch erfahren – eine Sprache, die sie zu kennen und zu beherrschen meinen – als über das Deutsche, das ohnehin fremd ist. In dieser Sensibilisierungsphase werden sie sich nicht nur bewusst, dass in jeder der beiden Sprachen bestimmte Strukturen *existieren*, sondern auch, dass diese z. T. formal unterschiedlich sind.

Was den aktiven Gebrauch der Redemittel angeht, ist festzustellen, dass sich viele Studierende weiterhin schwer damit tun, sie in ihre Texte zu integrieren. Es zeigt sich deutlich, dass die leistungsstärksten Studierenden die besprochenen grammatischen Strukturen sowie die Redemittel gezielt einsetzen. Außerdem finden sich in den meisten Arbeiten zumindest in der Einleitung und am Ende des Textes einige Formulierungen und es werden auch typische Strukturen benutzt. Die schwächeren Lerner sind eher nicht in der Lage, die Aufgabe den Anforderungen gerecht umzusetzen, was sich jedoch nicht speziell auf die Wissenschaftssprache bezieht, sondern allgemein auf fehlendes Grundlagenwissen. Es wäre sicher hilfreich, produktive Übungen zum Einsatz der Redemittel in den Unterricht einzubeziehen, was jedoch unter den aktuellen curricularen und zeitlichen Bedingungen schwierig ist. Möglicherweise muss auch die Auswahl der Redemittel weiter überarbeitet und besser an die Textart angepasst werden.

Dies führt zum nächsten wichtigen Aspekt, nämlich der Frage nach einer geeigneten Textsorte. Die Konkretisierung diesbezüglich hat sich positiv auf die Ergebnisse ausgewirkt. Während zu Anfang die relativ offene Aufgabenstellung, einen „kurzen Fachtext" zu produzieren, dazu führte, dass der Charakter der eingereichten Arbeiten stark variierte, bietet eine „Projektbeschreibung" mehr Klarheit. Sie scheint zudem sinnvoll vor dem Hintergrund der steigenden Studienmobilität und der damit verbundenen Möglichkeit, gerade postgraduale Studiengänge an ausländischen Hochschulen zu absolvieren. Außerdem entspricht sie mit einer Länge von 1-2 Seiten (ca. 800 Wörtern) dem, was im Rahmen des Kurses machbar ist. Mitunter stellt aber die Themenfindung ein Problem dar, besonders wenn die Studierenden sich noch am Anfang ihres Studiums befinden und über wenig Lese- wie auch Schreiberfahrung in ihrem Fach verfügen.

Aber nicht nur die Unterschiede bezüglich des akademischen Niveaus geben Anlass, das Vorgehen zu überdenken. Auch die Kenntnisse in der Fremdsprache selbst sind mitunter sehr verschieden. Grundsätzlich kann festgestellt werden, dass die meisten Kursteilnehmenden die Aufgabe, einen auf ihr Fachgebiet bezogenen Text zu schreiben, als herausfordernd und befriedigend empfinden. Eine Ausnahme bilden schwächere Lernende, die sich eher überfordert fühlen, was allerdings zumeist auch auf die im Curriculum fest vorgesehenen Inhalte zutrifft. Dem Fachtext wird aber i. d. R. ein besonderer Stellenwert beigemessen, weil er einerseits für einen Motivationsschub sorgt und andererseits einen extrem hohen Arbeitsaufwand bedeutet. Wird dies dann nicht entsprechend belohnt, stellt sich schnell ein Gefühl des Versagens ein. Das betrifft jeweils nur eine sehr geringe Anzahl von Kursteilnehmenden, nämlich diejenigen, die zwar die formalen Voraussetzungen haben, um das jeweilige Kursniveau zu belegen, inhaltlich jedoch große Lücken aufweisen und Schwierigkeiten haben, überhaupt dem planmäßigen Stoff zu folgen.

Insofern ist fraglich, ob man an der Verbindlichkeit der Aufgabe festhält, wenn schon abzusehen ist, dass einige Teilnehmende sie nicht annähernd in befriedigendem Maße erfüllen können. Würde es sich um eine fakultative Aufgabe handeln, wäre andererseits die Frage, wie die Auswahl getroffen wird, wer sie in Angriff nimmt und wer nicht. Die Selbstwahrnehmung der Lernenden und die Fremdwahrnehmung durch den Lehrenden driften mitunter stark auseinander. Obwohl man als Lehrperson in den meisten Fällen die Fähigkeiten der Lernenden realistisch einschätzen kann, ist es doch heikel – und zumindest in unserem Kontext nur schwer vorstellbar –, jemandem von einer Aktivität abzuraten.[12] Der Leistungsdruck und die Erwartungen, gerade an einer angesehenen Universität wie der Unicamp, sind extrem hoch. Vor diesem Hintergrund würde eine solche Entscheidung von den Betroffenen u. U. als Niederlage empfunden werden – „einfach aufzugeben" ist praktisch undenkbar.

Die bisherigen Erfahrungen haben jedoch gezeigt, dass die meisten Lernenden in der Lage sind, gute bis sehr gute Arbeiten abzuliefern. Da es sich zudem um hochgradig relevante Inhalte handelt, lohnt es sich m. E., weiter über deren Integration in die Curricula universitärer Sprachkurse nachzudenken, auch wenn die Rahmenbedingungen gewisse Grenzen setzen.

Literaturverzeichnis

Auer, Peter / Harald Baßler (Hgg.) (2007), *Reden und Schreiben in der Wissenschaft*. Frankfurt am Main: Campus Verlag.

Ehlich, Konrad (1995), „Die Lehre der deutschen Wissenschaftssprache: sprachliche Strukturen, didaktische Desiderate". In: Heinz L. Kretzenbacher / Harald Weinrich (Hgg.): *Linguistik der Wissenschaftssprache*. Berlin / New York: de Gruyter, 325-351.

---

[12] Dies zeigt sich z. B. am Semesterende, wenn die Studierenden entscheiden müssen, ob sie sich für das nächste Niveau einschreiben. Oft folgen sie hier einem Automatismus: *Ich habe bestanden, ich mache weiter.* Meiner Erfahrung nach führt es eher nicht dazu, dass schwächere Studierende von einer Einschreibung absehen, wenn man ihnen – so diskret und sensibel wie möglich – nahelegt, ihre Entscheidung zu überdenken. Eher noch fühlen sie sich dadurch verletzt.

Ehlich, Konrad / Steets, Angelika (Hgg.) (2003), *Wissenschaftlich schreiben – lehren und lernen.* Berlin: de Gruyter.

Ehlich, Konrad / Heller, Dorothee (Hgg.) (2006), *Die Wissenschaft und ihre Sprachen.* Bern: Peter Lang.

Esselborn-Krumbiegel, Helga (2010), *Richtig wissenschaftlich schreiben.* Paderborn: Schöningh (UTB).

Fandrych, Christian / Graefen, Gabriele (2010), „Wissenschafts- und Studiensprache Deutsch". In: Krumm, Hans-Jürgen / Fandrych, Christian / Hufeisen, Britta / Riemer, Claudia (Hgg.): *Deutsch als Fremd- und Deutsch als Zweitsprache. Ein internationales Handbuch.* 1. Halbband. Berlin, New York: de Gruyter, 509-517.

Graefen, Gabriele / Melanie Moll (2011), *Wissenschaftssprache Deutsch: lesen – verstehen – schreiben. Ein Lehr- und Arbeitsbuch.* Frankfurt am Main: Peter Lang.

Jahr, Silke (2011), *Wissenschaftsdeutsch.* Berlin: Booksbaum.

Mehlhorn, Grit (2009), *Studienbegleitung für ausländische Studierende an deutschen Hochschulen.* München: Iudicium.

Motta-Roth, Désirée / Graciela Rabuske Hendges (2010), *Produção textual na universidade.* São Paulo: Parábola.

Schäfer, Susanne / Dietmar Heinrich (2010), *Wissenschaftliches Arbeiten an deutschen Universitäten.* München: Iudicium.

Schweiger, Kathrin (2011a), „Eine Erkenntnis setzt sich durch: Wissenschaftliches Schreiben lernen – je früher desto besser". In: *Projekt. Revista dos Professores de Alemão no Brasil* 49, 19-22, unter: http://abrapa.org.br/pdf/Projekt2011.pdf (19.07.2012).

Schweiger, Kathrin (2011b), *Estratégias de distribuição de informação e a sinalização léxico-gramatical em introduções de dissertações de mestrado na área de alemão da USP/São Paulo e da LMU/Munique.* São Paulo: unveröffentlichte Doktorarbeit, unter: http://www.teses.usp.br/teses/disponiveis/8/8144/tde-05082011-154652/pt-br.php (19.07.2012).

Weinrich, Harald (1995), „Sprache und Wissenschaft". In: Kretzenbacher , Heinz L. / Weinrich, Harald (Hgg.): *Linguistik der Wissenschaftssprache.* Berlin, New York: de Gruyter, 3-13.

Lexik und Interkomprehension in drei germanischen Sprachen (Deutsch, Englisch, Niederländisch): Ergebnisse und didaktische Implikationen einer lexikalischen Analyse

Mario López-Barrios, Universidad Nacional de Córdoba

1. Einführung

Die Ausbildung von Teilqualifikationen im Bereich des universitären Fremdsprachenunterrichts im lateinamerikanischen Kontext ist eine Praxis, die auf eine lange Tradition zurückblickt. Dabei geht es prinzipiell um die Entwicklung der Fertigkeit Lesen mit dem Ziel, Studenten den Zugang zu Fachpublikationen zu ermöglichen. Solche Lehrveranstaltungen sind für die Fremdsprache Englisch sehr oft ein Teil der obligatorischen Studienleistungen und je nach Fachrichtung gehören andere Fremdsprachen, darunter oft Deutsch, zu den Wahlfächern. Einen speziellen Fall solcher Fremdsprachenkurse bilden jene, die auf die simultane Entwicklung von Lesefertigkeiten in mehr als einer Fremdsprache abzielen, und die bei Romanisten an mehreren Universitäten in Lateinamerika stetig an Bedeutung gewinnen. Dabei geht es um die Erweiterung der Lesestratregien und des Sprachbewusstseins der Lerner bei der Konfrontation mit Lesetexten über für die Studenten bekannten Themen in den Sprachen Französisch, Italienisch und Portugiesisch (im spanischsprachigen Lateinamerika) oder Spanisch (in Brasilien) (López Barrios 2011). Englische Grundkenntnisse zählen ebenfalls zum sprachlichen Vorwissen der Studenten, da elementare Kenntnisse dieser Sprache in den Schulen der Region in der Regel vermittelt werden.

Anstatt der Ausbildung voller Kompetenzen in den einzelnen verwandten romanischen Fremdsprachen geht es bei diesen multilingualen Lesekursen um die Förderung und Entwicklung der Interkomprehension. Nach Möller und Zeevaert (2010: 217) wird diese Teilkompetenz in diesem Beitrag folgendermaßen charakterisiert: „Interkomprehension setzt nicht auf die muttersprachennahe Beherrschung einer Fremdsprache, sondern vielmehr auf einen Erwerb von Kenntnissen in mehreren Sprachen, die von guten Kenntnissen in einer damit verwandten Sprache ausgeht." Interkomprehension in romanischen Sprachen für Sprecher einer dieser verwandten Sprache (z. B. Spanischsprachige, die weitere romanische Sprache lernen) gibt es in westeuropäischen Ländern bereits seit Jahrzehnten[1]. An der Sprachenfakultät der Universität Córdoba, Argentinien, wurde zwischen 2001 und 2007 der Kurs *InterRom* entwickelt, durch den Sprecher des Spanischen eine Leseverstehenskompetenz in Französisch, Italienisch und Portugiesisch entwickeln können (vgl. Carullo / Torre 2009). Im Bereich der germanischen Sprachen wird an der gleichen Institution seit 2008 das Projekt „Interkomprehension in germanischen Sprachen: Entwurf und Durchführung eines Kurses zur simultanen Entwicklung des Leseverstehens in Deutsch, Englisch und Niederländisch für Spanischsprachige" durchgeführt. Vor dem Hintergrund der Erfahrungen mit dem *InterRom*-Projekt und auf der Grundlagen von *EuroComGerm* (Hufeisen / Marx 2007) und von dem Internet-Lehrgang *IGLO*[2] wird ein für Spanischsprecher speziell konzipierter Kurs erstellt, der sich gegenwärtig in der Pilotphase befindet. Eine dritte Quelle bildet das *ICE*-Projekt (Intercompréhension Européenne) (Castagne 2004), in dessen Rahmen Materialien zum Leseverstehen für französischsprachige Lerner erstellt werden, die sich eine germanische Sprache aneignen möchten. Die Zielsetzungen und Adressaten dieser drei Lehrgänge, die in einer anderen Publikation ausführlich dargestellt wurden (López Barrios 2011), unterscheiden sich grundlegend von den in unserem Projekt entworfenen Materialien: *EuroComGemr* und *IGLO* richten sich an Sprecher einer germanischen Sprache, während sich *ICE* an französischsprachige Lerner im europäischen Kontext richtet, der im Gegensatz zu unserem dadurch charakterisiert ist, dass Lernern eine hohe Mobilität in nahe gelegenen deutsch-, englisch- und niederländischsprachigen Ländern möglich ist. Darüber hinaus unterscheiden sich die Materialien darin, ob sie die Zielsprachen simultan oder konsekutiv behandeln: In Anlehnung an *InterRom*, *EuroComGerm* und *ICE* beziehen unsere Materialien die drei Fremdsprachen simultan ein, während *IGLO* die Zielsprachen einzeln, also konsekutiv, behandelt.

Unser Projekt zielt auf die Erstellung eines Lehrgangs zur simultanen Entwicklung von Leseverstehen in den germanischen Sprachen Deutsch und Niederländisch auf der Grundlage elementarer Englischkenntnisse sowie auf die Weiterentwicklung dieser Fertigkeit in Englisch, das für unsere Adressaten als Brückensprache zwischen den zwei ersten Sprachen fungiert. Die Entwick-

---

[1] Vgl. das von mehreren europäischen Universitäten entwickelte Projekt *EurRom4* oder das deutsche Projekt *InterComRom* (Degache 2006, Klein / Stegmann 2000, beide in López Barrios 2011).

[2] http://www.hum.uit.no/a/svenonius/lingua/index.html   (letzter   Aufruf   am 15.04.2013).

lung der Interkomprehension beruht auf einem starken Einsatz datengeleiteter Verstehensprozesse, wobei das gesamte lexikalische und das strategische Wissen der Lerner eine wichtige Rolle spielt. Dazu wenden die Leser Inferenz- und Transferstrategien an, die im Zusammenspiel mit ihrem Weltwissen aktiv an der Sinnkonstruktion der fremdsprachlichen Texte mitwirken. Deshalb sollte der Anteil des inferierbaren und transferierbaren Wortschatzes – der sog. „transparente" Wortschatz – in den Texten groß genug sein, damit dem Leser ein globales Verständnis ermöglicht wird.

Ziel dieses Beitrags ist es, eine lexikalische Analyse einiger deutsch-, englisch- und niederländischsprachiger Texte durchzuführen, die für den beschriebenen multilingualen Lesekurs ausgewählt wurden. Die Ergebnisse dieser Analyse erlauben es, die Schwierigkeitsgrade dieser Texte zu bestimmen. Zudem liefern sie wissenschaftlich abgesicherte Kriterien für die Textsequenzierung und damit für die Konzeption entsprechender Kurse. Darüber hinaus erlaubt die Analyse der *tokens* (Gesamtheit der laufenden Wörter des Textes) und *types* (einzelne Wörter des Textes, die bei mehrmaligem Vorkommen nur einmal berücksichtigt werden) eine Einsicht in die Frequenz und Variation der verschiedenen lexikalischen Einheiten, was eine zusätzliche Hilfe bei der Erstellung von Unterrichtsmaterialien darstellt.

2.   Lesen in verwandten Sprachen

Wie schon erklärt wurde, besteht unser Zielpublikum aus spanischsprachigen erwachsenen Lernern mit einer elementaren Kompetenz in Englisch, wie sie typischerweise an der Schule erworben wird, und keine Vorkenntnisse in Deutsch oder Niederländisch. Der Kurs setzt nicht nur auf bestimmte Kenntnisbereiche (elementare Lexik und grammatische Strukturen) sondern auch auf die frühere(n) (Fremd-)Sprachlernerfahrung(en) der Teilnehmer, die genauso wichtig wie die erwarteten linguistischen Wissensbestände sind. Der durchschnittliche Kursteilnehmer ist ein Philologiestudent oder Studierender anderer Fächer mit einem ausgeprägten Interesse an Fremdsprachen. Die erforderte elementare Kompetenz in Englisch ist eine wichtige Voraussetzung, da diese Sprache als Brückensprache fungiert, die Lernern zu der Erschließung der verwandten Sprachen Deutsch und Niederländisch befähigt.

Die Gesamtheit der Wissensbestände der Leser (Welt- und Sprachwissen sowie das textbezogene Wissen oder *formal schemata*) und die Anwendung von Inferenz- und Transferstrategien ermöglichen die Sinnkonstruktion der fremdsprachlichen Texte. Dabei ist der Anteil des inferierbaren und transferierbaren Wortschatzes der Texte ein wichtiger Faktor, da die Anzahl der identifizierbaren, und somit verständlichen, Wörter eines Textes nach vielen empirischen Untersuchungen bei 95% und mehr liegen sollte, damit der Text verstanden werden kann (Tschirner 2006). Diese Zahlen müssten aber mit weiteren Variablen wie Textsorte und Leseabsicht korreliert werden, damit sie Fremdsprachenlehr und -lernforschern ein genaueres Bild geben können.

Für unsere Zwecke ist die Bestimmung der lexikalischen Zusammensetzung des Textes von großer Bedeutung, wobei die Unterscheidung zwischen *transparenten Wörtern* und *Profilwörtern* wichtig ist. Erstere können auf der Basis von intra- oder interlinguistischen Hinweisen im Wort dekodiert werden (Laufer 1989: 11), z. B. *computer* (E, NL) / *Computer* (D), während letztere „sich weder über die lexikalischen noch über andere Transferpotentiale dekodieren lassen, [weil] für die [...] keine interlingualen Transferbasen vorhanden sind" (Reissner 2007: 119), wie z. B. *Laden* (D), *shop* (E), *winkel* (NL). Es liegt also auf der Hand, dass Texte mit einer höheren Anzahl an transparenten Wörtern leichter verstanden werden sollten als jene, in denen Profilwörter überwiegen.

Darüber hinaus ist die Erkennung von Wortfamilien, also Wörtern mit den gleichen oder ähnlichen Stammmorphemen und der gleichen etymologischen Wurzel (Bußmann 1990), von großer Bedeutung für das Textverstehen (Nation 2006). Wortfamilien, die unter den *tokens* im Korpus vorkommen, sind z. B. *year*, *years* (E), *deutsche*, *deutschen*, *deutscher* (D), *loop*, *loopt* (NL). Für eine elementare Interkomprehension ist es nicht notwendig, dass Lerner die durch die Flexionsmorpheme vermittelte grammatische Information berücksichtigen; wichtiger ist es, dass der Leser eventuelle kontextuelle Hinweise identifiziert, wenn diese grammatische Information für das Verstehen relevant ist. Die Kasusmarkierungen bereiten spanischsprachigen Lernern große Verstehensschwierigkeiten, da solche Markierungen in ihrer L1 nur bei den Pronomina (z. B. *yo*, *me*, *mi*) vorhanden sind. Kasusmarkierungen, die für das Lesen notwendige Informationen liefern, werden auf höheren Stufen der Interkomprehensionsentwicklung thematisiert (vgl. López Barrios 2011).

Des Weiteren spielen das Weltwissen und die Kenntnis der Textsorte bei der Dekodierung von Texten in nicht formal gelernten, aber mit bekannten Sprachen typologisch verwandten Fremdsprachen eine bedeutende Rolle. Die lexikalische Analyse, die in dieser Arbeit vorgenommen wurde, basiert auf einem Korpus bestehend aus Auszügen von Enzyklopädieeinträgen (Biographien, expositorische Texte) und Wetterberichten, wobei die Lerner mit Textsorten konfrontiert werden, die im Alltagsleben oft präsent sind. Die Themen wurden so ausgewählt, dass sie von bekannten Inhalten handeln, wie Persönlichkeiten aus Kultur, Kunst und Wissenschaft, dem Münchner Oktoberfest und Wetterberichten.

3. Die Untersuchung

3.1 Korpus

Das Korpus besteht aus je neun deutsch-, englisch- und niederländischsprachigen Texten, welche drei Themenbereichen angehören. Die Texte zu „Persönlichkeit" (392 Wörter) und „Oktoberfest" (331 Wörter) stammen aus Wikipedia, während die Wetterberichte (368 Wörter) der Internetseite „Wetter-online"[3] entnommen wurden. In allen Fällen wurden die Texte den englisch-, deutsch- und niederländischsprachigen Versionen der genannten Internetportale entnommen. Die ausgewählten Texte wurden einigen Adaptierungen unterzogen, um ihre Verständlichkeit zu erhöhen. So wurden alle Texte zur Optimierung ihrer didaktischen Behandlung verkürzt und die meisten wurden in Hinblick auf ihren syntaktischen und lexikalischen Gehalt leicht vereinfacht. Art und Tiefe der vorgenommenen Adaptierungen können aus folgender Tabelle (Abb. 1) abgelesen werden. Die Plus- und Minuszeichen verdeutlichen die Tiefe der Adaptierungen:

	Verkürzung	Syntaktische Vereinfachung (Unterordnung, Konnektoren)	Lexikalische Vereinfachung
Persönlichkeiten	++	-	-
Wetter	+	+	+
Oktoberfest	+	+	+

Abb. 1: Art und Tiefe der vorgenommenen Adaptierungen.

3.2 Kriterien der type- / token-Bestimmung

Für die Bestimmung der *tokens* wurden folgende Kriterien berücksichtigt: Es gelten als ein einzelnes Wort die Lexeme, die eine graphische Einheit bilden wie *sixteen-day* (E). Dagegen gelten Komposita wie *horse race* (E) als zwei Wörter, genauso wie trennbare Verben wie *findet ... statt* (D) oder *neemt ... toe* (NL). Personen- und Ortsnamen gelten als eine Einheit, obwohl sie aus mehreren Wörtern bestehen.

Als *types* gelten alle Wörter, die in einem Text mindestens 2-mal vorkommen oder jene, die in mehr als einem Text einmal vorkommen. Flektierte Formen (*deutsche, deutschen*) werden jeweils einmal erfasst. Bei Homographen wird zwischen inter- und intralinguistischer Homographie unterschieden. Fälle interlinguistischer Homographie wie *films* (E) / *films* (NL) werden einzeln

---

[3] www.weather.online.uk / www.weeronline.nl / www.wetter.online.de.

erfasst, während bei intralinguistischer Homographie zwischen polysemen Sequenzen, z. B. *on* (E) (temporal, lokal), und Homoformen, z. B. *den* (D): a) bestimmter Artikel (Mask., Sing., Akk.) b) bestimmter Artikel (Fem., Mask., Neutrum, Plural, Dativ); und *op* (NL): a) Präposition b) trennbare Verbpartikel (*loop ... op*), unterschieden wird. Polyseme Sequenzen und Homoformen werden nur einmal erfasst.

4. Die Analyse

In einer früheren Publikation (López Barrios et al. 2011) wurden die neun Texte in Hinblick auf die Verteilung der transparenten Wörter und der Profilwörter untersucht. Die Analyse ergab die höchste Zahl transparenter Wörter in der Textgruppe „Persönlichkeiten", während in den Textgruppen „Wetterbericht" und „Oktoberfest" weniger als die Hälfte der Lexik transparent ist. Die lexikalische Zusammensetzung der Texte ist durch den Texttyp und das Thema bedingt. Die Textgruppe „Persönlichkeiten" enthält eine große Zahl transparenter Wörter wie Berufsbezeichnungen (*Filmregisseur / filmregisseur* D, NL), die Verben *war* (D), *was* (E, NL) sowie Orts-und Zeitangaben. Dagegen enthält die Textgruppe „Wetterbericht" eine große Menge Profilwörter germanischen Ursprungs wie *Bewölkung* (D) oder *bewolking* (NL), *bleibt* (D) oder *blijft* (NL), von denen einige über das Englische erschlossen werden können wie *Schauer* (D – E: *showers*), *scheint* (D) / *schijnt* (NL – E: *shines*) oder *westelijk* (NL) / *westlich* (D – E: *west, western*). Die sprachliche Schwierigkeit wird durch die Präsenz graphischer Mittel gemildert, was das Textverstehen erleichtert. In der Textgruppe „Oktoberfest" werden Personen- und Eigennamen erwähnt und es werden mehrere Zeitangaben gemacht (Jahre, Monate) – alles Elemente, die das Verständnis erleichtern, was die durch die hohe Zahl der germanischen Profilwörter bedingte Schwierigkeit kompensiert. Beispiele dafür sind *Hochzeit* (D) / *bruiloft* (NL), *besucht* (D) / *bezocht* (NL).

Die Tabelle (Abb. 2) zeigt die quantitative Analyse der *types* und *tokens* mit der Angabe der Wörter als transparente Wörter (T) und Profilwörter (P):

	Persönlichkeiten		Wetter		Oktoberfest	
T / P	T	P	T	P	T	P
Lexeme	174	98	91	112	111	120
%	64%	36%	45%	55%	48%	52%

Abb. 2: Verteilung transparenter Wörter / Profilwörter.

Die folgenden Tabellen (Abb. 3a, b) zeigen die frequentesten Wörter im Korpus. Tabelle a) zeigt die Wörter, die mindestens 10-mal erscheinen, und Tabelle b) verzeichnet jene, die zwischen 5- und 9-mal vorkommen. Die farbliche Unterlegung deutet auf die drei Sprachen hin: Englisch (weiß), Deutsch (hellgrau), Niederländisch (dunkelgrau):

a) 10 und mehr Erscheinungen

Rang	Lexem	*tokens*
1.	of	25
2.	the	22
3.	de	19
4.	and	18
5.	und	15
	en	
6.	in (alle Bedeutungen)	14
	het	
7.	a	12
	van	
8.	in (alle Bedeutungen)	11
	der (alle Formen)	
9.	een	10

b) 5 bis 9 Erscheinungen

Rang	Lexem	*tokens*
1.	ein	8
	in (alle Bedeutungen)	
2.	die	7
	im	
3.	with	6
	es	
	Oktoberfest	
4.	an	5
	as	
	his	
	is	
	most	
	to (alle Bedeutungen)	
	war	
	als (alle Bedeutungen)	

Abb. 3: Wortfrequenz.

Bezüglich des Worttyps werden hier die Lexeme in funktionale und lexikalische Wörter eingeteilt. Funktionale Wörter verschiedener Art sind in der Mehrheit in den drei Sprachen: Artikel, Präpositionen, Konjunktionen, Pronomina und Hilfsverben. Nur ein lexikalisches Wort, *Oktoberfest*, befand sich unter den häufigsten Wörtern im Korpus.

5. Diskussion

Diese Ergebnisse decken sich mit der Hypothese von Castagne (2005), der den Schwierigkeitsgrad der Wörter in der Interkomprehension nach dem Kriterium der Wortlänge einstuft. Kurze Wörter sind weniger transparent und zahlreicher, während lange Wörter weniger zahlreich, aber leichter erschließbar sind. Funktionale Wörter gehören typischerweise zu den kurzen Wörtern (z. B. D *der,* E *the,* N *het,*) und erscheinen sehr oft im Korpus, während einsilbige lexikalische Wörter wie D *auch,* NL *droog* weniger als 5-mal vorkommen. Bei langen, d. h. mehrsilbigen, Sequenzen handelt es sich vor allem um lexikalische Wörter, im Deutschen und Niederländischen besonders um Komposita wie *Höchsttemperaturen* (D), *wolkenvelden* (NL), was in vielen Fällen zu ihrer Transparenz beiträgt, insbesondere wenn Lerner ihre Dekodierungstechnik herausfinden.

6.   Ausblick: Pädagogische Implikationen

Die durchgeführte Untersuchung hat einige wichtige pädagogische Implikationen für die Erstellung von Material für mehrsprachige Lesekurse. Die Analyse bietet eine Einsicht in die Frequenz der verschiedenen lexikalischen Einheiten, was eine zusätzliche Hilfe sowohl bei der Kursplanung wie auch für die Lehrmaterialentwicklung darstellt und einen Beitrag zur Bestimmung des Schwierigkeitsgrades dieser Texte leistet. Ein bedeutendes Ergebnis der Analyse bezieht sich auf die zu vermittelnden Worttypen: Funktionale Wörter sollten wegen ihrer Frequenz ein fester Bestandteil von Interkomprehensionsunterricht sein.

   Als weniger aufschlussreich erwiesen sich die Ergebnisse bezüglich der Inhaltswörter. Dies mag daran liegen, dass das Korpus sehr reduziert war, und daran, dass die gewählten Themenbereiche lexikalische Wörter enthalten, die sehr spezifisch sind für die analysierten Textsorten, z. B. *Oktoberfest,* das einzige Inhaltswort, das mehr als 5-mal im Korpus vorkam, und das somit bestimmt nicht als häufiges Wort in einer der drei Zielsprachen berücksichtigt werden kann. Eine ähnliche Beobachtung bezüglich der thematischen Ausrichtung der Texte gilt für Inhaltswörter wie *rain* (E) oder *schrijver* (NL), die weniger als 5-mal vorkamen. Insgesamt und trotz dieser Einschränkungen erweist sich die lexikalische Analyse als geeignetes Mittel, um wissenschaftlich abgesicherte Kriterien der Textsequenzierung und der Auswahl zu gewährleisten.

Literaturverzeichnis

Bußmann, Hadumod (1990), *Lexikon der Sprachwissenschaft.* Zweite, völlig neu bearbeitete Auflage. Stuttgart: Kröner.

Carullo, Ana María / María Luisa Torre (2009), „InterRom: un dispositivo didáctico para la intercomprensión en lenguas romances". In: *Synergies Chili* 5, 71-89.

Castagne, Eric (2004), „Inférences sémantiques et construction de la compréhension en langues étrangères européennes". In: Castagne, Eric (Hg.): *Intercompréhension et inférences. Intercomprehension and inferences. Actes du Colloque EuroSem, Reims 2003.* Reims: Presses Univ. de Reims, 91-115.

Castagne, Eric (2005), „Le programme ‚Inter Compréhension Européenne' (ICE) ou comment utiliser la linguistique contrastive pour mieux se comprendre en Europe". In: Schmitt, Christian / Wotjak, Barbara (Hgg): *Beiträge zum romanisch-deutschen und innerromanischen Sprachvergleich. Akten der gleichnamigen internationalen Arbeitstagung (Leipzig, 4.10. – 6.10.2003), Band 1.* Bonn: Romanistischer Verlag, 13-36.

Hufeisen, Britta / Marx, Nicole (Hgg.) (2007), *EuroComGerm – Die sieben Siebe: Germanische Sprachen lesen lernen.* Aachen: Shaker.

Laufer, Batia (1989), „ A factor of difficulty in vocabulary learning: deceptive transparency" . In: *AILA Review* 6, 10-20.

López Barrios, Mario (2011), „Descubriendo un mundo de similitudes y diferencias: intercomprensión en lenguas germánicas para hispanohablantes". In: *Lingüística en el Aula* 10, 9-20.

López Barrios, Mario / San Martín, Gimena / Trovarelli, Sandra / van Muylem, Micaela (2011), „Transparencias y opacidades léxicas en la intercomprensión en lenguas germánicas". In: Elisabeth Vigilione et.al. (comp.) *Hacia el plurilingüismo: políticas, didácticas e investigaciones: XIII Jornadas de enseñanza de lenguas extranjeras en el nivel superior.* San Luis (Argentinien): Nueva Editorial Universitaria U.N.S.L. CD ROM.

Möller, Robert / Ludger Zeevaert (2010), „‚Da denke ich spontan an Tafel' – Zur Worterkennung in verwandten germanischen Sprachen". In: *Zeitschrift für Fremdsprachenforschung* 21, 2, 217-248.

Nation, I.S.P. (2006), „How large a vocabulary is needed for reading and listening?" In: *Canadian Modern Language Review*, 63, 1, 59-82.

Reissner, C. (2007), *Die romanische Interkomprehension im pluridisziplinären Spannungsgefüge.* Aachen: Shaker.

Tschirner, Erwin (2006), „Häufigkeitsverteilungen im Deutschen und ihr Einfluss auf den Erwerb des Deutschen als Fremdsprache". In: E. Corina / C. Marello / C. Onesti (Hgg.): *Atti del XII Congresso Internazionale di Lessicografia.* Alessandria: Edizioni dell' Orso, 1277-1288.

Verstehensprozesse beim Lesen in verwandten Sprachen

Valeria Wilke, Universidad Nacional de Córdoba

Einleitung

An der Sprachenfakultät der Universität Córdoba, Argentinien, wird zurzeit ein Forschungsvorhaben für die Erstellung von Lernmaterialien zur Vermittlung der Lesefertigkeit in den germanischen Sprachen Englisch, Deutsch und Niederländisch für spanischsprechende erwachsene Lernende durchgeführt. Das Forschungsteam besteht aus Dozenten und Studenten der Abteilungen Deutsch und Englisch sowie einer Dozentin für Niederländisch am Sprachenzentrum der Fakultät.

Mit dem ersten zweijährigen Forschungsvorhaben wurde im Jahr 2008 angefangen und z. Zt. läuft das dritte Projekt, das ebenso wie die vorigen von der *SeCyT (Secretaría de Ciencia y Técnica)* der Universität finanziell unterstützt wird. In der ersten Phase (2008-2009) haben wir uns zunächst mit theoretischen Fragestellungen beschäftigt und Einheiten für einen Pilotkurs in „Interkomprehension Niveau 1" erstellt, dann wurde in der zweiten Phase (2010-2011) ein zweites Niveau hinzugefügt. Jede Unterrichtsstunde im Pilotkurs wurde von Mitgliedern des Forschungsteams beobachtet und es wurden Informationen zu den Schwierigkeiten der Lernenden mit den Texten, Aufgaben und Übungen gesammelt. Zu Beginn der Kurse wurden Fragebögen zur Ermittlung persönlicher Information von den Lernenden ausgefüllt und am Ende der Kurse dienten andere Fragebögen zur Analyse ihrer Erfahrungen mit den Themen, Texten und Aufgaben. Vor allem die Beobachtungsbögen und die Fragebögen am Ende der Kurse waren sehr nützlich, um Texte und dazugehörige Aufgaben und Übungen zu überarbeiten. In der dritten Phase (2012-2013) werden die Materialien noch einmal erprobt und revidiert, um zukünftig die Publikation zu ermöglichen.

Bei der Entwicklung der Materialien wurde stets der Frage nachgegangen, wie den Lernenden das Leseverstehen erleichtert und welche Hilfen ihnen gegeben werden können, um den Lernprozess zu optimieren. Die Antworten auf diese Fragen hatten eine leitende Funktion bei den Änderungen und Adaptierungen der Materialien. Es wurde beispielsweise nach Kriterien für die Auswahl der Texte zwecks Erstellung der Materialien gefragt, ebenso wie nach Kriterien für die Festlegung der Progression und die Ermittlung des Schwierigkeitsgrades der Texte (Wilke et al. 2010). Ebenfalls beschäftigte sich das Forschungsteam mit Fragestellungen zur Rolle von nicht transparenten lexikalischen Elementen (López Barrios et al. 2011 und Villanueva et al. 2011) und zur Sequenzierung der die Texte begleitenden Aufgaben (López Barrios / Helale 2010).

Im vorliegenden Beitrag wird zuerst auf wichtige Vorläufer unseres Forschungsvorhabens eingegangen, wie EuroCom und InterRom. Dann befasse ich mich mit wesentlichen Begriffen in Verbindung mit dem Ansatz der Interkomprehension, wie Teilkompetenzen und Transfer. Danach werden Verstehensprozesse in der kognitiven Psychologie und ihre Bedeutung für den Leseprozess behandelt. Auf sogenannte absteigende oder *Top-down*-Prozesse wird gesondert eingegangen, weil die Förderung dieser Prozesse beim Leseverstehen in der Fremdsprache eine besondere Rolle spielt. Es werden außerdem methodische Aspekte der Projektdurchführung behandelt. Zuletzt wird kurz die Frage diskutiert, ob die erstellten Materialien für die Vermittlung der Interkomprehension im Sekundarschulbereich, also mit Jugendlichen, geeignet sein könnten.

Vorläufer des Projekts

Die ersten Forschungsprojekte zur Interkomprehension sind in den 90er Jahren in Europa entstanden, mit dem Ziel, der vom Europarat propagierten Mehrsprachigkeit gerecht zu werden. Alle Projekte werden durch das gemeinsame Merkmal charakterisiert, mehrere verwandte Sprachen simultan kontrastiv zu vermitteln, vor allem durch die Entwicklung von rezeptiven Kenntnissen in den Kompetenzen Lese- oder Hörverstehen unter der Voraussetzung von Vorkenntnissen in einer bestimmten Sprache, die als sogenannte „Brückensprache" fungiert. In den romanischen Sprachen wurde schon viel Erfahrung mit Interkomprehension gesammelt, denn die in den 90er Jahren in Europa entstandenen Projekte *EuroComRom*, *EuroRom4*, *Galatea* und *Galanet* trugen zu einem großen Teil zur Entwicklung des Ansatzes bei. Die positiven Erfahrungen mit der Forschung in Interkomprehension in romanischen Sprachen führten dazu, dass auch Projekte für die germanischen Sprachen wie *EuroComGerm*, *ICE*, *IGLO y SIGURD* entwickelt wurden.

In Anlehnung an die europäischen Projekte mit romanischen Sprachen wird seit 2000 an der Sprachenfakultät der Nationaluniversität Córdoba das Projekt InterRom durchgeführt, dessen Ziel die Aufzeichnung, Beschreibung und Klassifizierung der von erwachsenen spanischsprechenden Lernern beim Lesen von Texten auf Französisch, Italienisch und Portugiesisch eingesetzten Strategien ist (Carullo de Díaz et al. 2002, 2003, 2010; Carullo de Díaz/Torre 2005). Im Rahmen dieses Projekts werden seit 2012 an einer staatlichen Sekundarschule in Córdoba mit Erfolg Pilotkurse in Interkomprehension in den romanischen Sprachen Französisch, Italienisch und Portugiesisch gegeben werden.

In allen Projekten zur Entwicklung der Kompetenz der Interkomprehension werden bei den Adressaten Vorkenntnisse in einer bestimmten Sprache vorausgesetzt, die als Brückensprache fungiert und Mutter- oder Fremdsprache sein kann. In den EuroCom-Projekten (*EuroComRom*, *EuroComGerm* und *Euro-ComSlav*) z. B. haben die Lerner eine germanische Muttersprache und besitzen Vorkenntnisse in Französisch (im Falle von *EuroComRom*), in Englisch (wie bei *EuroComGerm*) oder in Russisch (bei *EuroComSlav*).

Das oben erwähnte Projekt *EuroComGerm* (Hufeisen / Marx 2007) ist, wie bereits gesagt, Teil des Programms von *EuroCom* und hat zum Ziel, die Entwicklung der Interkomprehension bei Lernern mit germanischer Muttersprache und Englischkenntnissen in Gang zu setzen. Unser Projekt „Interkomprehension in germanischen Sprachen für spanischsprechende Lerner" unterscheidet sich von *EuroComGerm* dadurch, dass unsere Lerner Spanisch als Muttersprache und Englisch als erste Fremdsprache gelernt haben. Bei der Entwicklung von Lehrmaterialien und Planung und Durchführung von Pilotkursen hat dies direkte Auswirkungen auf Aspekte wie Länge und Schwierigkeitsgrad der Texte, Progression der Lehrmaterialien, Aktivitätentypen u. a. Auch eine geeignete Aktivierung des vorhandenen Vorwissen bezüglich Textinhalt, Textsorte und Textfunktion spielt eine sehr wichtige Rolle für das interkomprehensive Lesen unserer Lerner, wenn man außerdem mitbedenkt, dass sie diese Kompetenz in einem zielsprachenfernen Land erwerben. In diesem Beitrag wird deswegen auf die besondere Rolle des Vorwissens für das interkomprehensive Lese eingegangen.

Einige wichtige Begriffe: Teilkompetenzen, Interkomprehension und Transfer

In traditionellen Ansätzen zum Fremdsprachenlernen wurde stets eine maximalistische Forderung vertreten, welcher der Muttersprachler als Vorbild diente. Es galt, das Niveau eines Quasi-Muttersprachlers in den vier Kompetenzen Schreiben, Lesen, Sprechen und Hören zu erreichen. Diese Auffassung hat sich im Laufe der letzten Jahrzehnte zugunsten des Begriffs der partiellen sprachlichen Kompetenz gewandelt, auf den auch der Gemeinsame Europäische Referenzrahmen (2001: 14) eingeht: Das sind „Teilqualifikationen, die ausreichen, wenn nur eine begrenzte Kenntnis der Sprache gefordert wird (z. B. das Verstehen einer Sprache, nicht aber das Sprechen) oder nur eine begrenzte Zeit zur Verfügung steht, um eine dritte oder vierte Sprache zu lernen". Diese Definition stellt den Grundstein für den Ansatz der Interkomprehension dar. Die Überzeugung, dass es möglich und sinnvoll ist, das Lernziel den Bedürfnissen und Interessen der Lerner anzupassen, diente als Anregung, um uns in unserem Projekt mit der Teilkompetenz des Leseverstehens in verwandten germanischen Sprachen zu beschäftigen.

Möller & Zeevaert (2010: 218) definieren Interkomprehension als „das Leseverstehen von Texten bzw. das Erarbeiten von Textverständnis in einer nicht aktiv gelernten Sprache auf der Basis von [...] Kenntnissen mindestens einer Sprache derselben Sprachfamilie". Dabei wird das Hörverstehen, wie in den Definitionen anderer Autoren (z. B. Meißner 2004), nicht miteinbezogen, denn Verstehensprozesse für das Lesen und Hören geschehen unter sehr unterschiedlichen Bedingungen. Die Fremdsprache(n), in der/denen man die Fertigkeit Lesen entwickelt, wurde(n) vorher nicht systematisch gelernt. Man hat aber mehr oder weniger gute Fremdsprachenkenntnisse in einer verwandten Sprache erworben, die als „Brückensprache" bezeichnet wird.

Der Interkomprehensionsansatz basiert auf konstruktivistischen Lerntheorien: Lerner konstruieren ihr eigenes Wissen, indem sie von dem ausgehen, was sie schon können und sich dieses Wissen als Antwort auf ein zu lösendes Problem zunutze machen (Meißner 2004, 2005, Carullo/Torre 2007), weil eine weitere Fremdsprache methodisch anders als eine zuvor gelernte Sprache gelernt und vermittelt wird (Meißner/Senger 2001). Das heißt, dass neue Information in vorhandene Wissensbestände aufgenommen und dann verarbeitet wird. Der Schlüsselbegriff dieser Verarbeitung ist die „Transferforderung" (ebd.). Das Konzept von Transfer wurde von Selinker (1969) entwickelt und von der Interkomprehensiondidaktik wieder aufgegriffen, wobei in diesem neuen Kontext vor allem auf seine positiven Leistungen Wert gelegt wurde. Meißner (2005:84) bezeichnet die Interkomprehensionsdidaktik sogar als eine „Transferdidaktik", denn der alte Transferbegriff wurde in diesem neuen Kontext differenziert und erweitert. Demzufolge aktivieren die Lerner beim Lesen ihre Vorkenntnisse in ihnen schon bekannten Sprachen, womit in unserem Fall vor allem die Muttersprache Spanisch und die erste Fremdsprache Englisch gemeint ist, aber selbstverständlich auch Vorkenntnisse in anderen Fremdsprachen.

Auf der Grundlage des Transferbegriffs wurde mit EuroCom eine Lernmethode entwickelt, die darin besteht, sieben Transfertechniken anzuwenden, die als „Siebe" bezeichnet werden (Klein/Stegmann 2000, auch Hufeisen/Marx 2007). Die „sieben Siebe" stellen eine Metapher für folgende Transferbasen dar:

1. Internationalismen und pangermanischer Wortschatz;
2. Funktionswörter;

3. Laut- und Graphementsprechungen;
4. Graphem-Phonem-Korrespondenzen;
5. syntaktische Strukturen;
6. morphosyntaktische Elemente und
7. Prä- und Suffixe.

Ferner existieren für jede Sprache die sogenannten „Profilelemente" (Klein / Stegmann 2000), die nichts anderes sind als die lexikalischen Elemente und Strukturen, die es nur in einer Sprache gibt und die sich dem Transfer entziehen.

Wichtig ist jedoch zu erklären, dass die „sieben Siebe" rein linguistischer Natur sind. Da das Leseverstehen aber nicht nur auf linguistischen Kenntnissen gründet, wird im nächsten Teil der Arbeit auf die Rolle schon vorhandenen Wissens über Textinhalt, Textsorte und Funktion von Texten für das interkomprehensive Lesen eingegangen.

Verstehensprozesse beim interkomprehensiven Lesen

Nachdem in diesem Beitrag die wichtigsten Begriffe in Bezug auf Interkomprehension erklärt wurden, widmet sich der nächste Teil den kognitiven Verstehensprozessen, die beim Lesen eine Rolle spielen. Seit den 80er Jahren wird ein interaktives Modell des Leseprozesses vertreten, das besagt, dass Textverstehen als ein Zusammenspiel von *Top-down-*, absteigenden oder wissensgeleiteten Prozessen, und *Bottom-up-*, aufsteigenden oder datengeleiteten Prozessen, zu begreifen ist. Mit *Bottom-up-*Prozessen ist bei der Sprachverarbeitung „das Erkennen sprachlicher Stimuli, d. h. phonologisch-prosodischer oder grafischer, lexikalischer und morpho-syntaktischer Signale" gemeint (Biechele 2010a: 33). Dagegen bezieht sich die *Top-down-*Verarbeitung auf Prozesse der Hypothesenbildung, d. h. auf „gespeicherte mentale Wissensstrukturen, die die Auswahl, Organisation und Interpretation von verschiedenen sensorischen Informationen leiten" (Biechele 2010b: 342).

Die Leseforschung geht von unterschiedlichen Verarbeitungsebenen aus, die von der Worterkennung über die syntaktische Analyse zur semantischen Verarbeitung des Textinhalts reichen. Diese letzte, höhere Ebene zeigt die Interaktion der Ergebnisse der Dekodierprozesse mit inhaltlichem Vorwissen. Bei schwachen Lesenden verlangen Worterkennung und syntaktische Verarbeitung Zeit, die dann der semantischen Verarbeitung fehlt. Eine häufige Strategie besteht deshalb darin, dass man sich auf das Inferieren verlässt oder Textteile übergeht, was bei Vertrautheit mit dem Textinhalt erfolgreich sein kann (Lutjeharms 2010: 979).

Textlesen ist also ein äußerst komplexer Prozess, der nicht nur in der Dekodierung einzelner Buchstaben und Wörter besteht, sondern auch Wissensbestände miteinbezieht und satzübergreifend verläuft. Für Lutjeharms (2004: 77ff.) entsteht Textverständnis aus einer Interaktion der Ergebnisse der Dekodierprozesse mit inhaltlichem Vorwissen. Dieses inhaltliche Vorwissen muss beim Sprachverstehen immer eingesetzt werden, denn es unterstützt das Antizipieren und ermöglicht das Einordnen von Informationen. Schemawissen zum Thema ist eine Vorbedingung für das inhaltlich bedingte Inferieren während des Lesens, das Texte erst zusammenhängend macht, denn in sprachlichen Äußerungen ist vieles impliziert. Vorwissen über Textsorten, Textmuster und über die Funktion eines Textes wird bei der semantischen Analyse ebenfalls eingesetzt. Alle diese Arten von Vorwissen lösen eine Erwartungshaltung aus, die auch die Dekodierung unterstützt. Bei Kenntnislücken auf der Dekodierebene fördern alle diese Arten von Vorwissen die bewusste Bedeutungssuche.

Diese Befunde beziehen sich auf die Leseforschung in der Muttersprache. Wenn man sie auf die Rezeption fremdsprachlicher Texte durch den Lerner überträgt, stellt man fest, dass wegen ihrer noch nicht voll ausgebauten Sprachkompetenz das Dekodieren der sprachlichen Daten und somit die aufsteigenden Prozesse Schwierigkeiten bereiten. Umso mehr sollten dann die absteigenden Prozesse genutzt werden.

Interkomprehensives Lesen ist noch komplexer als Lesen in einer einzigen Fremdsprache, weil es um die Verarbeitung von mehreren Sprachen gleichzeitig geht. Wie können absteigende Prozesse optimal genutzt werden? Zur Aktivierung des passenden Vorwissens sind Überschriften, geeignete Bildmaterialien, vorangestellte Zusammenfassungen u. Ä. sehr nützlich. Die Lerner sollen Hypothesen zum Inhalt der Texte aufstellen und inhaltliches Wissen aktivieren. Falls dieses nicht vorhanden ist, sollte es vermittelt werden. Denn „fehlendes inhaltliches Vorwissen kann trotz korrekter Dekodierung zu Fehlbedeutungen führen" (Lutjeharms 2010: 979). Ferner kann inhaltliches Wissen „den Einsatz von Vorwissen auf der Dekodierebene unterstützen" (Lutjeharms 2004: 76).

Methodische Aspekte der Projektdurchführung

Die im ersten Teil dieses Beitrags ausgeführten Konzepte aus der Tertiärsprachendidaktik und Erkenntnisse aus der Leseforschung lieferten den theoretischen Rahmen für die Erstellung der ersten Einheiten für die Vermittlung der simultanen Lesekompetenz in Englisch, Deutsch und Niederländisch. Man einigte sich zuerst auf die Verwendung authentischer Texte, die aber aus didaktischen Gründen gekürzt oder vereinfacht wurden (Wilke et al. 2010). Jede

Einheit enthält Texte in den drei germanischen Sprachen, die nicht die gleiche Information enthalten, um ein authentisches Interesse für das Lesen zu wecken. Dann wurden die Aktivitätentypen und -sequenzierung bestimmt. Für jede Einheit wurden Aktivitäten folgender Typen entworfen (s. auch López Barrios / Helale 2010):

1. *activar – activate – aktivieren – activeren*;
2. *Lectura global - Global comprehension - Globales Verstehen - Globaal begrijpen*;
3. *Buscar – Search – Suchen – Zoeken*;
4. *Descubrir – Discover – Entdecken – Ontdekken*;
5. *Pensar – Think – Nachdenken – Nadenken*;
6. *Para finalizar – Closure – Zum Schluss – Als afsluiting*.

Im Übungstyp *„activar – activate – aktivieren – activeren"* werden anhand von Bildern, Einführung von Schlüsselwörtern, Fragen u. a. thematische Vorkenntnisse der Lerner aktiviert und Hypothesen zum Inhalt der Texte sowie zu den Merkmalen einer bestimmten Textsorte aufgebaut, um absteigende Prozesse zu begünstigen. Ein Beispiel dafür ist folgendes: In einer Einheit zum Thema „Wasser sparen"[1] sollen die Lerner die Überschrift eines Ratgebers auf Spanisch lesen, die Textsorte beschreiben und Hypothesen zum Inhalt des Textes formulieren. Mit dem Aufgabentyp *„activar – activate – aktivieren – activeren"* wird auch der in den Texten vorkommende Schlüsselwortschatz in den drei Sprachen im Sinne von Sieb 1 (internationaler und pangermanischer Wortschatz) vorentlastet. Ein Beispiel dafür finden wir in einer Einheit zum Thema „Ostern"[2], in der die Lerner Bilder und die dazu passenden Wörter wie *„Eggs >Eier > Eieren"* und *„Basket>Korb>Korf"* miteinander verbinden sollen.

In den Aufgabentypen *„Lectura global - Global comprehension - Globales Verstehen - Globaal begrijpen"* und *„Buscar – Search – Suchen – Zoeken"* geht es um Leseverstehensaufgaben. Es hängt von der Textsorte ab, ob Aufgaben zum globalen oder zum selektiven Lesen oder zu beiden Lesestilen gegeben werden, denn die Textsorte bestimmt die Leseintention. Der Aufgabentyp *„Descubrir – Discover – Entdecken – Ontdekken"* hat zum Ziel, dass die Lerner Ähnlichkeiten und Regularitäten zwischen den drei Zielsprachen entdecken, damit sie im Anschluss dazu eine Regel formulieren können. Vor allem in den Aktivitäten dieses Typs werden die Sieben Siebe angewandt.

---

[1] Dieses Aufgabenbeispiel gehört der Einheit *„Uso racional del agua"* an und wurde im Rahmen des Forschungsvorhabens „Interkomprehension in germanischen Sprachen, 2008-2011" entwickelt.

[2] Dieses Aufgabenbeispiel gehört der Einheit *„Happy easter! Frohe Ostern! Vrolijk Pasen!"* an und wurde im Rahmen des Forschungsvorhabens „Interkomprehension in germanischen Sprachen, 2008-2011" entwickelt.

Zum Beispiel müssen die Lerner in einer Einheit über das südamerikanische Land Suriname[3] anhand von Beispielsätzen aus den Texten Ähnlichkeiten in der Präsensbildung in den drei Sprachen herausfinden, wobei die Struktur Subjekt–Verb–Objekt und die Konjugation im Präsens fokussiert werden, was Sieben 5 und 6 entspricht.

Beim Aufgabentyp „*Pensar – Think – Nachdenken – Nadenken*" werden die Lerner zur Reflexion über das Gelernte angeregt. Beispielsweise sollen sie in der Einheit „*Weather – Wetter – Weer*[4]" Wörter bezüglich ihrer Ähnlichkeit in Graphie und Aussprache vergleichen und darüber nachdenken, welche Hinweise ihnen dabei geholfen haben, diese Wörter zu verstehen und zu vergleichen. Es geht dabei um Wortschatz aus den Bereichen „Tageszeiten", „Tage der Woche" u. a., der typischerweise in Wettervorhersagen vorkommt und viele Ähnlichkeiten im Sinne von Sieb 1 (Internationalismen und pangermanischer Wortschatz) aufweist.

Als letzter Aufgabentyp in unserer Sequenzierung schlagen wir „*Para finalizar – Closure – Zum Schluss – Als afsluiting*" vor. Hierbei handelt es sich um inhaltliche Aspekte der Texte, z. B. sollen die Lerner in der erwähnten Einheit über Suriname darüber nachdenken, was sie in dieser Einheit über das Land und die Stellung des Niederländischen in Südamerika gelernt haben.

Die erstellten Materialien wurden zwischen 2009 und 2011 insgesamt viermal in dreimonatigen Pilotkursen erprobt: Alle Kurse waren an Lerner mit L1 Spanisch und Schulkenntnissen des Englischen gerichtet. Die Texte wurden auch aufgenommen und im Unterricht von den Lernern gehört, um den Transfer der Siebe 3 (Laut- und Graphementsprechungen) und 4 (Graphem-Phonem-Korrespondenzen) zu ermöglichen. Die Ergebnisse der ersten Erprobung der Materialien waren sehr positiv, denn die Mehrheit der Lerner war der Meinung, dass es möglich sei, in drei verwandten Fremdsprachen lesen zu lernen (Lauría et al. 2012). Ebenfalls das Aufgabenformat, die Typologie und die dazu gehörigen Anweisungen fanden sie adäquat.

Nach der lehrreichen Erfahrung mit dem ersten Pilotkurs wurden Materialien für ein zweites Niveau erstellt, wobei die von den Lernern in den Fragebögen vorgeschlagenen Themen berücksichtigt wurden. Ein Beispiel dafür ist die Erstellung einer Einheit über die Geschichte der Niederlande, denn die

---

[3] Suriname hat Niederländisch als offizielle Sprache. Dieses Aufgabenbeispiel gehört der Einheit „*Países donde se habla alemán, inglés y neerlandés*" an und wurde im Rahmen des Forschungsvorhabens „Interkomprehension in germanischen Sprachen 2012-2013" entwickelt.

[4] Dieses Aufgabenbeispiel gehört der Einheit „*Weather, Wetter, Weer*" an und wurde im Rahmen des Forschungsvorhabens „Interkomprehension in germanischen Sprachen, 2008-2011" entwickelt.

Lerner wünschten sich mehr Information über Geschichte und Kultur dieses Landes, da es in den Texten bis zu diesem Zeitpunkt nicht ausreichend beachtet worden war. Die Lernerfragebögen nach dem 2. Niveau hatten zum Ziel, Schwierigkeitsgrad der Texte und Gründe für Verstehensschwierigkeiten zu ermitteln: Die Lerner waren der Meinung, dass diese an erster Stelle von den nicht mehr über Sieb 1 inferierbaren Wörtern verursacht wurden und als Lösung dafür schlugen sie die Einführung eines Glossars mit Schlüsselwörtern vor. Diese Idee wurde später bei Texten mit Interkomprehensionsgrad 2 berücksichtigt. Die Unterscheidung in Interkomprehensionsgrad 1 und 2 geht auf Reissner (2007: 145-156) zurück: Texte mit Interkomprehensionsgrad 1 werden durch das höchste Maß an Transparenz charakterisiert. In Texten mit Interkomprehensionsgrad 2 ist die Anzahl der transparenten Elemente nicht so hoch und die Ähnlichkeiten zwischen den Sprachen müssen vor allem über die Anwendung von Sieb 3 erschlossen werden. Außerdem sind diese Texte durch die Präsenz von einer höheren Anzahl an Profilelementen gekennzeichnet.

Ausblick

Unsere Erfahrung in den Pilotkursen hat immer wieder gezeigt, dass es möglich ist, in relativ kurzer Zeit in Sprachen lesen zu lernen, die mit einer bestimmten bekannten Fremdsprache verwandt sind. Das konnte in unserem Forschungsprojekt mit Lernerfragebögen und Tests am Ende der Pilotkurse bestätigt werden. Voraussetzung dafür ist, dass die nötigen Transferstrategien aktiviert werden, was wir mit dem im Rahmen des Projekts erstellten Lehrmaterial verfolgen.

Unser Projekt hat sich bis jetzt an erwachsene Gruppen an der Universität gerichtet. Das kann sich in Zukunft ändern, denn in Argentinien wird Englisch als 1. Fremdsprache an allen Schulen unterrichtet und die Einführung weiterer Fremdsprachen ist laut Gesetz möglich und willkommen, weil Mehrsprachigkeit zu den Zielen der Schulbildung zählt. Ein Beispiel dafür ist das Angebot des Forschungsprojekts InterRom an einer staatlichen Sekundarschule in Córdoba, das bereits erwähnt wurde. Somit ist es möglich, Deutsch im Sekundarschulbereich (ab 7. Klasse) an Schulen mit Fachorientierung in Sprachen anzubieten. Dennoch ist das Ziel, alle vier Fertigkeiten zu entwickeln, zu anspruchsvoll, da es sich ggfs. um ein oder höchstens zwei Jahre bei Klassen mit über dreißig Schülern handeln würde. Ein interkomprehensiver Zugang, der nicht auf die gleichrangige Entwicklung aller vier Fertigkeiten abzielt, ist eine gute Möglichkeit, Deutsch und evtl. auch Niederländisch im Sekundarschulbereich zu vermitteln.

Da unsere Materialien sich bis jetzt an erwachsenen Lernern orientiert haben, wird hier noch kurz die Frage diskutiert, ob diese auch für den Interkomprehensionsunterricht in der Oberstufe der Sekundarschule (mit Jugendlichen im Alter von 15-18 Jahren) in Argentinien geeignet wären. Folgende Voraussetzungen sind bereits gegeben: Jugendliche in diesem Alter sind kognitiv in der gleichen Lage wie Erwachsene, Probleme zu lösen; außerdem wird Englisch in Argentinien an allen Schulen als erste Fremdsprache angeboten; mit Sicherheit besitzen sie also (mindestens) Grundkenntnisse in dieser Sprache. Jedoch kann man bei ihnen nicht das gleiche inhaltliche Vorwissen bzw. Textsortenwissen wie bei Erwachsenen voraussetzen und man sollte deswegen für die Jugendlichen ansprechende Texte und Themen wählen, mit denen sie umgehen können, damit sie sich nicht überfordert fühlen. Denn man weiß heutzutage, dass das menschliche Gehirn in der Pubertät noch nicht vollständig entwickelt ist, und dass während der Jugendphase noch bedeutende Reifungsprozesse im Gehirn stattfinden (Lauría de Gentile/Leiguarda de Orué 2012). Aus diesem Grund können Jugendliche nicht für lange Zeit aufmerksam sein und lassen sich, im Vergleich zu Erwachsenen, relativ schnell ablenken. Ferner zeigt die Erfahrung im Unterricht mit Jugendlichen, dass sie sich relativ schnell langweilen. Das hängt damit zusammen, dass sie viele Inhalte als irrelevant und bedeutungslos ansehen. Das kann man lösen, indem man Themen wählt, in denen sie sich auskennen und bei denen sie ihre Vorkenntnisse zur Problemlösung einsetzen können.

Außerdem, wie bereits ausgeführt wurde, erhöhen sich bei mangelnden inhaltlichen Vorkenntnissen die Schwierigkeiten, einen Text als Ganzes zu verstehen. Selbstverständlich sind inhaltliche Vorkenntnisse individuell und auf jeden Fall altersbedingt und von der Kultur eines Landes abhängig. Trotzdem gibt es sicher Adressatengruppen, bei denen man bestimmtes inhaltliches Vorwissen und Kenntnisse über Textsorten vermuten kann. Wenn das Forschungsteam Kurse für die Entwicklung der Kompetenz der Interkomprehension in der Oberstufe der Sekundarschule in Argentinien anbieten wollte, dann müssten neue Texte gesucht werden, die den Interessen der Jugendlichen entsprechen und ihr mögliches Vorwissen berücksichtigen. Ein Überblick über Lehrwerke für Jugendliche zeigt, dass immer wiederkehrende Themen Mode, Sport, Essen und Trinken, Freizeit, Schulfächer und Familie u. a. sind. Mit großer Wahrscheinlichkeit würden sich außerdem für Jugendliche Themen wie Computer, Internet und Handys hervorragend eignen, womit man sie interessieren und motivieren könnte und in denen sie sich sicher besser als die Lehrenden selbst auskennen. Aber nicht nur eine geeignete Auswahl an Themen und Texten garantiert den Erfolg des Fremdsprachenunterrichts mit Jugendlichen: Auch eine altersgerechte Unterrichtsmethode, die z. B. durch die Anwendung von unterschiedlichen Sozialformen und den Einsatz von Spielen und Bewegung gekennzeichnet ist, trägt dazu bei, den Unterricht mit Jugendlichen altersgemäß zu gestalten

Die Erfahrung mit interkomprehensivem Lesen kann Jugendliche dazu bringen, Gemeinsamkeiten zwischen verwandten Sprachen zu entdecken, was gleichzeitig den interdisziplinären Wissenstransfer im Allgemeinen fördert. Ihre Sprachlernbiografie kann auf diese Weise nachhaltig positiv beeinflusst werden: Denn durch spielendes Entdecken wird das Interesse für andere Sprachen geweckt, die Angst vor Fremdsprachen im Allgemeinen genommen und den Lernern beigebracht, Kenntnisse aus verschiedenen Bereichen zu nutzen und miteinander zu verbinden.

Literaturverzeichnis

Biechele, Barbara (2010a), „Bottom up". In: Barkowski, Hans / Krumm, Hans-Jürgen (Hgg.): *Fachlexikon Deutsch als Fremd- und Zweitsprache*. Tübingen, Basel: Francke, 33.

Biechele, Barbara (2010b), „Top down". In: Barkowski, Hans / Krumm, Hans-Jürgen (Hgg.): *Fachlexikon Deutsch als Fremd- und Zweitsprache*. Tübingen, Basel: Francke, 342.

Carullo de Díaz, A. M. et al. (2002), „Inter-Rom: Un proyecto para el desarrollo simultáneo de la comprensión lectora entre lenguas romances". In: *Actas del IX Congreso de la Sociedad Argentina de Lingüística*. Córdoba: Centro de Investigaciones Lingüísticas, Facultad de Lenguas, UNC. CD-ROM.

Carullo de Díaz, Ana María et al. (2003), „Lenguas Romances: Hacia el desarrollo de una competencia lectora multilingüe". In: *Lingüística en el aula* 7, 9-14.

Carullo de Díaz, Ana María / Torre, María Luisa (2005), „Intercomprensión en lenguas romances: El resumen como instrumento de evaluación de la comprensión lectora". In: *Bitácora* 12, 17-41.

Carullo, Ana María / Torre, María Luisa (2007), „Desarrollo de estrategias de comprensión lectora plurilingüe en instancia presencial". In: *Bitácora* 14, 15-40.

Carullo de Díaz, Ana María / Marchiaro, Silvana / Pérez, Ana Cecilia (2010), „Estrategias cognitivas y metacognitivas en hispanohablantes debutantes en lectura intercomprensiva en lenguas romances". In: Doyé, Peter / Meißner, Franz-Joseph (Hgg.): *Lernerautonomie durch Interkomprehension – promoting learner autonomy through intercomprehension – l'autonomisation de l'apprenant par l'intercompréhension*. Tübingen: Narr, 237-249.

Goethe Institut Inter Nationes et al. (Hgg.) (2001), *Gemeinsamer europäischer Referenzrahmen für Sprachen: lernen, lehren, beurteilen*. Berlin u. a.: Langenscheidt.

Hufeisen, Britta / Marx, Nicole (2007) (Hgg.), *EuroComGerm – Die sieben Siebe. Germanische Sprachen lesen lernen*. Aachen: Shaker Verlag.

Klein, Horst / Stegmann, Tilbert (2000), *EuroComRom – Die sieben Siebe: Romanische Sprachen sofort lesen können*. Aachen: Shaker.

Lauría de Gentile, Patricia et al. (2012), „La fase piloto del proceso de diseño de materiales para el desarrollo de la competencia receptiva multilingüe". In: Bianchetti, Liliana / Gastaldi, María del Valle (Hgg.): *II Jornadas de Lenguas Extranjeras: Lenguas Extranjeras y Educación*. Santa Fe: Ediciones UNL. CD-Rom.

Lauría de Gentile, Patricia / Leiguarda de Orué, Ana María (2012), „Getting teens to really work in class". In: *English Teaching Forum* 4, 16-21.

López Barrios, Mario / Helale, Gabriela (2010), „ Developing intercomprehension in English, Dutch and German: a methodological model". In: López Barrios, Mario et al. (Hgg.): *EFL and art: Learning English with all our senses: Selected papers from the XXXV FAAPI conference*. Córdoba: FAAPI. Córdoba. CD-Rom.

López, Barrios, Mario et al. (2011), „Transparencias y opacidades léxicas en intercomprensión en lenguas germánicas". In: Viglione, Elisabeth et al. (Hgg.): *Hacia el plurilingüismo: políticas, didácticas e investigaciones: XIII Jornadas de enseñanza de lenguas extranjeras en el nivel superior*. San Luis: Nueva Editorial Universitaria. CD-Rom.

Lutjeharms, Madeline (2004), „Verarbeitungsebenen beim Lesen in Fremdsprachen". In: Klein, Horst / Ruthke, Dorothea (Hgg.): *Neuere Forschungen zur Europäischen Interkomprehension*. Shaker Verlag, Aachen, 67-82.

Lutjeharms, Madeline (2010), „Vermittlung der Lesefertigkeit". In: Krumm, Hans-Jürgen et al. (Hgg.): *Deutsch als Fremd- und Zweitsprache. Ein internationales Handbuch*. Berlin: De Gruyter, 976-982.

Meißner, Franz-Joseph / Senger, Ulrike (2001), „Vom induktiven zum konstruktiven Lehr- und Lernparadigma. Methodische Folgerungen einer mehrsprachigkeitsdidaktischen Forschung". In: Meißner, Franz-Joseph / Reinfried, Marcus (Hgg.): *Bausteine für einen neokommunikativen Französischunterricht: Lernerzentrierung, Ganzheitlichkeit, Handlungsorientierung, Interkulturalität, Mehrsprachigkeitsdidaktik*. Tübingen: Narr, 21-50.

Meißner, Franz-Joseph (2004), „Transfer und transferieren. Anleitungen zum Interkomprehensionsunterricht". In: Klein, Horst / Ruthke, Dorothea (Hgg.): *Neuere Forschungen zur Europäischen Interkomprehension*. Aachen: Shaker Verlag, 39-66.

Meißner, Franz-Joseph (2005), „Aufgabenbeispiele im Bereich der Interkomprehensionsdidaktik". In: Müller-Hartmann, Andreas / Schocker-v. Ditfurth,
Marita (Hgg.): *Aufgabenorientierung im Fremdsprachenunterricht: Task-
based language learning and teaching : Festschrift für Michael K. Legutke.*
Tübingen: Gunter Narr, 83-98.

Möller, Robert / Zeevaert, Ludger (2010), „Da denke ich spontan an ‚Tafel'":
Zur Worterkennung in verwandten germanischen Sprachen". In: *Zeitschrift
für Fremdsprachenforschung.* 21, 2, 217-248.

Reissner, Christina (2007), *Die europäische Interkomprehension im pluridisziplinären Spannungsgefüge.* Aachen: Schaker Verlag.

Selinker, Larry (1969), „Language transfer". In: *General Linguistics* 9, 67-92.

Villanueva de Debat, Elba / Lauría de Gentile, Patricia / Merzig, Brigitte
(2011), „Vocabulario y lectocomprensión: su relación en cursos de Intercomprensión". In: Viglione, Elisabeth et al. (Hgg.): *Hacia el plurilingüismo: políticas, didácticas e investigaciones: XIII Jornadas de enseñanza de
lenguas extranjeras en el nivel superior.* San Luis: Nueva Editorial Universitaria. CD-Rom.

Wilke, Valeria / Villanueva de Debat, Elba / Helale, Gabriela (2010), „Crite-
rios para la elaboración de material didáctico para el desarrollo de la intercomprensión en lenguas germánicas". In: Ardissone, Diana et al. (Hgg.):
*Formación e investigación en lenguas extranjeras y traducción: Actas de
las Segundas Jornadas Internacionales: Buenos Aires, 2 al 4 de junio.* Buenos Aires: Instituto de Enseñanza Superior en Lenguas Vivas „Juan Ramón
Fernández". CD-Rom, 466-470.

Die Arbeit mit Literatur im DaF-Unterricht am Beispiel von „Eva, Wien", einer Hueber Lese-Novela

Diana Rode, Universidad de Guadalajara

1. Einleitung

Lesen hat im Deutsch als Fremdsprachenunterricht viele Funktionen. Es hat einen emotionalen und ästhetischen Wert und fördert die kommunikative Kompetenz der Lerner[1]. Außerdem werden durch das Lesen sowohl die verbalen als auch die schriftlichen Fähigkeiten geschult und verbessert. Neben diesen sprachlichen Funktionen fördert das Lesen auch die interkulturelle Kompetenz. Der Einsatz und Umgang mit literarischen Texten im Deutsch als Fremdspracheunterricht[2] wird viel diskutiert und der diesbezügliche Forschungsstand ist umfangreich (Ehlers 1992; Ehlers 2010; Westhoff 1997).

Der folgende Beitrag gliedert sich in zwei Teile. Neben einem knappen Abriss der geschichtlichen Entwicklungen beschäftigt sich das erste Kapitel mit der Frage, welche Vorteile es bei dem Einsatz von Literatur im Fremdspracheunterricht[3] gibt und wie sie – und mit welchen Lesestilen und -strategien – als Unterrichtsergänzung eingesetzt werden kann.

Im zweiten Teil wird ein praktisches Beispiel vorgestellt: die Gestaltung des DaF-Unterrichts auf Anfängerniveau unter Einbeziehung der Hueber Lese-Novela[4] „Eva, Wien". Ich habe mich nach Absprache mit den Studenten eines A1.2 Kurses am geisteswissenschaftlichen Universitätszentrum

---

[1] Maskuline Bezeichnungen wie Lerner, Student und Lehrer sind generisch gemeint und schließen jeweils das andere Geschlecht mit ein.

[2] Im Folgenden DaF-Unterricht.

[3] Im Folgenden FSU.

[4] An dieser Stelle soll kurz auf den Terminus Lese-Novela eingegangen werden. In Abgrenzung mit anderen Literaturarten ist die vorrangige Charakteristik dieses Begriffes, dass der Gesamttext in kürzere Kapitel eingeteilt ist, die Spannung über den ganzen Text erhalten bleibt und der Leser unmittelbar in die Handlung eingeführt wird. Lese-Novelas für den DaF-Unterricht zeichnen sich zudem durch eine dem Sprachniveau angemessene Syntax, einen adäquaten Wortschatz und thematische Tiefe für entsprechende Aufgabenstellungen aus.

(CUCSH) der *Universidad de Guadalajara*[5] für die Arbeit mit dieser Lese-Novela in Konversationsstunden entschieden. Die konkrete Fragestellung bezüglich der Unterrichtspraxis lautete hierbei: „Wie und mit welchen Aufgabentypen kann man unter Einbeziehung der verschiedenen Fertigkeiten kreativ mit der Novela „Eva, Wien" arbeiten?"

Die im theoretischen Teil dargestellten Aspekte werden also in diesem praxisbezogenen Abschnitt wieder aufgegriffen und die während der Arbeit mit der Lese-Novela deutlich gewordenen Potenziale und Schwierigkeiten erläutert. Den Abschluss bilden ein Fazit und Anmerkungen zu Verbesserungsmöglichkeiten bei der Verwendung von Lese-Novelas im Anfängerunterricht.

Dieser Beitrag möchte somit einen kurzen Überblick zur didaktischen Gestaltung und zu Aufgabenstellungen für Lese-Novelas in Konversationskursen geben.

2.   Die Verwendung von Literatur im DaF-Unterricht

Im Zuge der kommunikativen Kompetenz als oberstes Lernziel für den DaF-Unterricht wurde die Verwendung literarischer Texte im Unterricht weitgehend abgelehnt. Ihr Einsatz ließ sich nicht mit dem Fokus auf die Alltagskommunikation und dem Verständnis von Sprache als „soziales Handeln" vereinen (Ehlers 2010: 1530 ff.). Dieser Schwerpunkt auf der mündlichen Kommunikationsfähigkeit rief jedoch im Laufe der Zeit Kritik hervor und führte letztendlich zu einer Neugewichtung der Fertigkeiten. Das Aufheben der starken Trennung zwischen dem Sprachenlernen und der Verwendung von Literatur wurde gefordert (Piepho 1974/ Kast 1980: 536 ff.). So wurden seit den 1970er Jahren literarische Texte wieder verstärkt in den Fremdspracheunterricht eingebunden, eine Verbindung zwischen ihrem Einsatz und der Förderung der kommunikativen Kompetenz der Lerner wurde erkannt.

Aus pädagogischer Sicht wurde der Mehrwert der Literatur durch ihren Beitrag zur sozialen, emotionalen und kognitiven Entwicklung der Lerner als positiv bewertet. Auch sollte hierdurch die Entwicklung eigener Standpunkte gegenüber Inhalten, Figuren und Geschehnissen gefördert, die eigenen Perspektiven relativiert und der Erkenntnishorizont erweitert werden. Des Weiteren bot (und bietet) Literatur einen Anreiz für inhaltsvolle Kommunikation und rückt in Stil und Umfang von den bearbeiteten Lehrbuchtexten ab. Dem Deutschlerner öffnen sich somit neue sprachliche und kommunikative Berei-

---

[5] Im Folgenden UdeG.

che. Es wird eine Verbindung zwischen limitiertem Sprachvermögen und hohen Inhaltsbedürfnissen gezogen (Ehlers 2010: 1530 ff.).

Auch die Vermittlung von landeskundlichen Inhalten beim fremdsprachlichen Deutschunterricht kann durch die Verwendung ausgewählter Texte geleistet werden. Durch die Thematisierung verschiedener Aspekte können diese dem Leser näher gebracht und in Relation zum Herkunftsland gestellt werden. Prinzipiell lässt sich also sagen, dass sowohl die fremde als auch die eigene Kultur somit besser erschlossen und verstanden werden kann (Ehlers 1992; Hunfeld 1980; Krusche 1985).

Die fremdsprachliche Literaturdidaktik hebt die Besonderheiten des nicht in der Muttersprache stattfindenden Leseprozesses hervor. Hierbei ist vor allem die Lesegeschwindigkeit zu erwähnen (Hunfeld 1980: 507 ff./ Weinrich 1981: 200 ff.), die sowohl auf die Distanz zur Kultur als auch auf das beschränkte Sprachvermögen zurückzuführen ist. Da die gesteigerten Inhaltsbedürfnisse der Lerner bezüglich der Themen und Handlungen eher durch die Verwendung von authentischen Texten als mit bearbeiteten Lehrbuchtexten befriedigt werden können, rechtfertigt dies die Schwierigkeiten, die bei der Textrezeption durch den limitierten Wortschatz und lückenhafte Grammatikkenntnisse entstehen können (Hunfeld 1980: 507 ff.).

Bei der Lektüre fremdsprachlicher Schriften spielt die Rezeptionsästhetik eine wichtige Rolle. Nach dieser Theorie ist der Leser der Akteur und rückt in den Mittelpunkt des Interesses (Krusche 1985/ Wierlacher 1980). Der Inhalt wird nicht nur aufgenommen, sondern durch die Haltung und die Aktivitäten des Lesers verändert, indem individuelle Erwartungen an den Text herangetragen werden und Gelesenes unterschiedlich interpretiert wird (Ehlers 2010: 1532; Ehlers 1992: 63 ff.). „Lesen ist ein interaktiver Prozess, bei dem der Leser bzw. die Leserin mit den jeweils eigenen Erwartungen, Einstellungen und Vorerfahrungen auf Signale des Textes reagiert" (Westhoff 1997: 85).

Die Leser unterschiedlicher kultureller Hintergründe nehmen ihren eigenen Standpunkt gegenüber einem deutschsprachigen Text ein, das Eigene und das Fremde wird hierbei reflektiert. Fremdverstehen und Akzeptanz von Andersartigkeit stehen im Vordergrund. Die jeweilige Aufgabenstellung sollte diese Aspekte berücksichtigen (Wierlacher 1980b: 315 ff/ Krusche 1985: 141 ff.).

Natürlich ergeben sich auch Schwierigkeiten bei dem Einsatz von Literatur im FSU. Zum einen bedeutet der Einsatz immer einen erhöhten Arbeitsaufwand, sowohl für die Lehrkraft als auch für die Kursteilnehmer. Zum anderen muss oftmals das Interesse am Lesen erst geweckt werden. Wenn dies in der eigenen Sprache kaum vorhanden ist und wenig bis gar keine Texte in der Muttersprache gelesen werden, wird der fremdsprachliche Leseprozess durch den Mangel an entsprechenden kognitiven Strategien erschwert. Auch entspricht der sprachliche Schwierigkeitsgrad oftmals nicht dem Sprachniveau der Schüler, sodass beim Lesen schnell eine Demotivation eintreten kann (Ehlers 1998; Westhoff 1997). Grundsätzlich lässt sich jedoch sagen, dass, sofern richtig eingesetzt, Literatur in jeglicher Hinsicht eine Bereicherung für den DaF-Unterricht darstellen kann. Vorherrschendes Kriterium hierbei ist, dass Textauswahl und Aufgabenstellungen den Leser sprachlich und thematisch nicht überfordern, sondern an sein Sprachniveau und seine Interessen anknüpfen (Hunfeld 1980; Kast 1980; Ehlers 1994).

Die Herangehensweise an den Text differiert je nach Aufgabenstellung, Ziel und Textsorte und erfordert damit unterschiedliche Lesestile. Es werden unter anderem vier verschiedene Arten des Lesens unterschieden: 1. Orientierendes Lesen, 2. kursorisches/globales Lesen, 3. selektives/selegierendes Lesen, 4. intensives/totales Lesen (Löschmann/Petzschler 1979: 31 ff.).

Die Lesestrategien umfassen die Aktivitäten rund um den Text und Prozesse, die das Verständnis erleichtern und sichern sollen, um das Gelesene zu reflektieren. Diese Vorgänge können sowohl in mündlicher, graphischer, schriftlicher, als auch in bildlicher Form erfolgen (Ehlers 1994: 304; Ehlers 1992: 15; Ehlers 1998: 51ff.). Weiterhin sollte ein wichtiger didaktisch-methodischer Grundsatz befolgt und die Auseinandersetzung mit der jeweiligen Literatur deshalb in drei Stufen – erstens *vor* dem Lesen, zweitens *während* des Lesens und drittens *nach* dem Lesen – ausgeführt werden. Hierdurch wird einer Überforderung vorgebeugt und die Motivation in Bezug auf den zu lesenden Text mit vorherigen bzw. einstimmenden, mit textbegleitenden und schließlich mit nachbereitenden Aktivitäten gesteigert. Somit bietet sich die Möglichkeit, das Potenzial des Textes voll auszuschöpfen (Neuner/Hunfeld 1993: 115 ff).

3.   Die Hueber Lese-Novelas und ihr Einsatz im DaF-Unterricht

Leichte Lektüren sind für Lerner mit niedrigem Deutschniveau verfasste Texte, die sich bereits ab A1.1 im Unterricht einsetzen lassen. Als Teil dieser Literaturgattung werden z. B. inhaltlich in den zehn Geschichten der Hueber Lese-Novelas (Anna, Berlin/ Tina, Hamburg/ Eva, Wien/ David, Dresden/ Franz München/ Julie, Köln/ Lara, Frankfurt/ Vera, Heidelberg/ Nora, Zürich/ Claudia, Mallorca) neben Liebesbeziehungen auch Horror-, Krimi- und Science-Fictiongeschichten präsentiert. Sie zeichnen sich durch kurze Sätze aus und nehmen auf den im A1-Niveau beschränkten Wortschatz und die begrenzten Grammatikkenntnisse der Lerner Rücksicht.[6] Es handelt sich zwar nicht um literarische Texte im her-

---

[6] Beispiel für die Textstruktur: **Kapitel 1**: Eva geht durch Wien. Es ist kalt. Die Tem-

kömmlichen Sinne, sie sind jedoch als Einstiegsliteratur auf keinen Fall zu verachten, da sie sprachlich, thematisch und vor allem vom Umfang her viel mehr bieten als typische Lehrbuchtexte. Sie sind also gut als Einstiegslektüre für den Anfängerunterricht geeignet (O`Sullivan 2002: 5).

Die Hueber Lese-Novela „Eva, Wien" wurde in einem A1.2 Deutschkurs der UdeG eingesetzt. Die Lerngruppe bestand aus Teilnehmern unterschiedlicher Fachbereiche und der Unterricht fand zwei Mal in der Woche für jeweils drei Stunden statt. Das verwendete Lehrwerk war wie in allen Deutschkursen der UdeG „Studio d" (Cornelsen) und die Hueber Lese-Novela bildete die Begleitlektüre für die Konversationsstunde.[7] Diese betraf immer die letzte Stunde an beiden Unterrichtstagen, die aufgrund der schwierigen Raumsituation im Garten stattfinden musste. Da die dortigen akustischen Bedingungen erschwert und keine guten Arbeits- bzw. Schreibmöglichkeiten gegeben waren, musste der Unterricht didaktisch und methodisch anders gestaltet werden.

Der Fokus und das Lernziel lagen deshalb auf der Förderung der Lesefähigkeit und der kommunikativen Kompetenz. Neben anderen Kommunikationsübungen wurde die Hueber Lese-Novela „Eva, Wien" gelesen. Jedoch sollten hierbei die anderen Fertigkeiten Hören und Schreiben nicht ausgeschlossen, sondern so gut wie möglich in die jeweiligen Aufgabentypen eingebunden werden. Sie fielen aber kürzer als normalerweise üblich aus. Thematisch konnte mit der Novela an verschiedene Inhalte aus „Studio d" angeknüpft und Lektionsinhalte somit in die Diskussionen eingebunden werden.[8]

4.   Handlung der Novela „Eva, Wien"

Die Geschichte erzählt von Eva. Sie kommt vom Dorf, aus einem einfachen Elternhaus, ihre Eltern haben dort eine Bäckerei. Eva studiert in Wien Mathematik, ist hochintelligent und hat kaum Freunde. Sie fühlt sich einsam in der Stadt. Außerdem hat sie Geldprobleme, die Eltern können ihr nicht viel geben. Am Anfang der Geschichte wird Evas Bild über die Männer beschrieben: Sie hält diese für primitiv, denkt, dass sie nur mit ihr etwas zu tun haben wollen, wenn sie geschminkt ist. Also macht sie dies aus Prinzip nicht. Im Grunde wünscht

---

peratur ist zehn Grad. Zehn Grad minus! Eva ist alleine. **Kapitel 2**: Eva kommt nicht aus Wien. Sie kommt aus einem kleinen Dorf. Das Dorf heißt Rosenfeld. Evas Eltern haben eine Bäckerei in Rosenfeld. Eva ist seit zwei Monaten in Wien.

[7]   Diese Lese-Novela wurde gewählt, weil sie aufgrund ihrer Thematik hohes Potential für die angesprochene Unterrichtsform aufwies.

[8]   Z. B. Thema Kleidung, Postkarten schreiben o. Ä.

sie sich aber einen Freund, beschließt daher eines Tages in ein Internet-Café zu gehen und sich unter dem Namen „Maria Theresa" bei einer Dating-Homepage anzumelden. Sie freundet sich mit einer Kommilitonin an („Sissi"). Im Internet lernt sie einen Mann kennen, der sie interessiert, sein Name ist Arnold und er ist ebenfalls Mathematiker. Auf einmal gefällt es Eva in Wien, sie ist fröhlich, weil sie jemanden getroffen hat. Eva möchte Arnold kennen lernen und sie verabreden ein Treffen, Arnold erscheint aber nicht. Eva fragt sich warum – ob er eine Freundin hat? Ist er verheiratet? Arnold fängt an, Geld zu schicken, damit sie etwas in Wien unternehmen kann. Sie kommunizieren per Smartphone miteinander, gehen so überall „zusammen" hin (Einkaufen, Kino, Oper). Eva will aber endlich mit Arnold persönlich sprechen und ihn kennenlernen. Arnold verneint immer wieder ein Treffen. Eva findet schließlich die Anschrift seiner Arbeitsstelle heraus, das „Institut für Informationstechnologie". Als sie dort ankommt, sind alle verwirrt: Es stellt sich heraus, dass Arnold ein Computer ist, ein „Produkt aus der Informationstechnologie" (Silvin/Riedl: 38). Die Mitarbeiter des Instituts wollen Arnold abschalten, da er immer Geld von Banken stiehlt. Eva und Arnold gestehen sich ihre Liebe, dann „stirbt" Arnold. Eva ist alleine, aber auf ihrem Bankkonto befinden sich 10 Millionen Euro.

5.   Die Arbeit mit der Novela

Im Folgenden sollen nun die verschiedenen Aufgaben, unter denen die Bearbeitung der Novela erfolgte, vorgestellt werden.[9] Die Aufbereitung der Novela geschah – wie bereits begründet – in drei Stufen: vor, während und nach dem Lesen und im Zeitraum von 14 Unterrichtsstunden.

Vor dem Lesen
Aufgabe 1: Vermutungen über den Inhalt
Einen Einstieg bietet die Beschreibung des Titelblatts der Novela. Die Kursteilnehmer sollen Vermutungen über das Alter der abgebildeten Person, die Situation und den Ort anstellen. Wovon könnte der Text handeln? Weitere Leitfragen lauten: Ist die Person sympathisch? Was macht sie? Warum macht sie Fotos? Anschließend sollen Mutmaßungen angestellt werden, worum es im Text gehen könnte.
Lehrziel: Aktivierung des Vorwissens der Lerner, thematisches Hinführen zur Lektüre.

---

[9]   Die Form der Aufgaben erfolgte in Anlehnung an die Telenovela der Deutschen Welle „Jojo sucht das Glück".

Aufgabe 2: Betrachtung Wiens als Hauptstadt Österreichs

Die Teilnehmer erhalten verschiedene Fotos, auf denen die Wahrzeichen von Wien (Stephansdom, Prater etc.) abgebildet sind. Ziel dieser Aufgabe ist es, diese Stadt etwas kennenzulernen und die Frage „Wie wirkt Wien auf euch?" zu diskutieren.

Lehrziel: Landeskundliche Beschäftigung mit Österreich als eines der DACH-Länder.

Während des Lesens

Aufgabe 1: Situationsfragen

Nach dem gemeinsamen Lesen der Kapitel 1-18 sollen die Studenten einige Fragen zu Evas Person beantworten: Wie alt ist Eva? Was studiert sie? Wo wohnt sie? Woher kommt sie? Wie sieht sie aus? Was sind ihre Interessen? Was macht sie im Internet-Café?

Lehrziel: selektives Lesen.

Aufgabe 2: Perspektivenwechsel

Um den Blickwinkel zu ändern, sollen die Teilnehmer nun die in Aufgabe 1 gesammelten Informationen aus der Sicht von Eva wiedergeben („Ich heiße Eva, ich komme aus Rosenfeld, ich studiere Mathematik, ich bin glücklich/ unglücklich...").

Lehrziel: Hineinversetzen in andere Charaktere, Verwendung adäquater Verbkonjugationen.

Aufgabe 3: Tabelle

Beim gemeinsamen Weiterlesen wird stichpunktartig eine Tabelle ausgefüllt, in der die Aspekte „Was passiert?", „Wann?", „Wo?", „Wer?" thematisiert werden. Diese Tabelle soll als Grundlage für die gesamte Unterrichtseinheit dienen, da sie durch die im Text auftauchenden Personen ergänzt und im Laufe der Lektüre durch weitere Informationen vervollständigt werden kann.

Lehrziel: kursorisches Lesen.

Aufgabe 4: Assoziogramm

Die Hauptfigur der Novela ist Studentin, ebenso wie die Kursteilnehmer. Um an die Erfahrungswelt der Lerner anzuknüpfen und das außersprachliche Vorwissen einzubeziehen, soll an dieser Stelle ein Assoziogramm zum Thema „Studium" erstellt werden. Im weiteren Verlauf sollen außerdem Assoziogramme zum Thema „Internet", „Liebe" und „Freundschaft" angefertigt und mit Begriffen gefüllt werden.

Lehrziel: Wortschatzarbeit.

Aufgabe 5: Gruppendiskussion und Steckbrief
Nach dem Lesen des Kapitels 42 können die Studenten Spekulationen zu Arnold anstellen. Wie sieht er aus? Was macht er? Wer ist er? Im Anschluss daran wird ein Steckbrief zu Arnold entworfen. Hier dürfen die Teilnehmer ihre Vorstellungen zu Alter, Hobbies, Aussehen, Beruf, Lieblingsmusik, Lieblingsessen und Kleidung auflisten.
Lehrziel: Phantasie anregen, Meinungsäußerung, Spekulationen anstellen.

Aufgabe 6: Charakterisierung
In dieser Übung sollen die Studenten ihren Wortschatz erweitern und versuchen, vorgegebene Adjektive den Personen Eva, Sissi und Arnold zuzuordnen (wie z. B.: fröhlich, traurig, lebenslustig, pessimistisch, stolz, bescheiden, pünktlich, schüchtern, egozentrisch, modern, intelligent, ehrlich, mutig, frech, verlogen, arrogant, hinterhältig, humorvoll, zickig, brav, freundlich, unhöflich, höflich, warmherzig, eingebildet, naiv, fleißig, aggressiv, gleichgültig, spontan, zurückhaltend, launisch, lieb, verträumt, ängstlich, liebenswert, ordentlich, interessant, selbstständig, sportlich, verrückt, gefährlich, jung).
Anschließend begründen die Studenten, wen sie am nettesten finden und warum.
Lehrziel: Adjektive, Charakterisierungen, Stellungnahme.

Aufgabe 7: Partnerdiktat
Diese Aufgabe kann an jeder beliebigen Stelle des Textes erfolgen. Es müssen Teams gebildet werden, die sich gegenseitig jeweils ein Kapitel diktieren sollen. Danach werden die Kapitel im Plenum vorgelesen. Es soll hier gezielt das Hörverständnis trainiert werden. Am Ende sollte eine Zusammenfassung der Ereignisse stehen.
Lehrziel: Gezieltes Üben der Lese- und Hörfertigkeit.

Aufgabe 8: Pro/Contra-Spiel
Hier geht es darum, kreativ zu sein und Argumente für bzw. gegen das Verhalten in einer bestimmten Situation zu finden. Im Anschluss daran sollen die Teilnehmer diskutieren und versuchen, sich gegenseitig von ihrem Standpunkt zu überzeugen. Mögliche Situationsbeispiele sind: 1. Eva meldet sich beim Internet-Dating an, weil sie einen Freund haben möchte. Finde Argumente für und gegen eine Internetbekanntschaft/ ein Internetdating. 2. Eva kommt vom Dorf und wohnt jetzt in Wien. Finde Argumente für und gegen einen Orts-/Stadtwechsel.
Lehrziel: Fördern der Kreativität, allgemeinere und tiefere Beschäftigung mit in der Novela angesprochenen Themen, Diskussion.

Aufgabe 9: Kommunikationsspiel
Bei diesem Spiel müssen die Kursteilnehmer sich wieder in Situationen hineinversetzen und mit ihrem Partner kommunizieren. Thematisch an der Lebens-
welt der Studenten orientiert, wird das Sprachniveau berücksichtigt. Mögliche
Kommunikationsanlässe sind hier: 1. Du bist Eva. Dein linker Nachbar/deine
linke Nachbarin ist Sissi. Ihr wollt zusammen einen Kaffee trinken gehen. Sissi wartet schon auf dich im Café. Rufe sie an und frage nach dem Weg. 2. Du
bist Eva. Dein rechter Nachbar/deine rechte Nachbarin ist Sissi. Rufe sie an
und rede über deine Gefühle zu Arnold. 3. Du bist Arnold. Dein linker Nach-
bar/deine linke Nachbarin ist Eva. Rufe sie an und erkläre ihr, warum du sie
nicht treffen kannst. 4. Du bist Eva. Dein rechter Nachbar/deine rechte Nachbarin ist Arnold. Frag ihn, warum er nicht zum vereinbarten Treffen gekommen
ist. 5. Du bist Eva. Dein rechter Nachbar/deine rechte Nachbarin ist deine Mut-
ter/dein Vater. Rufe sie an und erzähle ihr/ihm von Arnold und wie es dir geht.
Lehrziel: Thematische Vertiefung der Novela, Förderung der Empathiefähig-
keit und Interpretation durch Rollenspiele.

Aufgabe 10: Pantomime
Um spielerisch Vokabeln zu üben, sollen diese pantomimisch im Kurs darge-
stellt und erraten werden.
Lehrziel: Wortschatztraining.

Aufgabe 11: Würfelspiel
Nach der Bildung von Kleingruppen erhält jede Gruppe zwei Würfel. Auf dem
einen sind Namen (Arnold, Eva, Sissi) abgebildet, der andere ist mit Ortsan-
gaben (Wien, Café, Universität, Dorf, Wohnung, Bibliothek) beschriftet. Die
Kursteilnehmer würfeln nun der Reihe nach und bilden Sätze mit den gewür-
felten Personen und Orten.
Lehrziel: Spontane Satzbildung.

Aufgabe 12: richtig oder falsch?
Die Kursteilnehmer erhalten ein Arbeitsblatt, auf dem Sätze aufgelistet sind.
In einer Art Selbstkontrolle wird mit dieser Aufgabe das Textverständnis über-
prüft. Mögliche Sätze sind: Eva hat viele Freunde, Arnold und Eva treffen sich
in einer Bank, Sissi ist Evas Freundin, Eva hat viel Geld, Arnold hat kein Geld,
Eva bezahlt alles für Arnold.
Lehrziel: Kursorisches Lesen.

Aufgabe 13: Spekulationen
Da Arnold nicht zum vereinbarten Treffen erschienen ist, bietet sich an, die

Teilnehmer mündlich über mögliche Gründe spekulieren zu lassen, um so miteinander ins Gespräch zu kommen. Leitfragen sind: Warum ist Arnold nicht gekommen? Warum hat er so viel Geld? Warum kann/möchte er Eva nicht persönlich treffen? Wie findest du die „Liebe per Handy"?
Lehrziel: Resümieren des bis jetzt gelesenen Textes, Kommunikation und Meinungsäußerung.

Aufgabe 14: Fiktives Ende der Geschichte schreiben
Die Teilnehmer sollen bis Kapitel 86 lesen und dann in Partnerarbeit ein fiktives Ende zu der Geschichte schreiben. Natürlich können dazu die Wörterbücher als Hilfe benutzt werden. Die erstellten Texte mit den unterschiedlichen Vermutungen werden im Plenum vorgestellt.
Lehrziel: Förderung der Schreibfertigkeit unter Einbezug der unterschiedlichen Meinungen der Studierenden.

Nach dem Lesen
Aufgabe 1: Meinungsäußerungen
Nach dem Lesen des Originalendes soll den Kursteilnehmern ein weiterer Sprechanlass geboten und Raum für Meinungsäußerungen geschaffen werden. Leitfragen sind hier: Wie findest du das Ende? Hast du es erwartet? Bist du überrascht?
Lehrziel: Förderung der Kommunikationsfertigkeit unter Einbezug der unterschiedlichen Meinungen der Studierenden.

Aufgabe 2: ABC-Spiel
Um die Novela noch einmal als Ganzes zu reflektieren, den (neu erlernten) Wortschatz zu aktivieren und zu einem Abschluss der Textarbeit zu kommen, sollen die Teilnehmer in dieser Aufgabe hinter jeden Buchstaben des Alphabets Begriffe, Namen und Vokabeln schreiben, die ihnen zu der Novela einfallen.
Lehrziel: Resümieren der gesamten Novela unter Berücksichtigung des subjektiven Fokus der Studierenden.

6.   Zusammenfassung und Ausblick

Die Absicht dieses Beitrages liegt darin, Arbeitsmöglichkeiten und Aufgabenstellungen für die Hueber Lese-Novela „Eva, Wien" aufzuzeigen. Das Lehrziel „Verbesserung der kommunikativen Kompetenz" wird dabei besonders berücksichtigt. Durch gezielte Übungen kann der Fokus auf die mündliche Interaktion gelegt und hiermit auch die Aussprache geschult werden. Da die verschiedenen Aufgabentypen an die jeweilige Kurs- und Raumsituation angepasst werden können, lassen sich mit dem Lesen der Novela auch die anderen Fertigkeiten üben.

Das Thema der vorgestellten Novela ist etwas außergewöhnlich, aber gerade deswegen diskussions- und kreativitätsfördernd. Je nach Schwerpunktsetzung ist zudem eine thematische bzw. inhaltliche Verbindung zum benutzten Lehrwerk möglich. Bestimmte Strukturen und Aspekte – sowohl grammatikalische als auch thematische – können durch das Lesen der Novela wiederholt bzw. eingeführt werden. So wurde in dem hier vorgestellten Unterricht das Lehrwerk „Studio d" A1 mit einbezogen. Da die Studierenden gerade die zweite Hälfte des Lehrwerks bearbeiteten, boten sich hier vor allem die Lektionen 6 (Orientierung), 9 (Ferien und Urlaub) und Lektion 11 bzw. 12 zum Thema Kleidung/Wetter, Körper/Gesundheit an. So haben die Studierenden beispielsweise unter Einbezug des Perfekts über Geschehnisse in der Novela berichtet, eine Postkarte geschrieben, in Verbindung mit der oben erwähnten Aufgabe 9 Vokabeln und Strukturen bezüglich der Orientierung verwendet und durch die Lektionen 11 und 12 war eine detaillierte Beschreibung der in der Novela auftauchenden Personen möglich.

Zusammenfassend ist festzustellen, dass die Lektüre längerer Texte bereits im Anfängerniveau möglich ist und sich positiv auf den weiteren Sprachlernverlauf auswirkt. Die Studierenden haben sich ausschließlich befürwortend in Bezug auf die Verwendung der Novela im Unterricht geäußert und die Aufgaben rund um den Text mit Interesse verfolgt. Ich hatte den Eindruck, dass die in Verbindung mit dem Lehrwerk bearbeiteten Themen und Inhalte – beispielsweise das Verfassen einer Postkarte – mit mehr Interesse verfolgt wurden, als es ohne Begleitlektüre und dementsprechende Kontextualisierung der Fall gewesen wäre. Einige Studierenden fragten nach dem Lesen der Novela nach weiterer, für ihr Sprachniveau möglichen Literatur, und alle Kursteilnehmer schrieben sich für das folgende Deutschniveau ein.

Dem Lerner wird grundsätzlich während des Lesens bewusst, was er schon alles in der Fremdsprache verstehen und wiedergeben kann. So haben sich die Kursteilnehmer auch mehr dazu angeregt gesehen auf Deutsch zu kommunizieren und Äußerungen wiederzugeben als nur unter Einbezug des Lehrwerkes. Als Einstieg in die Literaturarbeit sind die Hueber Lese-Novelas ideal, da neben der Förderung der Kreativität durch die unterschiedlichen Übungen auch die landeskundlichen Kompetenzen verbessert werden können. Weiterhin wird durch gezielte Aufgaben erreicht, dass die interkulturellen Kompetenzen und das Fremdverstehen geschult werden.

Es ist generell möglich, die Audiodateien einzusetzen und somit das Hörverständnis gezielt zu trainieren. Zur Verbesserung des landeskundlichen Wissens bietet sich an, dass die jeweiligen Städte und Landschaften stärker thematisiert werden. Eine weitere Möglichkeit wäre die Verbindung einer Novela mit einem Kursprojekt, z. B. die Erstellung eines (Handy-) Videos zu einzelnen Themen bzw. Kapiteln. Außerdem könnten zwei Novelas miteinander in Beziehung gesetzt werden.

Diese Unterrichtserfahrungen mit der Lese-Novela zeigen, dass Literatur auch schon auf den Niveaustufen A1 und A2 als Begleitmaterial eingesetzt werden kann und, sofern richtig ausgewählt, den Unterricht in jeglicher Hinsicht bereichert.

Literaturverzeichnis

Deutsche Welle: Jojo sucht das Glück, unter: http://www.dw.de/deutsch-lernen/telenovela/s-13121 (28.04.2013).

Ehlers, Swantje (1992), *Lesen als Verstehen. Zum Verstehen fremdsprachlich-literarischer Texte und zu ihrer Didaktik.* Berlin: Langenscheidt.

Ehlers, Swantje (1994), „Literatur im aufgabenorientierten Fremdsprachenunterricht". In: *Jahrbuch Deutsch als Fremdsprache* 20, 303-322.

Ehlers, Swantje (1998), *Lesetheorie und fremdsprachliche Lesepraxis aus der Perspektive des Deutschen als Fremdsprache.* Tübingen: Narr Verlag.

Ehlers, Swantje (2010), „Literarische Texte im Fremd- und Zweitsprachenunterricht: Gegenstände und Ansätze". In: Krumm, Hans-Jürgen/ Fandrych, Christian (Hgg.): *Deutsch als Fremd- und Zweitsprache. Ein internationales Handbuch. Band 2.* Berlin, New York, De Gruyter, 1530-1544.

Hunfeld, Hans (1980), „Einige Grundsätze einer fremdsprachenspezifischen Literaturdidaktik". In: Alois Wierlacher (Hg.): *Fremdsprache Deutsch, 2.* München: Francke.

Kast, Bernd (1980), „Legetische Aufgaben und Möglichkeiten des fremdsprachlichen Deutschunterrichts". In: Alois Wierlacher (Hg.): *Fremdsprache Deutsch. Band 2.* München: Francke.

Krusche, Dietrich (1985), *Literatur und Fremde. Zur Hermeneutik kulturräumlicher Distanz.* München: Iudicum.

Löschmann, Martin / Petzschler, Hermann (1979), *Übungsgestaltung zum verstehenden Hören und Lesen.* Leipzig: VEB Verlag Enzyklopädie.

Neuner, Gerhard / Hunfeld, Hans (1993), *Methoden des fremdsprachlichen Deutschunterrichts. Fernstudieneinheit.* München: Langenscheidt.

O'Sullivan, Emer / Rösler, Dietmar / Bischof, M. (2002), *Kinder- und Jugendliteratur.* Stuttgart: Ernst Klett.

Piepho, Hans Eberhard (1974), „Lesen als Lernziel im Fremdsprachenunterricht". In: Goethe Institut (Hg.): *Beiträge zu den Fortbildungskursen des Goethe-Instituts für ausländische Hochschulen.* München: Goethe-Institut.

Silvin, Thomas / Riedl, Jakob, *Lese-Novela Eva, Wien.* München: Hueber Verlag.

Weinrich, Harald (1981), „Literatur im Fremdsprachenunterricht – ja, aber mit Phantasie". In: *Die Neueren Sprachen* 82, 200-216.

Westhoff, Gerhard (1997), *Fertigkeit Lesen.* Berlin: Langenscheidt.

Wierlacher, Alois (1980), *Fremdsprache Deutsch, Band 1 und 2.* München Francke.

Lasst uns texten! Zielgruppenspezifischer DaF-Unterricht unter besonderer Berücksichtigung der Fertigkeit Schreiben

Sabrina Sadowski, Universidad de Guadalajara

Für Studierende der Geisteswissenschaften gibt es im Bereich Deutsch als Fremdsprache (DaF) bis zum heutigen Datum kaum didaktisches Material für die Niveaustufen A1 und A2 nach dem Gemeinsamen europäischen Referenzrahmen für Sprachen (GeR). Daher fehlt es unter anderem auch an der *Universidad de Guadalajara* (UdeG) an adäquatem Unterrichtsmaterial für zielgruppenspezifische(re)n DaF-Unterricht.

Um diesem Defizit entgegenzuwirken, wurden im Rahmen einer Masterarbeit (die 2011 in Teamarbeit gemeinsam mit Madeleine Jaenecke im Binationalen Studiengang „Deutsch als Fremdsprache - Estudios interculturales de lengua, literatura y cultura alemanas" entstand), einige exemplarische Reihenplanungen entwickelt. Ein daraus hervorgegangener Unterrichtsvorschlag für die DaF-Lernenden am geisteswissenschaftlichen Universitätszentrum (CUCSH) der UdeG soll in Form einer ausgearbeiteten Stundenplanung vorgestellt werden und den Schwerpunkt des Artikels bilden, wobei auch das kurstragende Lehrwerk *Studio d* des Cornelsen Verlags für die praktischen Überlegungen berücksichtigt wurde.

Den theoretischen Rahmen bilden hierbei insbesondere Studien (vgl. z. B. Krischer 2002: 388; Hufeisen 2002: 72), zu der in der Vergangenheit lange vernachlässigten Fertigkeit Schreiben. Diese stellen speziell im Grundstufenbereich und damit für die Mehrheit der Deutschlernenden und -lehrenden am CUCSH eine besondere Herausforderung dar.

1. Rahmenbedingungen: Deutsch als Fremdsprache am CUCSH

In der Deutschabteilung am CUCSH der UdeG sind etwa zwölf teils muttersprachliche und teils nichtmuttersprachliche DaF-Lehrende beschäftigt, welche die 250 bis 300 Lernenden, die sich für Deutsch als Wahlpflichtsprache entscheiden, hauptsächlich auf dem Niveau A1 und A2 unterrichten. Zu den Lehrkräften zählen am CUCSH unter anderem ein/e Lektor/in vom Österreichischen Austauschdienst (ÖAD), ein/e Lektor/in vom Deutschen Akademischen Austausch Dienst (DAAD), und ein/e DAAD-Sprachassistent/in sowie ein/e Gastdozent/in. Diese Positionen werden in unterschiedlichen zeitlichen Intervallen neu besetzt (vgl. Steffen 2010: 1742).

Einige gemeinsame Komponenten lassen sich für die Zielgruppe festhalten, wobei Ausnahmen natürlich auch hier die Regeln bestätigen:

1. Das Studium eines geisteswissenschaftlichen Faches am CUCSH ist Voraussetzung, um offiziell in einem Deutschkurs eingeschrieben werden zu können[1]. Studierende anderer Fakultäten können als Gasthörer an den Kursen teilnehmen, sofern Kapazitäten frei sind. Die große Mehrheit der Studierenden hat die DACHL-Länder (noch) nicht besucht. Einer während der Masterarbeit durchgeführten Umfrage zufolge ist es jedoch das kurzfristige Ziel vieler Studierender, ein Auslandssemester in Deutschland zu absolvieren. Als besonderer Motivationsfaktor kann hier zählen, dass jährlich für die Studierenden am CUCSH Stipendien vergeben werden, um ein Semester an unterschiedlichen deutschen Universitäten zu absolvieren[2].

2. Der Unterricht am CUCSH findet überwiegend auf den Grundstufenniveaus A1 und A2 statt. Dies hängt wahrscheinlich nicht zuletzt damit zusammen, dass die Studierenden die von ihnen gewählte Sprache fünf Semester lang lernen müssen, dadurch ungefähr das Niveau A2 erreichen und danach nur, wenn überhaupt, eine freiwillige Fortsetzung der Sprachkurse folgt.

3. Das kurstragende Lehrwerk ist seit einigen Jahren *Studio d* vom Cornelsen Verlag. Dieses wird in allen Kursen eingesetzt, denn ein eigenes Curriculum gibt es am CUCSH derzeit nicht.

2. Problemaufriss

Für die oben in Kürze beschriebene Zielgruppe ist das am CUCSH verwendete Lehrwerk *studio d* vom Cornelsen Verlag nicht in allen Aspekten passgenau zugeschnitten. Dies liegt nicht zuletzt daran, dass die Autoren von *Studio d* bemüht waren, die Lernenden „mittels unterschiedlicher Szenarien in die **Berufswelt** sprachlich einzuführen und ihnen Menschen mit **interessanten Berufen** vorzustellen" (Hvh. i. O.). Dies haben sie unter der Annahme getan, dass

---

[1] Hier muss angemerkt werden, dass auch das Jura-Studium am CUCSH angesiedelt ist und somit als geisteswissenschaftliches Fach zählt.

[2] Siehe z. B. http://www.cucsh.udg.mx/Becas/2011/pdfs/convocatoria_hamburgo. pdf (15.05.2013)

„viele von ihnen die deutsche Sprache für berufliche Zwecke erlernen möchten" (Funk et al. 2005: 3). Ob diese Annahme generell zutreffend ist, kann und muss hier nicht weiter diskutiert werden. Für die Studierenden in den Grundstufenkursen am CUCSH, welche gerade erst das Studium aufgenommen haben, wenn sie sich in die Kurse einschreiben, ist die Berufswelt noch in weiter Ferne. Dieses Thema zu sehr in den Fokus zu stellen, ist daher möglicherweise keine sinnvolle Methode, um das Interesse der Studierenden an der deutschen Sprache und an Deutschland zu wecken. Vielmehr sollten studentische Themen in den Vordergrund gerückt werden, die eine stärkere Verbindung zum gegenwärtigen Leben der Studierenden herstellen.

In *Studio d* fehlt es zudem, zumindest in den Grundstufenlehrwerken, (fast) gänzlich an prozessorientierten Schreibaufgaben (vgl. Herzig 2010: 121). Prozessorientierte Schreibaufgaben betrachten die einzelnen Stufen der Textentstehung und setzt dort mit dem Ziel an, den Lernenden die Kompetenz des schriftsprachlichen Ausdrucks mithilfe von Prozessen zu vermitteln: der Weg ist das Ziel. In der didaktischen Diskussion wird es mittlerweile als wichtig erachtet, die Fertigkeit Schreiben bereits frühzeitig in den Deutschunterricht einzubeziehen (vgl. z. B. Bohn 2001: 921; Krings 1989). Dabei werden vor allem drei Arten von Schreiben unterschieden: Das reproduktive Schreiben (das Abschreiben) sowie das reproduktiv-produktive Schreiben – z. B. das Ausfüllen von Lücken - und das produktive Schreiben, also das Produzieren eigener Sätze und Texte (vgl. Bohn 1989: 59; Bohn 2001: 921; Portmann 1999). Das produktive Schreiben sollte prozessorientiert gestaltet werden (vgl. auch den hier vorgestellten Unterrichtsvorschlag) und schon so früh wie möglich im DaF-Unterricht Anwendung finden.

Aus den aufgeführten Gründen soll an einem Beispiel gezeigt werden, wie man die Lernenden bereits im Grundstufenbereich an studentische, an den Lebensmittelpunkt anknüpfende Themen heranführen kann. Dies wird mit dem vor allem auf den Grundstufenniveaus immer noch stark vernachlässigten prozessorientierten Schreiben verbunden.

3.   Methodisch-didaktisches Vorgehen

Im Folgenden sollen einige der theoretischen Grundlagen dargelegt werden, die auch in der Masterarbeit (Jaenecke/Sadowski, unveröffentlicht) berücksichtigt wurden. Generell verfolgt die nachstehend präsentierte Didaktisierung einen **handlungs- und zielgruppenorientierten** Ansatz. Bei der Materialentwicklung waren als Konsequenz einige methodisch-didaktische Prämissen von besonderer Bedeutung und sollen im Folgenden kurz angeschnitten werden:

- Authentische Materialien: Vor allem in einem zielsprachenfernen Land wie Mexiko ist es wichtig, „ein Stück Welt und soziale Ereignisse in die Klasse [zu] transportieren" (Storch 2009: 272). Dies bedeutet, dass man aufgrund der Ferne verstärkt versuchen sollte, eben Gebrauch von authentischen Materialien zu machen.
- Autonomie: Unerlässlich ist die Berücksichtigung der Individualität der Lernenden durch ein breit gefächertes Angebotsrepertoir (vgl. z. B. Portmann 1991: 448).
- Lehrerrolle: Die Lehrperson soll, soweit als eben möglich, die Verantwortung im Unterricht auf den Lernenden übertragen (vgl. Witte & Harden 2010: 1329). Entsprechend didaktisierte Materialien können dies bereits unterstützen.

4.   Schreiben auf Grundstufenniveau – ein praktisches Beispiel

4.1 Hauptlehrziel der Unterrichtseinheit

Der Didaktisierungsvorschlag für die Fertigkeit Schreiben bezweckt folgendes Hauptlehrziel: Die Lernenden sollen Anzeigen für Zimmerangebote in einer studentischen Wohngemeinschaft verstehen und auf diese in Form einer schriftlichen Antwort reagieren können. Diese Einheit ist für etwa 90 bis 120 Minuten geplant. Zwar werden Aspekte aus dem Lehrwerk berücksichtigt, daneben werden aber ebenso andere sprachliche Mittel und Texte verwendet, um die Einheit soweit wie möglich an die Interessen und Bedürfnisse der spezifischen Zielgruppe anzupassen. Als Zielfertigkeit für diese Einheit wurde, wie bereits weiter oben erwähnt, das Schreiben gewählt. In den vorangehenden Einheiten wurden die Studierenden bereits mit dem Konzept der studentischen Wohngemeinschaft und anderen Wohnmöglichkeiten vertraut gemacht.

4.2 Einführung in die Unterrichtseinheit

Zum Einstieg in diese Stunde sollen sich die Kursteilnehmer zunächst entscheiden, mit wie vielen Personen sie gerne zusammenwohnen möchten, wenn sie für einen Studienaufenthalt nach Deutschland gehen und dort in einer Wohngemeinschaft gemeinsam mit anderen Studierenden leben. Sie haben dabei die Wahl zwischen einem Mitbewohner und vier Mitbewohnern. Insgesamt soll es je nach Gruppengröße mindestens vier verschiedene Anzeigen geben, wobei sich bei einigen die Anzahl der Bewohner doppelt. Auf der Basis ihrer Antworten werden sie dann in unterschiedliche Arbeitsgruppen aufgeteilt, sodass je nach Kursgröße fünf bis sieben Gruppen gebildet werden. Dabei finden sich jene Personen zusammen, die sich für dieselbe Wohngemeinschaftsgröße (Anzahl der Mitbewohner) entschieden haben. Dieses Vorgehen verfolgt das Ziel, auf die individuellen und persönlichen Vorlieben der Studierenden eingehen zu können und ihr Interesse für die Thematik stärker zu wecken, damit sie die Aufgabe motiviert bearbeiten. Bei großen Ungleichheiten die Gruppengröße betreffend müssen einige Teilnehmer in eine andere Arbeitsgruppe wechseln. Die Größe sollte nach Möglichkeit vier Mitglieder nicht überschreiten. Jeder Studierende bekommt eine Wohnungsanzeige ausgehändigt, die möglichst der Wunschgröße entspricht, wobei alle Mitglieder einer Gruppe, also idealerweise höchstens vier Teilnehmer, wiederum den gleichen Anzeigentext erhalten[3].

Die Arbeitsgruppen sollen in einem nächsten Schritt überlegen, um welche Textsorte es sich handelt. Die Lehrperson stellt dazu einige Fragen: „Seht euch den Text an. Wie würdet ihr die Art des Textes beschreiben? Was sind typische Erkennungsmerkmale?" Da die Anzeigen im Original ausgedruckt und verteilt werden sollen und viele Kursteilnehmer diese schriftlichen, kurzen, unter anderem in öffentlichen Medien erscheinenden Mitteilungen auch aus ihrem Umfeld bereits kennen könnten, ist zu erwarten, dass sie schnell die richtigen Angaben machen und diese auch begründen können.

4.3 Inhaltliche und sprachliche Vorbereitung des Schreibens

In der darauf folgenden Phase bekommen die Studierenden die Anweisung, den Anzeigentext zunächst für sich selbst zu lesen und anschließend mit einem Partner oder in der Gruppe die wichtigsten Charakteristika, welche in der Anzeige genannt werden, zu unterstreichen. Dabei sollen sie ihr Augenmerk zum einen speziell auf die die Wohnung beschreibenden Merkmale lenken und zum anderen in den Anzeigentexten angesprochene Eigenschaften über die Mitbewohner herausfiltern: ‚Lest die Anzeige und sucht wichtige Charakteristika für die Wahl der Wohnung und der Mitbewohner im Text. Versucht, unklare Wörter zunächst in der Gruppe zu klären. Was ist euch persönlich wichtig für a) die Wohnung? b) die Mitbewohner? Warum? Markiert im Text und diskutiert.' Anzumerken sei hier, dass den Studierenden stets mitgeteilt werden soll, wie viel Zeit ihnen für eine Unterrichtsphase zur Verfügung steht und was das Ziel der Stunde sein soll. Somit sollen die Studierenden ihre Planungskompetenz erlernen oder erweitern. Die Studierenden müssen außerdem versuchen, ihre Zeit einzuteilen und ihr Vor-

---

[3] Studentische Wohnungsanzeigen findet man z. B. auf www.wg-gesucht.de.

haben zu planen. Nachdem diese selektive Lesephase abgeschlossen ist, werden die Eigenschaften aller Anzeigen in Form einer *Mindmap* an der Tafel von einem oder zwei Kursteilnehmern festgehalten. Die Lehrperson fungiert vor allem als Moderator und weist auf eventuelle Fehler oder Missverständnisse hin, sodass die Mindmap an der Tafel letztlich sinnvoll ist und in den Kontext passt. Auch wenn dies eine relativ klassische Lehrerrolle mit sich bringt, die gegen die Moderator-Funktion spricht, ist die Methode für die Vorbereitung meines Erachtens sinnvoll. Es sollte jedoch darauf geachtet werden, dass diese Phase nicht zu lange dauert. Gemeinsam mit der Lehrperson wird unbekannter Wortschatz semantisiert. Die Studierenden werden dazu angehalten, die Mindmap mit eigenen Ideen anzureichern und sie nach ihren persönlichen Bedürfnissen zu erweitern. Sie übertragen das Tafelbild in ihr Heft und machen sich darüber Gedanken, welche Charakteristika für sie bei der Wohnungssuche besonders wichtig oder weniger relevant sind und markieren diese. Diese Phase sollte nach Möglichkeit nicht mehr als 15 Minuten in Anspruch nehmen.

Anschließend schauen sie sich gemeinsam den Redemittelkasten in *Studio d* an und überlegen, welche Redemittel für sie relevant sind und welche ihnen für die Formulierung ihrer Antworten eventuell nützlich sein könnten, aber hier nicht aufgeführt wurden (vgl. Funk et al. 2005: 117). Die Redemittel im Lehrwerk beschränken sich größtenteils auf Fragen, die gegebenenfalls bereits im Anzeigentext beantwortet werden, z. B. „Liegt die Wohnung zentral?" (ebd.). Die Studierenden können andere, für sie wichtige Redemittel erfragen beziehungsweise selbstständig ergänzen.

Durch diese Planungsphase, in die auch das Lesen als Mittlertätigkeit integriert ist, strukturieren die Studierenden ihr Schreibvorhaben. Sie machen sich Gedanken zu den Charakteristika, die ihnen für die Antworten wichtig sind und setzen somit individuell unterschiedliche Schreibziele. Außerdem rufen sie bereits bestehenden Wortschatz aus ihrem Langzeitgedächtnis ab und aktivieren zusätzliche Redemittel, die ihnen ebenfalls für die Gliederung und Entwicklung einer Struktur des Textes dienlich sind.

4.4 Schreibphase

In der nächsten Phase vergleichen die Kursteilnehmer zunächst die für sie als besonders signifikant befundenen Charakteristika mit den in der gewählten Anzeige genannten und überprüfen, ob es Überschneidungen gibt oder etwas als besonders wichtig empfunden wurde, was in der Anzeige nicht berücksichtigt wird und umgekehrt. Danach formulieren sie mithilfe des erweiterten Redemittelkastens aus dem Lehrwerk und der *Mindmap* die ersten Sätze. Sie bekommen Stichpunkte vorgegeben, auf die in ihren Texten eingegangen werden soll (z. B. auf persönliche Eigenschaften). Die konkrete Aufgabenstellung könnte die Lehrperson folgendermaßen formulieren: „Überprüft: Gibt es Überschneidungen? Gibt es Charakteristika, die euch besonders wichtig sind, aber nicht im Text stehen? Formuliert nun mithilfe der Redemittel eure Antwort. Achtet darauf, dass die Sätze nicht immer mit „ich" beginnen. Beachtet auch folgendes: Stellt euch vor! Sagt, was euch (nicht) gefällt. Stellt drei Fragen. Vereinbart einen Termin, um euch die Wohnung anzusehen. Die Redemittel im Buch auf Seite 117 helfen euch."

Ein zusätzlicher Schwierigkeitsfaktor könnte die Aufforderung sein, Relativsätze in ihren Text einzubauen, da diese in der vorangehenden Einheit 6 in *Studio d* eingeführt und eingeübt werden (vgl. Funk et al. 2005: 92). Auch wäre es möglich, den Lernenden darüber hinaus einen Modelltext anzubieten, den sie sich anschauen können. Des Weiteren könnte ein Ansichtsexemplar (ein weiterer Modelltext sowie nützliche Redemittel) für die Studierenden auf dem Lehrerpult bereitgestellt werden, auf das sie bei Bedarf zurückgreifen können. Dies könnte eine Zugabe zur Binnendifferenzierung sein. Durch die relativ komplexe Vorbereitung auf die Schreibaufgabe ist jedoch zu erwarten, dass sie den Text auch ohne einen expliziten Modelltext verfassen können. Die Lehrperson könnte zudem einsprachige oder – angesichts der Niveaustufe der Lernenden – zweisprachige Wörterbücher zur Verfügung stellen, welche die Studierenden für wichtige unbekannte Wörter zur Hand nehmen können.

4.5 Textrevision und -überarbeitung

Im Anschluss an die Formulierungsphase folgt die Korrektur- beziehungsweise Überarbeitungsphase. Die Lernenden tauschen ihre Texte mit anderen Gruppenmitgliedern aus und lesen nun den fremden Text. Dabei sollen sie auf dieselben Punkte achten, die sie als Schreibvorgaben bekommen haben: Hat sich der Lerner vorgestellt und persönliche Dinge von sich preisgegeben? Hat er Charakteristika angesprochen und mindestens drei Fragen an die potentiellen Mitbewohner gestellt? Variieren die Satzanfänge? In diesem Zusammenhang sollen die Korrekturleser für sich selbst die Frage beantworten, ob sie dieser Person eine Zusage erteilen würden oder nicht. Der jeweilige Korrekturleser macht an geeigneten Stellen Verbesserungsvorschläge. Denkbar wäre für die Evaluationsphase auch, eine *publishing conference* (Bludau 2006) durchzuführen. Dabei werden die Texte, ähnlich einer Redaktionssitzung, in der Gruppe diskutiert, auf Fehler überprüft und mit den Verbesserungsvorschlägen an den Autor zurückgegeben (vgl. Bludau 2006: 106; vgl. auch Huneke & Steinig 2010: 149).

Während dieser Phase fungiert die Lehrperson vorwiegend als Beraterperson, die im Kursraum für Fragen und Unklarheiten zur Verfügung steht. Nachdem die Korrekturphase abgeschlossen ist, gehen die Texte wieder in die Hände ihrer Verfasser zurück und werden erneut überarbeitet.

4.6 Dokumentation der Ergebnisse: mündliche Präsentation und Portfolio

Einige Lernende könnten ihre Texte in der nächsten Unterrichtsphase, für die noch etwa zehn Minuten eingeplant sind, im Rahmen einer Evaluationsphase im Plenum vorlesen. Die Lehrperson stellt die Frage in den Raum, ob die anderen Kursteilnehmenden dieser Person eine Zusage erteilen und gern mit ihr zusammen leben würden. Die Lehrkraft bietet die Möglichkeit an, dass die Lernenden ihre Texte zu einer weiteren Korrekturphase einreichen können, bevor sie schließlich in ihr Portfolio aufgenommen werden. Als abschließende Phase wird noch einmal im Plenum darüber gesprochen, welche Charakteristika den Studierenden bei der Wohnungssuche besonders wichtig waren.

5. Resultate

Da die Stunde am CUCSH bereits in die Praxis umgesetzt wurde, werden im Folgenden zwei Texte vorgestellt und kommentiert, die aus dieser Unterrichtseinheit in einem A2-Kurs resultierten.

Hallo Maria,
Ich sehe, du hast ein Zimmer frei und das interessiert mich.
Ich mag die WG **und** das Bad hat eine Dusche. Ich denke, dass es ist gross genug **und** für das, 200 Euro ist ein sehr gut Preis. Du sagst viele Orte zu kaufen; ich kenne keine, [der genannten Orte: Edeka, Lidl, Penny, Netto, Aldi, Bioladen], **aber** das auch gefällt mir.
Außerdem rauche ich manchmal und du erlaubst in der Küche rauchen, **weil** sie ein Fenster hat: sehr schön!
Ich möchte wissen, **ob** der Ort ist sehr ruhig, **weil** ich eine Sängerin bin **und** ich muss praktizieren: ich will nicht die Nachbarn ärgern.
Und ich habe noch eine Frage: in das Angebot du suchst eine Person für die WG teilen, **aber danach** schreibst du die Kosten für die Miete für ein und zwei Personen: kann ich jemand mitbringen?
Das ist alles. Viele Grüße,
Susana (Studentin von Mexiko)

Susana hat das Stundenziel, schriftlich auf eine WG-Anzeige zu antworten, dem Niveau angemessen erfüllt. Sie verwendet viele Konnektoren und bringt inhaltlich auch persönliche Interessen zum Ausdruck. Man erfährt, dass Susana raucht und gerne singt. Positiv zu bewerten ist hier auch die von ihr gestellte Gegenfrage, ob sie noch eine weitere Person mitbringen könne.

Das zweite Beispiel stammt von einem Studenten aus demselben Kurs:

> Was geht?
> Was machst die Psychologie?
> Ich heisse Misraim, ich bin 23 Jahre alt **und** bin Philosophiestudent.
> Ich suche ein WG, **und** konnte dein Mitbewohner sein.
> Du bist Psychologiestudent. Ich finde es wichtig, **dass** ihr Platz habt zu lesen.
> Für mich auch ist es wichtig, **dass** es eine Waschmaschine gibt, naturlich.
> Mir gefällt, dass in der Nähe des Bahnhofs befindet sich.
> Wir sprechen Spanisch, **aber** ich brauche Deutsch praktizieren, **denn** ich will perfekt Deutsch sprechen.
> Die Miete ist 280 €, ich kann hier wohnen.
> Grüsse,
> Misraim

Zunächst fällt auf, dass sich der Text von Misraim erheblich von Susanas Antwort inhaltlich unterscheidet (Susana raucht und findet deshalb das Rauchverbot in der Küche gut während Misraim gerne liest und ihm ein Platz für diese Freizeitbeschäftigung sehr wichtig ist). Möglicherweise trägt die Art der Schreibvorbereitung also dazu bei, dass die Texte sehr unterschiedlich ausfallen, da jeder seinen persönlichen Stil verfolgt und beibehält. Auch im Hinblick auf das Niveau kann dieses Resultat allerdings positiv betrachtet werden kann, denn wie Misraim gibt auch Susana einige Details über die eigene Person preis, die ihm/ihr wichtig sind, und drückt gleichzeitig sein/ihr Gefallen aus. Beide Studierende kommunizieren schriftlich, was ihnen wichtig ist, wenn es um das Thema WG-Leben geht, und versuchen sogar, dies teilweise mit ihrem Charakter zu verbinden, denn man erfährt von beiden Studierenden einige Charakterzüge, Hobbies oder Dinge, auf die sie Wert legen.

6.   Schlussfolgerung und Ausblick

Zusammenfassend lässt sich festhalten, dass die Beispiele als Beweis dafür dienen, dass die Studierenden das Hauptlehrziel „Studierende sollen Anzeigen für Zimmerangebote in einer studentischen Wohngemeinschaft verstehen und darauf schriftlich reagieren können" durch den entwickelten Stundenentwurf erreichen können. Der Unterrichtsentwurf zeigt, wie Studierende bereits auf niedrigem Niveau längere Texte produzieren können, in die sie dank des prozessorientierten Ablaufes ihre Persönlichkeit einfließen lassen. Dies ist bei reproduktiven beziehungsweise reproduktiv-produktiven Schreibaufgaben nicht oder kaum möglich. Von besonderer Bedeutung ist beim produktiven prozessorientierten Schreiben, dass die Studierenden ausreichend auf die möglichst an die Zielgruppe angepasste Schreibtätigkeit vorbereitet werden. Das Lehrwerk *Studio d* wurde in den Stundenentwurf eingebaut. Jedoch ist es wichtig, je nach Zielgruppe andere Elemente zuzufügen, um einen zielgruppenspezifischen Unterricht zu gewährleisten.

Die Resultate der praktischen Umsetzung des Unterrichtsvorschlags lassen vermuten, dass prozessorientierte und zielgruppenspezifische Schreibaufgaben motivationssteigernd sind. Daher wäre die Entwicklung eines eigenen, lehrwerksunabhängigen Curriculums für die DaF-Lernenden am CUCSH erstrebenswert, das zielgruppenspezifische prozessorientierte Schreibaufgaben schon auf den unteren Niveaustufen vorsieht.

Literaturverzeichnis

Bohn, Rainer (1989), „Das Schreiben im Ensemble der sprachlichen Tätigkeiten. Anmerkungen zur lernpsychologischen Bedeutsamkeit schriftlichen Sprachgebrauchs im Fremdsprachenunterricht". In: *Die Rolle des Schreibens im Unterricht Deutsch als Fremdsprache*, Manfred Heid (Hg.), 51-60. München: Iudicium.

Bohn, Rainer (2001), Schriftliche Sprachproduktion. In: *Deutsch als Fremdsprache. Eininternationales Handbuch. Handbücher zur Sprach- und Kommunikationswissenschaft. Band 19, 2.* Helbig, Gerhard / Götze, Lutz / Henrici, Gert / Krumm, Hans-Jürgen (Hgg.), 921-931. Berlin, New York: de Gruyter.

Bludau, Michael (2006), Fertigkeit Schreiben. *Fremdsprachenunterricht heute. Oldenburger ForumFremdsprachendidaktik.* 89-110. Oldenburg: BIS-Verlag.

Funk, Hermann / Kuhn, Christina / Demme, Silke (2005). *Studio d A1. Deutsch als Fremdsprache. Kurs- und Übungsbuch.* Berlin: Cornelsen.

Herzig, Katharina (2010), Ein Text ist mehr als die Summe seiner Sätze: schriftliche Textproduktion im DaF-Unterricht. In: Asociación Mexicana de Profesores de Alemán (Hrsg.): DACH-Tage 2008/IX Encuentro AMPAL. Memorias. Mexiko-Stadt: 118-123.

Hufeisen, Britta (2002), *Ein deutschsprachiges Referat ist kein englisch-spra-*

chiges Essay. Theoretische und praktische Überlegungen zu einem verbesserten textsortenbezogenen Schreibunterricht in der Fremdsprache Deutsch an der Universität. Innsbruck: StudienVerlag.

Huneke, Hans-Werner / Steinig, Wolfgang, *Deutsch als Fremdsprache. Eine Einführung. Grundlagen der Germanistik. Band 34.* Berlin: Erich Schmidt Verlag, 5., neu bearbeitete und erweiterte Auflage.

Jaenecke/Sadowski (unveröffentlicht), DaF für Studierende der Geisteswissenschaften an der Universidad de Guadalajara, Mexiko. Überlegungen zur Erstellung spezifischen Lernmaterials für die Fertigkeiten Lesen und Schreiben unter Einbeziehung von studio d als Vorbereitung auf einen Studienaufenthalt in Deutschland. Masterarbeit, Herder-Institut, Universität Leipzig, und Universidad de Guadalajara, Mexiko.

Krings, Hans P. (1989). Schreiben in der Fremdsprache- Prozeßanalysen zum ‚vierten skill'. In: *Textproduktion. Ein interdisziplinärer Forschungsüberblick. Konzepte der Sprach- und Literaturwissenschaft. Band 48*, Antos, Gerd & Krings, Hans P. (Hgg.), 377-436. Tübingen: Niemeyer.

Krischer, Barbara (2002), Schreiben- aber wie?. Ein Planungsmodell. *Info DaF* 29, 5: 383-409.

Witte, Arnd & Harden, Theo (2010), Die Rolle des der Lehrer im Unterricht des Deutschen als Zweit- und Fremdsprache. In: *Deutsch als Fremd- und Zweitsprache. Ein internationales Handbuch. Handbücher zur Sprach- und Kommunikationswissenschaft. Band 35*, 2. Krumm, Hans-Jürgen; Fandrych, Christian; Hufeisen, Britta & Riemer, Claudia (Hgg.). 1324-1340. Berlin; New York: de Gruyter Mouton.

Portmann, Paul R. (1991), *Schreiben und Lernen. Grundlagen der fremdsprachlichen Schreibdidaktik. Germanistische Linguistik.* Tübingen: M. Niemeyer.

Steffen, Joachim (2010), Deutsch in Mexiko. In: *Deutsch als Fremd- und Zweitsprache. Ein internationales Handbuch. Handbücher zur Sprach- und Kommunikationswissenschaft. Band 35, 2.* Krumm, Hans-Jürgen; Fandrych, Christian; Hufeisen, Britta & Riemer, Claudia (Hgg.), 1740-1743. Berlin, New York: de Gruyter Mouton.

Storch, Günther (2009). *Deutsch als Fremdsprache – Eine Didaktik.* München: W. Fink.

Phraseodidaktische Vorschläge anhand der Liedtexte Rainald Grebes

Nils Bernstein, Universidad Nacional Autónoma de México/
DAAD-Lektor

Einleitung

DaF-Lernende beschäftigen sich bereits im Anfängerunterricht mit Routineformeln als Unterkategorie der Phraseologie, beispielsweise zum Verfassen
von Briefen (*Sehr geehrte Damen und Herren*, *Mit freundlichen Grüßen*
etc.). Auch in fortgeschrittenen Kursen oder in der DSH-Prüfung sind Phraseologismen wegen ihrer übertragenen Bedeutung ein relevantes und loh-
nenswertes Thema.

Für den deutschen Sänger und Kabarettisten Rainald Grebe sind Phraseologismen ein produktiver Steinbruch zum Erarbeiten von Liedtexten. Mit
Adornos Aperçu „Es gibt kein richtiges Leben im falschen" (Adorno 1969:
42), das den Refrain des gleichnamigen Liedes Grebes bildet[1], lässt sich
Grebes allgemeine Kritik sowohl an bürgerlichen als auch an alternativen
Standpunkten zusammenfassen. Neben geflügelten Worten, deren Urheber
sich noch – zumeist – ausmachen lassen, verwendet Grebe feste Formeln
jedweder Art, um seine Umwertung aller Werte zu propagieren. Einerseits
illustriert das Neukontextualisieren, Remotivieren und Weiterführen den
Reiz von Phraseologismenklassen wie Sponti-Sprüchen und Slogans, andererseits scheint ein zentraler Appell Grebes auch im Hinterfragen des unre-
flektierten Gebrauchs solcher Phrasen zu liegen.

Im Beitrag werden zunächst einige Problemstellungen bei der Vermittlung von Phraseologismen im Fremdsprachenunterricht sowie der grundle-
gende und immer noch aktuelle, auf Lüger zurückgehende Vierschritt (Erkennen, Entschlüsseln, Festigen, Verwenden) dargestellt. Dabei wird sich
zeigen, dass es sowohl im Bereich der phraseodidaktischen Forschung als
auch in den diesbezüglichen unterrichtspraktischen Vorschlägen interes-
sante Forschungslücken gibt. Anschließend werden anhand ausgewählter
Textbeispiele Grebes Didaktisierungsmöglichkeiten von Phraseologismen
vorgestellt. Die kontextsensitive Analyse mit Fokus auf die Phraseologis-

---

[1] 3. Lied auf dem Album 1968 von 2008.

men in Liedtexten dient neben der Erweiterung des Wortschatzes auch der Auseinandersetzung mit Landeskunde im Konnex DaF und Musik.

Phraseologie im DaF-Unterricht

Als Phraseologismen verstehen wir feste Mehrwortverbindungen mit gradueller semantischer Transformierung. Das bedeutet, sie müssen die drei Eigenschaften aufweisen:

1. Polylexikalität
2. (graduelle) Idiomatizität
3. (graduelle) Festigkeit[2]

In den weiten und für alle Sprachniveaus relevanten Bereich der Phraseologie fällt also das, was man linguistisch nicht ganz korrekt als *Redensart* oder *Redewendung* bezeichnet[3], außerdem Routineformeln (*Guten Tag, Kommen wir zum Schluss*), Sprichwörter (*Andere Länder, andere Sitten*), Geflügelte Worte (*Wenn einer eine Reise tut*) und Kollokationen (*Fußball spielen, blonde Haare*). Die zuerst genannte Eigenschaft der Polylexikalität war lange Zeit das vermeintlich einfachste Charakteristikum: Ein Phraseologismus muss aus mehreren Wörtern bestehen. Allerdings stellt sich in der aktuelleren Forschung auch hier die Frage nach der Inkorporation von Einwortmetaphern (*Tischbein, Flussbett, Bananenrepublik, Salamitaktik*), die aufgrund der Produktivität von Komposita im Deutschen eine ausgesprochen große Rolle spielt.[4] Die zunehmende Berücksichtigung des Randbereiches der Phraseologie (Einwortmetaphern, Kollokationen, Funktionsverbgefüge) führt mehr und mehr zur Aufweichung der genannten drei Merkmale. Idiomatizität und Festigkeit sind bereits graduell, können also in verschiedener Ausprägung vorkommen. Idiomatizität meint die semantische Transformation, die ein Phraseologismus erfahren hat. Während ein Phraseologismus in der L1 wie ein Wort gespeichert und reproduziert wird, erfordert die Reproduktion in der L2 eine erhöhte Speicherkapazität (Lüger 1997: 79). Während man in

---

[2] Dieser Erklärungsansatz ist beispielsweise Burger / Buhofer / Sialm (1982: 1) zu entnehmen und wird von Burger (2010:27) nach wie vor vertreten.

[3] In der Phraseologieforschung gibt es die wenig fruchtbringende Diskussion um den richtigen Terminus (*Phrasem* oder *Phraseologismus* etc.). Von anekdotischem wenngleich weniger linguistischem Interesse dürfte sein, dass Grebe diese Diskussionen völlig aushebelt und ihr naturgemäß kaum Interesse entgegenbringt, wenn er eingesteht, dass er allein von „Lutschformeln" spricht. Grebe in mdl. Mitteilung am 05.03.2012 in Guadalajara, Mexiko.

[4] Zur Problematisierung der Polylexikalität vgl. Heine 2010: 11-18, v.a. 17f.

der L1 das Phraseolexem *den Löffel abgeben* anstelle des Verbes *sterben* mit
Bewusstsein über dessen Stilebene reproduziert, müssen Lernende die syn-
tagmatische Position und paradigmatische Unaustauschbarkeit jedes einzelnen Lexemes memorieren. Idiomatizität veranlasst Lernende aufgrund der
semantischen Inkompatibilität zur Konsultation eines Wörterbuches. In den
Wendungen *Haare auf den Zähnen haben* oder *die Haare vom Kopf fressen*
kommt das Substantiv *Haare* in einem Kontext vor, der sich nicht mit dem
Weltwissen in Einklang bringen lässt. Deshalb besteht hier in Einklang mit
Lügers erstem Schritt des Erkennens für Lernende Klärungsbedarf. Festigkeit wiederum ist die Eigenschaft, die das Erlernen von Phraseologismen in
der L2 häufig erschwert bzw. die im L1-Erwerb zu Fehlleistungen führt. Un-
zählig sind die Beispiele in literarischen Texten, in denen Kinder versuchen,
einen idiomatischen Phraseologismus wörtlich zu verstehen. Für Lernende
führt besonders der in deutschen Nachschlagewerken immer noch defizitär
ausgeleuchtete Bereich der Kollokationen zu Schwierigkeiten: Ein Schuh lässt
sich binden, nicht aber schnüren oder knoten; Zähne lassen sich putzen, weniger aber bürsten oder reinigen und Haar kann schließlich blond, seltener aber
hell und niemals gelb sein. Neben den oben genannten drei Eigenschaften ist
die Expressivität (*ins Gras beißen*, *zeigen, wo der Hammer hängt*) und die
Vagheit (*Nägel mit Köpfen machen*, *Tacheles reden*) ein Grund, warum man
in bestimmten Zusammenhängen einem Phraseologismus vor freien Lexe-
men den Vorzug gibt. Das Lernziel muss nicht zwingend sein, dass Lernende Phraseologismen aktiv verwenden, was insbesondere bei Sprichwörtern
und Geflügelten Worten problematisch ist. Lernziel sollte jedoch sein, dass
diese Art von Phraseologismen rezeptiv erkannt wird.

   In der Phraseodidaktik hat sich der so genannte phraseodidaktische Vier-
schritt durchgesetzt (siehe Einleitung), 1992 von Kühn noch als Dreischritt
entworfen und 1997 um die Festigungsphase erweitert (Lüger 1997: 102).
Der Vierschritt umfasst folgende Phasen:
   • Erkennen
   • Entschlüsseln
   • Festigen
   • Verwenden
Damit folgen diese Arbeitsschritte der in der Didaktik gängigen induktiven
Vermittlung, bei der Lernende die Regelhaftigkeit bestimmter Phänomene
aus einem Einzelbeispiel ableiten sollen. In der Unterrichtspraxis funktioniert
das Erkennen von Phraseologismen meist über das Erkennen der semanti-
schen Inkompatibilität der Komponenten. So ließen sich Texte einführen, bei
denen idiomatische Phraseolexeme aber auch feste Wendungen mit übertra-
gener Bedeutung erkannt werden sollen. Bei der zweiten Phase können vor

dem Nachschlagen im Wörterbuch oder einer Erklärung durch die Lehrkraft zunächst Hypothesen über die Wortbedeutung seitens der Lernenden formuliert werden. Während die Festigungsphase anhand verschiedener Übungen oder der Beleuchtung des Entstehungszusammenhanges vonstatten geht, ist bei der Verwendungsphase zur Diskussion zu stellen, ob tatsächlich alle Phraseologismenklassen angewandt werden sollten. Vor allem bei Sprichwörtern und Geflügelten Worten herrscht die Meinung vor, sie aus dem Bereich aktiver Verwendung auszuklammern (Balzer / Moreno / Piñel / Raders / Schilling 2010: 10). Weitgehende Einigkeit besteht darüber, dass Nachschlagewerke über die initialalphabetische Sortierung auch einer lernerfreundlichen onomasiologischen Präsentation sowie eines Übungsteiles bedürfen (Wotjak 2011: 219). Neben allgemeinen Wörterbüchern gibt es etwas spezifischere Nachschlagewerke und Übungsbücher. Für spanischsprachige Muttersprachler ist das umfangreiche und aktuelle, alphabetisch strukturierte Nachschlagewerk *Idiomatik Deutsch-Spanisch* (Schemann u. a. 2012) die wohl beste Option.[5] Zur Übung empfehlen sich verschiedene Übungsbücher, beispielsweise *Idiomatische Redewendungen von A - Z: Ein Übungsbuch für Anfänger und Fortgeschrittene* (Herzog 2004) für ein breiteres Spektrum der Sprachniveaus sowie das weniger aktuelle, so doch immer noch gute und umfangreiche, onomasiologisch-semasiologisch ausgerichtete Übungsbuch für höhere Sprachniveaus *Deutsche Redewendungen. Ein Wörter- und Übungsbuch für Fortgeschrittene* (Hessky Ettinger 1997). Zur Konsultation müssen Lernende anderer Sprachen als dem Spanischen neben herkömmlichen DaF-Wörterbüchern zu diversen Nachschlagewerken greifen, etwa dem *Deutschen Universalwörterbuch*, dem Duden Band 11 (*Redewendungen. Wörterbuch der deutschen Idiomatik*) oder dem Duden Band 2 (*Das Stilwörterbuch. Grundlegend für gutes Deutsch. Idiomatisches Deutsch*), worin sich das Dilemma der Lernenden als auch der Bedarf nach Aktualisierung niederschlägt.

Anwendungsbeispiele bei Rainald Grebe

Schaut man sich die Liedtexte in *Das grüne Herz Deutschlands. Mein Gesangbuch* (Grebe 2007) an, so sieht man Grebes nachhaltiges Interesse an Phraseologismen. In 54 Liedern gibt es 18 Lieder mit einem oder mehreren Phraseologismen.[6] In Grebes *Gesangbuch* sind alle Sprachregister und zahl-

---

[5]   Der hohe Anschaffungspreis dürfte indes problematisch sein.

[6]   Die Phraseologismendichte, die sich aus der Division von Liedern mit Phraseologismen (18) geteilt durch Gesamtanzahl der Lieder ergibt, beträgt 0,33. Das bedeu-

reiche Klassen von Phraseologismen vertreten, woraus die Relevanz der Erlernbarkeit im Spracherwerb hervor geht:

„Grün vor Neid" (Grebe 2004: 24), „So ist das, so soll das immer sein" (38), „der Weiße Riese [...] der schwarze Mann (49), „Ein neuer Tag. Ein neues Glück" (79), „Dumm fickt gut" (97), „Die Bretter bedeuten die Welt" (107), „Wahre Schönheit kommt von innen" (122), „Wo Liebe draufsteht, is auch Liebe drin" (125), „So ein Sommer macht noch keine Schwalbe" (132), „Was wir hier machen, ist nicht das Gelbe" (138), „Ich bin ein Fisch und ich suche mein Fahrrad" (145), „Seine Mutter wohnte im Eierlikör. Sein Vater wieder in Schweden. [...] Im Leben kriegt man nichts geschenkt." (153), „Denn wo 2 oder 3 versammelt sind in meinem Namen" (164), „Das Leben ist kein Wunschkonzert" (193), „Der rote Teppich" (204), „Seemannsbraut ist die See" (211), „Einen Tag um die Ecke gebracht" (223), „Ich zähle Schafe" (237).[7]

Folgende Arbeitsvorschläge mit diesen Phraseologismen für eine Zielgruppe ab Ende B1 bieten sich an, um die beiden Phänomene Festigkeit und Idiomatizität von Phraseologismen zu illustrieren:

- Welche Phraseologismen sind modifiziert?
- Wie lauten die ursprünglichen Formen?
- Welche Bedeutungen könnten sie haben oder in welchem Kontext könnten sie stehen?
- Gibt es Phraseologismen, die in der Muttersprache existieren?
- Welche Formen kann man auch mit anderen Worten wiedergeben?

Zur Vereinfachung können nicht modifizierte Phraseologismen angeboten werden:

Grün vor Neid sein; So ist das, so soll das immer sein; Der Weiße Riese der schwarze Mann; Neuer Tag, neues Glück; Dumm fickt gut; Die Bretter, die die Welt bedeuten; Wahre Schönheit kommt von innen; Wo x draufsteht, ist auch x drin; Ein Sommer macht noch keine Schwalbe; das Gelbe vom Ei; Ein Fisch ohne Fahrrad; hinter schwedischen Gardinen sitzen; Im Leben

---

tet, dass im Mittel jedes dritte Lied mindestens einen Phraseologismus enthält. Für zeitgenössische Lyrik belegt eine Phraseologismendichte von höher als 0,1 eine erhöhte Vorkommenshäufigkeit (Bernstein 2010: 30 und 219).

[7] Häufiger sind Geflügelte Worte vertreten, etwa das Zitat „Seemannsbraut ist die See" aus dem Lied *La Paloma*, das vermutlich ursprünglich 1863 im *Teatro Nacional de Mexico* zum ersten Mal gesungen wurde, wobei auch Kaiser Maximilian I. zuhörte; oder aber die entsprechende, für Lernende sicherlich nicht leicht erkennbare Modifikation von *Ein Fisch ohne Fahrrad*, das auf einen Buchtitel der US-amerikanischen Autorin Elizabeth Dunkel von 1990 zurückgeht (Originaltitel: *Every Woman Loves a Russian Poet*).

kriegt man nichts geschenkt; Denn wo 2 oder 3 versammelt sind in meinem Namen, (da bin ich mitten unter ihnen); Das Leben ist kein Wunschkonzert; Der rote Teppich/ den roten Teppich ausrollen; Seemannsbraut ist die See; etw./jmdn. um die Ecke bringen; Schafe zählen.

Grebe gibt neben idiomatischen Redewendungen vor allem Geflügelten Worten den Vorzug. Möglicherweise hat dies mit seiner oft beschriebenen Arbeitsweise zu tun: „Jeden Einfall auf Zetteln notieren, den Fundus in der Wohnung verteilen und darin herumstreunen." (Siemes 2010: 1) So erscheint beispielsweise die Zitatcollage in Grebes Lied *Guido Knopp* wie ein Dauerlauf durch die Geschichte des 20. Jahrhunderts anhand Geflügelter Worte. Kritisiert werden soll dadurch die Sensationslust des Historikers Knopp, der *historytainment* so betreibt, dass Zuschauer keinesfalls weiter reflektieren und schon gar nichts mehr „darüber lesen" wollen (Grebe: *Guido Knopp*, 3. Lied auf dem Album *Rainald Grebe & die Kapelle der Versöhnung* von 2005). In den beiden Montagen des Liedes antwortet Roman Herzog auf Joseph Goebbels rhetorische Frage „Wollt ihr den totalen Krieg?" mit einem kategorischen „Durch Deutschland muss ein Ruck gehen". Auf Hitlers „Seit fünf Uhr funfundvierzig wird jetzt zurückgeschossen" folgt Willy Brandts Satz „Wir wollen mehr Demokratie wagen." Da in der zweiten Montage des Liedes neben Geflügelte Worte von Goebbels und Hitler sowie Politikern der Bundesrepublik auch Filmzitate[8] sowie Zimmermanns begeisterter Fußballkommentar über das so genannte *Wunder von Bern* gestellt werden, leuchtet die bissig-ironische Brechung von Grebes Schmeichelrede auf Guido Knopp aus der Sicht eines undifferenziert im Fernsehprogramm herumzappenden Zuschauers ein. Eine ausführliche Interpretation des Liedes *Guido Knopp* hat Gerrit Lembke vorgelegt (Lembke 2010: 41-45).

Im Lied *Guido Knopp* und der umfassenden Interpretation zeigt sich der evidente Zusammenhang von Geflügelten Worten und Landeskunde mit dessen mannigfaltigen didaktischen Anschlussmöglichkeiten. In einer Lerngruppe ab Ende B1 ließe sich über Präsentationsformen historischer Ereignisse im Fernsehen sprechen, um anschließend zentrale Geflügelte Worte und deren Entstehungszusammenhänge und Konsequenzen zu beleuchten, wofür sich vor allem die Brandt-, Goebbels-, Hitler- und Zimmermann-Kommentare eignen. Fragen zur Einleitung lauten: Welche Möglichkeiten gibt es, einem breiten Publikum Geschichte zu präsentieren? Welche be-

---

[8]   Die Zitate stammen aus *Der Herr der Ringe*, USA/ Neuseeland 2002 („Wer behauptet sich gegen die Macht Saurons und Sarumans?"), *Fight Club*, USA/ Deutschland 1999 („Die erste Regel des Fight Club lautet: Ihr verliert kein Wort über den Fight Club."), *Highlander*, USA/ Großbritannien 1986 („Es kann nur einen geben!") und *Rocky*, USA 1972 („Adrian! Adrian!").

treffenden Fernsehsendungen kennen die Lernenden? Gibt es Unterschiede zwischen der deutschsprachigen Fernsehlandschaft und der des Heimatlandes? Anschließend gibt man eine mündliche Kurzerklärung, alternativ einen Infotext zu Guido Knopp oder lässt dies die Teilnehmenden in Eigenrecherche ermitteln. Darauf wird der Anfang der ersten Strophe mit folgendem Text gehört: „Guido Knopp ist ein Historiker, seine Worte sind Gesetz. / Wer ihn kennt, der weiß das, wer nicht, der weiß es jetzt. / Er heißt Knopp, Doktor Guido Knopp." (Grebe: *Guido Knopp*) Der Arbeitsauftrag lautet, herauszufinden, welche Haltung der Sänger zu Knopp hat. Durch die Verwendung des Phraseolexems „seine Worte sind Gesetz" und die in diesem Zusammenhang nicht notwendige Nennung des Doktortitels wird die kritische Haltung Grebes dem Historiker gegenüber deutlich. Die reißerischen Strategien der Sendungen Knopps und der unreflektierte Konsum des Fernsehzuschauers sollen mit dem Hören der zweiten der beiden Collagen veranschaulicht werden. Durch Fragen wird auf das Verständnis hingesteuert: Was hört man? Aus welchen Kontexten stammt das? Wer hat was vermutlich gesagt? Hilfestellung sind hierbei die jeweiligen Zitate mit Bildern der Urheber, sowie deren Namen und Amt. Die Lernenden sollen Zitate und Bilder zuordnen und sich anschließend über Entstehungszusammenhang oder Kontext unterhalten/informieren sowie Geflügelte Worte von Politikern des Heimatlandes anführen. Zur Vereinfachung: Ein in einer Spalte vorgegebener Entstehungszusammenhang der Geflügelten Worte von Politikern soll Geflügeltem Wort in anderer Spalte zugeordnet werden. In einer solchen Zuordnungsübung können auch weitere Geflügelte Worte von Politikern, die mit der deutschen Geschichte in Zusammenhang stehen, eingeführt werden (etwa *...und das ist auch gut so, Ich bin ein Berliner, Wer zu spät kommt, den bestraft das Leben*)[9].

Die dargestellte spitze Ironie der Ironie betreibt Grebe auch in dem Lied *Es gibt kein richtiges Leben im falschen* (3. Lied auf dem Album *1968* von 2008). Der Liedtitel ist ein Zitat aus Adornos *Reflexionen aus dem beschädigten Leben* (Adorno 1969: 42) – so der Untertitel –, die 1969 unter dem Titel *Minima Moralia* veröffentlicht wurden. Adorno zu singen dürfte eine einmalige Leistung im Fundus deutschen Liedgutes sein. Mit dem genannten kulturkritischen Aphorismus – Aphorismen bilden wiederum einen Untersuchungsgegenstand der Phraseologie und „werden in literarischen Texten in nahezu all den Funktionen eingesetzt, in denen sie auch in Gebrauchstexten

---

[9] Diese Geflügelten Worte stammen von: Klaus Wowereit, SPD-Politiker, als Zusatz zu seinem Outing; US-Präsident John F. Kennedy bei seinem Berlin-Besuch im Jahr 1963; UdSSR-Präsident Michail Gorbatschow fälschlicherweise zugeschriebene Entgegnung auf Erich Honeckers Weigerung einer Erneuerung der DDR.

nachzuweisen sind" (Preußer 2005: 63) – bezeichnet Adorno den Zustand, „in dem sich der Mensch befindet, der erkannt hat, dass er in einer Welt der faschistischen Gewalt lebt, die maßgeblich durch kapitalistische Produktionsprozesse hervorgebracht worden ist" (Preußer 2007: 14). Einfach gesagt: Man kann nicht richtig leben, wenn ohnehin alles falsch ist. So ergeht es Klaus, dem Protagonisten des Liedes.

Zur Vorentlastung dienen folgende Aufgaben, wiederum für eine Lerngruppe ab Ende B1, um über die Entstehung von Geflügelten Worten zu reflektieren:

- Was assoziieren Sie mit 1968?
- Welche Ziele und Werte vertreten Studierende der so genannten 1968er?
- Welche Werte haben die so genannten Alt 68er hingegen heute?[10]

Vor dem ersten kompletten Hören sollte zunächst lediglich der instrumentale Teil und die ersten zwei Liedzeilen eingespielt werden, um über Instrumentation und Stimmung des Liedes zu sprechen. Auch die Projektion eines Bildes von Rainald Grebe mit dem Auftrag, über die mögliche Musikrichtung zu spekulieren, dient der Einstimmung auf das Lied. Vor dem kompletten Hören wird dieser Arbeitsauftrag gegeben:

- Was erfahren wir über Werte und Lebenseinstellung von Klaus?
- Was erfahren wir über seinen Umgang mit anderen Menschen, mit der Natur und zu seinem Konzept von Umweltschutz?

Vor dem 2. Hören eignen sich diese Fragen:

- Inwiefern unterstreicht die Stimmung der Musik die Einstellung von Klaus?
- An welcher Stelle ändert sich die Musik?
- Was verändert sich genau?
- Was könnte der Grund dafür sein?

Entscheidet man sich für ein einziges Hören, sollte den Lernenden die Textvorlage direkt ausgeteilt werden.

Klaus dürfte den Liedtexten Grebes zufolge der Prototyp der Spießbürgerlichkeit sein (vgl. die Lieder *Nomade Klaus* (Grebe 2007: 169-175) oder *Mittelmäßiger Klaus* (Grebe 2007: 192f). Klaus ergeht es so wie vielen Vertretern der so genannten 68er Generation. Einst rebellisch – jüngst angepasst. Klaus' Sohn hört als Nachhall der vegangenen Zeit gelegentlich *Ton Steine*

---

[10] Die zweite und dritte Frage lassen sich gut in Tabellenform gegenüberstellen. 1968 ist als internationales Phänomen auch in Lateinamerika von großem Interesse. In einer Lerngruppe wurden viele weiter führende Attribute zur zweiten Frage genannt, die den Text von Grebe vorentlasteten. Insbesondere Werte wie „sozialistisch, freiheitlich, antiautoritäre Erziehung und Gleichberechtigung" dienten hierbei zur Charakterisierung des Protagonisten Klaus aus Grebes Lied.

Scherben und Janis Joplin, hat eine „rebellische Phase", die aber geduldet wird, da Klaus sich gerne antiautoritär gebärdet. Klaus benutzt Solarenergie, spart monomanisch Strom und hat eine Frau, die zum Beweis ihres Exotismus gerne „Klezmer beim Bügeln" hört. Aber Klaus hat auch eine Putzfrau. In Deutschland, in Österreich und in der Schweiz eröffnen sich hierbei wohl andere Beziehungszusammenhänge als bei der Beschäftigung einer lateinamerikanischen „muchacha" oder einer „señorita que nos ayuda con la limpieza", wie man politisch korrekter sagen würde.

Klaus ist der Durchschnitts-68er, dem es wie zahlreichen Vertretern seiner Generation ergeht. Er gehört zu jenem Establishment, das er dermaleinst geschmäht hat. Grebe ruft die Schlagworte und Einwortmetaphern „Ressourcenschonung" und „Nachhaltigkeit", hinter denen sich komplexe Weltanschauungen verbergen, ohne Kontext heraus. Sie erstarren zu bloßen Floskeln im Leben von Klaus. Klaus spart Strom, denn er ist Öko. Aber die Prinzipientreue und der Eifer, mit dem er diese Ansicht vertritt, scheint eher dem Muster des Spießbürgers als dem des Alt-68ers zu entspringen. Die Paradoxie dieser Lebenshaltung lässt sich in diesem neuen und anderen Kontext mit Adornos Aperçu rechtfertigen. So könnte Klaus denken: „Was soll man denn machen? Es gibt kein richtiges Leben im falschen. Nicht ich bin schuld an meinen falschen Verhältnissen, sondern die Umwelt. Ich bin nicht schlimmer, als die anderen." Adorno, der ohnehin zu seinem Misswollen von den 68ern rezipiert und zitiert wurde, muss nun wiederum für die Rechtfertigung einer wiedermals verirrten Lebensweise herhalten: der von Klaus.

Nach Seitel (1972: 240) unterscheidet man bei Sprichwörtern eine Sprichwortsituation, die im Sprichwort selbst enthalten ist, von einer Kontextsituation, auf die sich das Sprichwort bezieht, und schließlich eine Interaktionssituation, in der ein Sprichwort tatsächlich geäußert wird. Der Kontext und die Interaktionssituation sind auch bei Geflügelten Worten zu beachten. Durch Fragestellungen und Informationsangebot muss bei einer Thematisierung des Liedes von Grebe im DaF-Unterricht auch der landeskundliche Inhalt der 68er-Generation und die lexikalische Füllung der Begriffe *Öko* und *Spießer* oder *Spießbürger* beleuchtet werden.[11] Diese Hintergrundinformationen und Arbeitsaufträge dienen der näheren Beleuchtung des Adorno-Zitates:

- Eine wichtige Bezugsperson für die 68er war der Soziologe und Philosoph Theodor Wiesengrund Adorno, meist Theodor W. Adorno genannt.

---

[11] Neben dem Adorno-Zitat kommen in Grebes Lied auch folgende Phraseologismen vor: die Modifikation „*freilaufende Bauern", was zurückgeht auf die Kollokation *Eier von freilaufenden Hühnern*, das Geflügelte Wort *It's a wild world* (Zitat aus dem Lied *Wild World* von Cat Stevens, 1970) und das englische Sprichwort *My home is my castle*, darüber hinaus *betreutes Wohnen*, und *etw. rechnet sich*.

- • Finden Sie im Internet ein paar Informationen zu diesem Intellektuellen! (Lebensdaten, Hauptwerk(e), Universität, wichtige Sätze von Adorno)
- • Finden Sie weitere Sätze, die von den 68ern häufig angebracht wurden!

Ein zentraler Satz von Theodor W. Adorno aus den so genannten Minima Moralia, geschrieben zwischen 1944 und 1947 im US-amerikanischen Exil, lautet: „Es gibt kein richtiges Leben im falschen." (Im Aufsatz 18 mit dem Titel *Asyl für Obdachlose*)

- • Was kann Adorno damit gemeint haben?
- • Warum kann ein richtiges Leben im allgemeinen falschen nicht vorhanden sein?
- • Welche Parallelen/Beispiele zur eigenen Geschichte im Heimtland sehen Sie?

Bei dem abschließenden Beispiel, einem Auszug aus dem Lied *Die Zeitmaschine*, wird der Bogen von den 68ern bis zur Szene der Linken heutigentags gezogen. Man vernimmt dort Schlagworte der 68er, die berühmt geworden sind und schon zu damaliger Zeit ziemlich kontextlos angebracht wurden, Geflügelte Worte sowie aktuellere Spontisprüche – auch dies ein Teil der Phraseologie: *Ho - Ho - Ho Chi Minh, Unter den Talaren – Muff von 1000 Jahren, Trau keinem über 30, Alles, was zu dumm ist, um gesprochen zu werden, wird gesungen, Ein Penis ist ein Skinhead mit Rollkragenpullover, NPD – ohne Verfassungsschutz wärt ihr nur zu dritt*. Die Aneinanderreihung der Schlagworte entspricht der Collage in *Guido Knopp*, was wiederum als Anknüpfungspunkt zur Reflexion der musikalischen Mittel eines modernen deutschen Liedermachers genutzt werden kann. Das Lied ist hervorragend geeignet, den breiten landeskundlichen Horizont zum internationalen Phänomen *1968* zu erörtern und aktuelle Anschlussthemen und registerspezifischen Sprachgebrauch zu thematisieren.

Beim Umgang mit Liedtexten, mit Lyrik und mit Literatur im DaF-Unterricht könnte man nun bemängeln, hier würde Lyrik zur Vermittlung von Phraseologismen instrumentalisiert. Dem halte ich entgegen, dass im DaF-Unterricht immer instrumentalisiert wird. Alles, was Lehrende machen, wird in irgendeinem Sinne zum Mittel zum Zweck, und zur Wortschatzarbeit, zur Grammatikarbeit, zur Arbeit an der Aussprache usw. verwendet. Dennoch bleibt stets der Kunstcharakter des Mediums, das Lyrische des Liedtextes, gewürdigt. Phraseologismen weisen nicht immer, aber oftmals Literarizität im Sinne Roman Jakobsons auf (1979: 92). Sie verfügen über rhetorische Stilmittel (Anapher, Parallelismus, Alliteration, Chiasmus, Wortwiederholung usw.); daher wird Sprache um der Sprache willen benutzt. Die poetische Funktion tritt in den Vordergrund. Durch die kontextsensitive Auseinandersetzung mit Phraseologismen in Liedtexten wird man dieser lyrischen Eigenschaft gerecht. Somit steht auch die Vermittlung von Phraseologismen und Geflügelten

Worten im DaF-Unterricht mittels Liedtexten Grebes in Beziehung zu der von Michael Dobstadt vorgebrachten Doppelthese, derzufolge Literatur zwingend „eine für Sprach- und Kulturzwecke funktionalisierte Literatur" (Dobstadt 2009: 23) sei. Gleichzeitig bleibe aber, so Dobstadt, stets die „Reflexion auf ihre Literarizität" (ebd.) Ausgangs- und Bezugspunkt.

Nicht nur für Phraseologen, auch für Phraseo-Didaktiker ist Rainald Grebe von außerordentlichem Interesse. Es eröffnen sich neben Aspekten, die der Sprachvermittlung dienen, auch kulturkundliche Zusammenhänge, die weiter zu thematisieren sind. Bei Grebe werden Phraseologismen zu Einheiten der Sprache, die auf metasprachlicher Ebene kommentiert werden. In *Als ich jung war* (8. Lied auf dem Album *1968* von 2008) heißt es:

> Es gab damals eine Redensart:
> Bei mir ist der Groschen gefallen.
> Und nicht bei mir sind 5 Cent gefallen.
> Sondern Groschen gefallen.
> Das ham alle gesagt und das verstanden auch alle.

Und schließlich gibt es – für zeitgenössische Künstler durchaus bemerkenswert – auch das Beispiel des Autorenphraseologismus, den Grebe hervorgebracht hat, bei dem zwar nicht gesagt werden kann, er sei verfestigt, sei phraseologisiert[12]: „Ich fühl' mich heut' so leer/ Ich fühl' mich Brandenburg." (11. Lied auf dem Album *Rainald Grebe & die Kapelle der Versöhnung* von 2005)

Grebe ist damit, wenn auch nicht das einzige, aber ein außerordentliches und zudem aktuelles Paradebeispiel eines Lyrikers und Sängers, der mit immenser Akribie Phraseologismen behandelt und eine lohnende Auseinandersetzung im DaF-Unterricht darstellt, anhand derer sich der Vierschritt „Erkennen, Entschlüsseln, Festigen, Verwenden" auch beim Randbereich der Phraseologie, den Geflügelten Worten, perfekt illustrieren lässt.

Literaturverzeichnis

Adorno, Theodor W. (1969), *Minima Moralia. Reflexionen aus dem beschädigten Leben.* Frankfurt/ M.: Suhrkamp.

Balzer, Berit / Moreno, Consuelo / Piñel, Rosa / Raders, Margit / Schilling, María Luisa (2010), *kein Blatt vor den Mund nehmen – no tener pelos en*

---

[12] Doch über die Zahl von *youtube*-Klicks lassen sich Rückschlüsse über die breite Rezeption dieses Autorenphraseologismus ziehen.

la lengua. Phraseologisches Wörterbuch Deutsch-Spanisch. Ismaning: Hueber.

Bernstein, Nils (2011), *„kennen sie mich herren/ meine damen und herren".* *Phraseologismen in Moderner Lyrik am Beispiel von Ernst Jandl und Nicanor Parra.* Würzburg: Königshausen & Neumann.

Burger, Harald / Buhofer, Annelies / Sialm, Ambros (1982), *Handbuch der Phraseologie.* Berlin / New York: de Gruyter.

Burger, Harald (2010), *Phraseologie. Eine Einführung am Beispiel des Deutschen.* 4., neu bearb. Aufl. Berlin: Erich Schmidt.

Dobstadt, Michael (2009), „‚Literarizität' als Basiskategorie für die Arbeit mit Literatur in DaF-Kontexten. Zugleich ein Vorschlag zur Neuprofilierung des Arbeitsbereichs Literatur im Fach Deutsch als Fremdsprache". In: *Deutsch als Fremdsprache. Zeitschrift zur Theorie und Praxis des Deutschunterrichts für Ausländer,* 46, 21-30.

Grebe, Rainald (2007), *Das grüne Herz Deutschlands. Mein Gesangbuch.* Frankfurt a. M.: Fischer.

Heine, Antje (2010), „Wie viel Polylexikalität braucht ein Phraseologismus?" In: Jarmo Korhonen u. a. (Hgg.): *EUROPHRAS 2008. Beiträge zur internationalen Phraseologiekonferenz vom 13.–16.8.2008 in Helsinki.* Universität Helsinki, 11-18, unter: http://www.helsinki.fi/deutsch/europhras/ep2008.pdf (01.12.2012).

Herzog, Annelies (2004), *Idiomatische Redewendungen von A - Z: Ein Übungsbuch für Anfänger und Fortgeschrittene.* München: Langenscheidt.

Hessky, Regina / Ettinger, Stefan (1997): *Deutsche Redewendungen. Ein Wörter- und Übungsbuch für Fortgeschrittene.* Tübingen: Narr.

Jakobson, R. (1979 [1960]), „Linguistik und Poetik" In: Ders.: *Poetik.* Ausgewählte Aufsätze 1921-1971. Hg. von Elmar Holenstein und Tarcisius Schelbert. Frankfurt/ M.: Suhrkamp, 83-121.

Lembke, Gerrit (2010), „Poetik der Einebnung. Zur Amalgamierung von Raum und Zeit in den Liedern Rainald Grebes. Zeitmaschine (2008) und Guido Knopp (2005). In: *Mauerschau 1,* 35-47, unter: http://www.uni-due.de/imperia/md/content/germanistik/mauerschau/mauerschau5_lembke.pdf (01.12.2012).

Lüger, Heinz-Helmut (1997), „Anregungen zur Phraseodidaktik". In: *Beiträge zur Fremdsprachenvermittlung,* 32, 69-120.

Preußer, Ulrike (2005), „‚Das ist ein weites Feld…' Phraseologismen in der Literatur des Deutschunterrichts". In: *Der Deutschunterricht,* 57, 5, 62-71.

Preußer, Ulrike (2007), *Aufbruch aus dem beschädigten Leben. Die Verwendung von Phraseologismen im literarischen Text am Beispiel von Arno Schmidts Nobodaddy's Kinder.* Bielefeld: Aisthesis.

Schemann, Hans / Mellado Blanco, Carmen/ Buján Otero, Patricia / Iglesias, Nely / Larreta, Juan. P. / Mansilla Pérez, Ana (2012), *Idiomatik Deutsch-Spanisch*. Hamburg: Buske 2012.

Seitel, Peter Isaa (1972), *Proverbs and the Structure of Metaphor among the Haya of Tanzania*. Pennsylvania: University of Pennsylvania.

Siemes, Christoph (2010), „Durchs wilde Absurdistan. Rainald Grebe ist Deutschlands komischster Liedermacher. Jetzt dreht er voll auf". In: *Zeit online*. Unter: http://www.zeit.de/2010/43/Rainald-Grebe (01.12.2012).

Wotjak, Barbara (2011), „Ein Wort gibt das andere – Feldstrukturen und Idiome". In: *Deutsch als Fremdsprache. Zeitschrift zur Theorie und Praxis des Deutschunterrichts für Ausländer*, 48, 212-220.

Die Integration elektronischer Medien in den DaF-Unterricht am Beispiel von Moodle und einem Weblog

Rogéria Costa Pereira, Universidade Federal do Ceará

Einführung

Der folgende Beitrag berichtet über den Versuch, elektronische Medien in den DaF-Präsenzunterricht zu integrieren. Der Versuch wurde während des zweiten Semesters 2011 für Lernende des Niveaus A1/1 der Casa de Cultura Alemã der Universidade Federal do Ceará (CCA-UFC) im Nordosten Brasiliens durchgeführt. Den Lernenden wurden zwei Möglichkeiten zur Verfügung gestellt: ein virtueller Klassenraum auf der Lernplattform Moodle, und ein Weblog mit Links zu den im Präsenzunterricht behandelten Themen.

1. Einige Gründe für die Einführung digitaler Medien in den Sprachunterricht

Elektronische Medien haben in den letzten Jahren einen stürmischen Aufschwung erlebt. Besonders die Entwicklung mobiler Geräte (wie Smartphones und Tablets) hat die zwischenmenschliche Kommunikation radikal verändert und ist aus dem aktuellen Leben nicht mehr wegzudenken. Das Internet ist folglich allgegenwärtig, aber eine genaue Zahl der Menschen, die weltweit regelmäßig im Internet surfen, ist unmöglich zu bestimmen. Geschätzt wird diese Zahl im Juni 2012 auf 2,4 Milliarden[1]. Dieselben Daten sagen, dass ungefähr 40% der Lateinamerikaner regelmäßig das Internet benutzen. Nach Schätzungen der US-amerikanischen Regierung nutzten 2009 zirka 76 Millionen Brasilianer das Internet[2].

Das Netz wird als unerschöpfliche Quelle von Informationen und Wissen angesehen, auf die man innerhalb von Sekunden zugreifen kann. Als eine Art großer kollektiver Lernraum ermöglicht das Netz neue Formen des Lehrens und Lernens und schafft eine direkte Kommunikation mit der ganzen Welt. In

---

[1] http://www.internetworldstats.com/stats.htm (letzter Zugriff am 20.8.2013).

[2] https://www.cia.gov/library/publications/the-world-factbook/rankorder/2153rank. html (letzter Zugriff am 20.8.2013).

diesem Zusammenhang lässt sich das Lernen einer Fremdsprache ohne elektronische, multimediale Möglichkeiten nur schwer vorstellen.

Der Deutschunterricht an der Casa de Cultura Alemã der Universidade Federal do Ceará (CCA-UFC) zeigt eine hohe Abbruchquote (zwischen 30% bis 40% im ersten Semester), und es wird nach Möglichkeiten gesucht, diese Quote in den nächsten Jahren zu verringern. Das an der CCA-UFC benutzte Lehrbuch „Tangram aktuell" (Dallapiazza, von Jan, Schönherr 2004) bietet schon seit Jahren ein ergänzendes Online-Angebot, das von Grammatik- bis zu Leseübungen geht. Auch andere DaF-Lehrwerke stellen mittlerweile Moodle-Kursinhalte zur Verfügung, die als „Ergänzung des gewohnten Präsenzunterrichts"[3] und als „Unterstützung der Lernerautonomie"[4] fungieren sollen. Wäre dann ein multimediales Angebot, ein medienassistierter Präsenzunterricht der richtige Weg für eine größere Motivation für das Deutschlernen an der CCA-UFC?

Die Integration von der Lernplattform Moodle im Italienischunterricht wird von Strasser (2010) diskutiert. Der Autor argumentiert, dass die Benutzung verschiedener Medien wie Podcasts oder Youtube-Videos verschiedenen Lerntypen zugute kommen kann. Da diese Materialien mühelos in die Lernplattform integriert werden können, liefert die Bereitstellung dieser Medien „einen essenziellen Beitrag zur Individualisierung bzw. zum personalisierten Lernen", weil die Lernenden mit Hilfe von Moodle freie Wahl zwischen den bereitgestellten Materialienangeboten haben. Strasser erörtert außerdem, dass „ein einheitlicher, den Mindeststandards angepasster Workload (…) theoretisch im Präsenzunterricht vermittelt bzw. festgesetzt werden" könnte, „sodass ausreichend Zeit in den E-Learning-Phasen bleibt, den SchülerInnen den nötigen Raum frei zu geben, selbstgesteuert und individuell auf Inhalte zuzugreifen" (Strasser 2010: 66).

Auf der Suche nach dem Weg zu einem DaF-Unterricht mit digitalen Medien hat man an der CCA-UFC zwei Möglichkeiten ausgewählt: das Weblog und die Lernplattform Moodle. Diese werden in den nächsten Abschnitten diskutiert.

---

[3] Informationsseite der Klett Moodle-Kursinhalte. In: http://www.klett.de/moodle. (letzter Zugriff am 20.8.2013).

[4] Den Begriff „Lernerautonomie" einheitlich zu definieren ist nur schwer möglich und überschreitet die Grenzen des vorligenden Beitrags. Für die Belange unserer Diskussion wird auf die Definition vom Wiki *99 Stichwörter für den Fremdsprachenunterricht* hingewiesen, wonach der Begriff der Lernerautonomie in den 1980er Jahren als „die Fähigkeit des Lerners, Verantwortung für seinen eigenen Fremdsprachenlernprozess zu übernehmen" definiert wird (https://www.hueber.de/wiki-99-stichwoerter/index.php/Lernerautonomie , letzter Zugriff am 20.8.2013).

2. Was ist Moodle?

Moodle ist ein „Learning Management System" (auch „Course Management System" genannt), ein Software-Paket, mit dem man Internet-basierte Kurse entwickeln und durchführen kann[5]. Moodle steht außerdem als Akronym von „Modular Object-Oriented Dynamic Learning Environment", d.h. eine *Modulare dynamische objekt-orientierte Lernumgebung*[6]. Moodle ist d*ynamisch,* denn Lerninhalte können flexibel genutzt werden. Moodle ist *modularisiert*, da jeder Kurs auf Moodle in thematisch oder zeitlich ausgerichtete Abschnitte gegliedert werden kann, was die Übersicht der einzelnen Unterrichtsaktivitäten einfacher macht. Moodle wurde vom australischen Software-Entwickler und Pädagogen Martin Dougiamas erfunden und ist mittlerweile unter Lehrenden weltweit sehr verbreitet, weil man mit der Lernplattform dynamische Lern-Websites für Lernende erstellen kann. Moodle ist eine frei verfügbare Open-Source-Software, ein globales Softwareentwicklungsprojekt, das einen konstruktivistischen Lehr- und Lernansatz unterstützt[7]. Um es benutzen zu können, muss Moodle entweder auf dem eigenen oder auf einem externen Webserver installiert werden. Bei Moodle findet man innerhalb einer zugangskontrollierbaren Oberfläche eine Vielzahl an synchronen (Chat) und asynchronen (Foren, Email) Kommunikationsmöglichkeiten, Dokumentenverwaltung, Testmodule und unterschiedliche Instruktions- und Interaktionswerkzeuge vor. Viele Gründe sprechen für den Einsatz von Moodle im Fremdsprachenunterricht (Strasser 2010: 45 ff.) erörtert einige Gründe, Moodle im Unterricht einzusetzen:

- Kostenlose, relativ unkomplizierte Installation am (Schul-, Hochschul-) Server;
- Attraktive Ergänzung zum Regelunterricht;
- Kulturelle/örtliche Delimitation des Lernens;
- Attraktives, forschendes, wiederholendes, remediales Lernen;
- Akquisition von IT-Skills im curricularen Kontext;
- Kollaboratives Design;
- Kontinuierliche, lehrplan-/lernzieladäquate Kommunikation ;
- Ansprechendes Konzept für den auditiven und visuellen Lerntyp und für die vier Fähigkeiten;
- Simplizität von Import, Design und Sharing von Lernhinhalten;
- Spaßfaktor Lernen

---

[5] http://docs.moodle.org/23/de/Was_ist_Moodle (letzter Zugriff am 20.8.2013).

[6] Ebd.

[7] http://docs.moodle.org/23/de/Was_ist_Moodle (letzter Zugriff am 20.8.2013).

Oliveira et al. (2008) hat den Einsatz von zwei Lernplattformen (Moodle und DUO[8]) in Blendend-Learning-Kursen an der Universidade de Campinas (Unicamp) verglichen und argumentiert, dass Moodle für den brasilianischen Hochschulkontext besser geeignet sei, da Deutsch als Fremdsprache (nicht als Zweitsprache) gelernt wird, und Moodle z. B. die Einstellung der Sprache in seinem Interface ermöglicht (2008: 66), was besonders für Anfänger die Arbeit mit der Plattform erleichtern kann. Wegen seiner Flexibilität und seiner einfachen Handhabung gibt Moodle den Lehrenden außerdem die Möglichkeit, als Entwickler und Koautoren von Online-Lehrmaterialien für die Bedürfnisse ihrer Zielgruppe zu agieren (ebd.: 71).

Wie im Abschnitt 1 erwähnt wurde, bieten einige Verlage mittlerweile Moodle-Komponenten zu den DaF-Lehrwerken an, die z. B. folgende Aktivitäten beinhalten: Grammatik- und Wortschatzübungen, Links zu Arbeitsblättern, Online-Wörterbücher, Lieder, Videos, Lesetexte, Kursglossare und Online-Tests. Diese Aktivitäten sind als Ergänzung zum Präsenzunterricht gedacht, sollen als Begleitmaterial benutzt werden und können außerdem durch den Benutzer geändert und ergänzt werden, um Lerninhalte besser verschiedenen Lerngruppen und -zielen anzupassen.

Für eine ausführliche Diskussion über die pädagogisch-didaktische Bedeutung von Moodle weise ich auf die Arbeiten von Oliveira (2012), Oliveira et al. (2008), Strasser (2010) und Waba (2011) hin, da diese Diskussion die Grenzen des vorliegenden Beitrags überschreitet.

3.   Was ist ein Blog?

Blog oder auch Web-Log ist eine Wortkreuzung aus *World Wide Web* und *Log* für Logbuch. Das Blog ist ein Tagebuch oder Journal, das auf einer Website geführt wird und meistens öffentlich zugänglich ist. Ein Blog ist in der Regel eine abwärts chronologisch sortierte Liste von Einträgen und ein einfach zu benutzendes Medium zur Darstellung von Meinungen zu spezifischen Themen. Meist sind aber auch Kommentare oder Diskussionen der Leser über einen Artikel zulässig[9].

Das Blog kann damit sowohl dem Ablegen von Notizen wie in einem Zettelkasten, dem Austausch von Informationen, Gedanken und Erfahrungen als auch der Kommunikation dienen. Es ähnelt einem Internetforum, je nach In-

---

[8]   http://www.deutsch-uni.com/gast/duo/info/index.do?do=index (letzter Zugriff am 20.8.2013).

[9]   http://de.wikipedia.org/wiki/Weblog (letzter Zugriff am 20.8.2013).

halt aber auch einer Internet-Zeitung. Nach Donath & Klemm (2009: 123) sind Blogs ein „echter Zugewinn für den handlungsorientierten" Sprachunterricht in digitalen Zeiten, da sie unterschiedliche Funktionen verbinden, „die sowohl für Lehrer als auch für Lerner neue Dimensionen von Unterrichtsbegleitung bzw. Dokumentation von Lernprozessen bieten". Blogs sind Webseiten, die keine HTML-Kenntnisse voraussetzen und „sofort im WWW veröffentlicht, verändert, ergänzt oder aktualisiert werden" können (ebd.). Videoclips, Word- oder PDF-Dokumente und Bilder können einfach in die Einträge eingebunden werden.

4. Kurzer Überblick über das Blog- und Moodle-Angebot an der CCA-UFC

Während des zweiten Semesters 2011 wurden ein virtueller Klassenraum auf der Lernplattform Moodle und ein Lehrerblog zwei Klassen des Niveaus A1/1 der CCA-UFC zur Verfügung gestellt. Sowohl der Moodle-Kurs als auch das Blog wurden thematisch und grammatikalisch nah am im Präsenzunterricht verwendeten Lehrwerk Tangram aktuell A1/1 gestaltet. Aus diesem Grund wurden beide in vier Lektionen geteilt, die den Lektionen im genannten Buch entsprechen. Das Lehrerblog sieht folgendermaßen aus[10]:

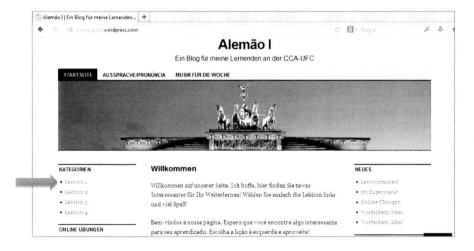

---

[10] http://alemao1cca.wordpress.com/ (letzter Zugriff am 20.8.2013).

Wie bereits erwähnt, hatte sowohl das Blog als auch der virtuelle Raum die Funktion, die ersten Monate des Deutschkurses an der CCA-UFC zu begleiten. Aus diesem Grund wurden die für das erste Semester *Alemão I* geplanten vier Lektionen (siehe oben unter Kategorien) mit einem Online-Angebot ergänzt, das von Online-Übungen zu grammatischen Themen, über Wortschatzlisten zu jeder Lektion[11] bis zu Liedern und Ausspracheübungen geht. Die Einführung und die Kommentare zu den verschiedenen Links und Webseiten wurden am Anfang auf Deutsch und auf Portugiesisch gemacht, um das Blog an das Niveau der Lernenden anzupassen und dadurch die Navigation im Blog zu erleichtern. Die erste Lektion auf dem Blog sieht teilweise wie folgt aus:

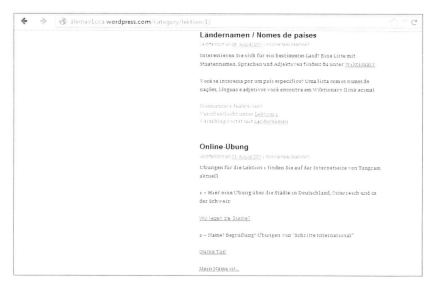

Wie zu sehen ist, ordnet das Blog die zur Verfügung gestellten Materialien chronologisch, was manchmal die Suche nach einer bestimmten Aufgabe für eine bestimmte Lektion erschweren kann (siehe unter Abschnitt 6, Kommentar 3 und Abbildung). In der obigen Abbildung zu einem Teil der Lektion 1 kann man sehen, dass die Online-Übungen die Thematik der Lektion wiederholen und erweitern: die Online-Übungen sind eigentlich für ein anderes Lehrwerk gemacht worden, eignen sich aber ebensogut für das an der CCA-UFC verwendete Lehrwerk. Die Liste mit Ländernamen z. B. erweitert den Wortschatz, der in *Tangram aktuell* gefunden wird. Im Präsenzunterricht macht man meistens die Erfahrung, dass die Lernenden nach dem Namen bestimmter Länder fra-

---

[11] Die Wortschatzliste zu jeder Lektion wurde unter http://www.wordchamp.com/lingua2/Home.do (letzter Zugriff am 20.8.2013) zur Verfügung gestellt. Eine Abbildung davon ist im Abschnitt 6 am Ende dieses Beitrags zu finden.

gen, die gerade nicht aufgelistet wurden. Mit dieser Liste wird dann versucht, auf diesen Wunsch einzugehen und somit das personalisierte Lernen zu unterstützen und persönliche Lernbedürfnisse zu bedienen. Weil das Blog jedem zugänglich ist, der eine Internetverbindung hat, konnten z. B. einige Aufgaben und Tests nicht zur Verfügung gestellt werden, um persönliche Daten der Lernenden zu schützen. Aus diesem Grund wurden z. B. keine Online-Tests für diese Gruppe durchgeführt.

Der virtuelle Raum unter Moodle wurde auf dem Server der Universidade de Campinas (Unicamp)[12] innerhalb einer akademischen Kooperation zwischen dem Centro de Ensino de Línguas (CEL)-Unicamp und der CCA-UFC gehostet. Hauptziel dieses virtuellen Raumes war es, das Angebot sowohl des Lehrwerks als auch des Präsenzunterrichts zu bereichern. Mit dem Zugang zu Online-Begleitmaterialien hat man auch beabsichtigt, die Lernwege zu differenzieren und die unterschiedlichen persönlichen Lernbedürfnisse zu bedienen. Viele Informationen (z. B. über Online-Wörterbücher) und das *Know-how* wurden innerhalb des oben genannten Austausches bereit gestellt. Andere Aktivitäten, Aufgaben, Links und Tests wurden von der Verfasserin des vorliegenden Beitrags ergänzt, geschrieben und tutoriert[13]. Der Moodle-Raum sieht folgendermaßen aus:

---

[12] Hier einen Dank an Dr. Paulo Oliveira, der mir nach einem Workshop auf der brasilianischen Deutschlehrertagung im Juli 2011 den Moodle-Raum auf dem Unicamp-Server großzügigerweise eingerichtet hat.

[13] http://www.ggte.unicamp.br/moodle/course/category.php?id=16 (letzter Zugriff am 20.8.2013).

Wie man sieht, ist die Navigation auf der Plattform sehr benutzerfreundlich. Die Lektionen werden links aufgelistet und die Lernenden können schnell durch diesen Weg in die jeweilige Lektion gelangen. In der Einführung zu dem Raum werden allgemeine Informationen auf Portugiesisch über die zur Verfügung gestellten Materialien gegeben und auch einige Links (z. B. zu Online – Wörterbüchern und Online-TVs) aufgelistet. Nach dieser Einführung kommt die erste Lektion, die folgendermaßen aussieht:

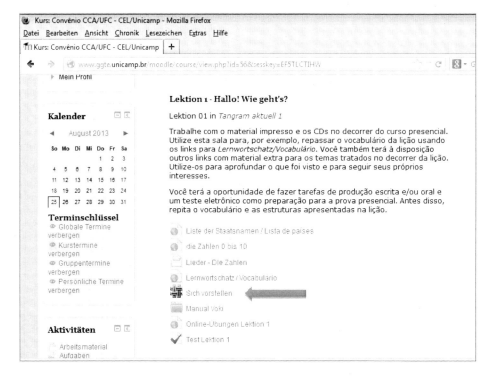

Die Aktivitäten für das Niveau A1/1 hatten als Hauptziel, in den ersten Monaten das Deutschlernen zu unterstützen. Deswegen wurden z. B. in Anlehnung an die Lektionsthemen Lernwortschatz (Flashcards)[14], Grammatikübungen und –informationen, Schreib- und Sprechaufgaben zur Verfügung gestellt (siehe oben die Aufgabe „sich vorstellen", wo die Lernenden anhand des Web 2.0-Werkzeugs *Voki*[15] sich mündlich vorgestellt haben). Das Hören wurde hauptsächlich durch Lieder zu bestimmten Themen geübt, da es ein weiteres Ziel der Online-Materialien war, die Lernenden für die Sprache und ihre Melodien zu sensibilisieren.

---

[14] http://www.wordchamp.com/lingua2/Home.do (letzter Zugriff am 20.8.2013).

[15] http://www.voki.com/ (letzter Zugriff am 20.8.2013).

5.   Evaluation des Online-Angebots

Von den am Anfang des Semesters eingeschriebenen 24 Lernenden arbeiteten in dem Moodle-Raum 15 regelmäßig. Am Ende des Semesters wurde eine kurze Reflexionsphase mit den Teilnehmenden auf der Plattform durchgeführt. Leider nahmen nur sieben der fünfzehn Teilnehmenden an einer Einfachauswahlumfrage teil, wo sie unter anderem nach der Besuchhäufigkeit der Plattform (Abbildung 1) und den ausgeführten Aktivitäten (Abbildung 2) gefragt wurden. Auf die Frage, wie oft sie die Plattform besucht haben, antworteten sie wie folgt:

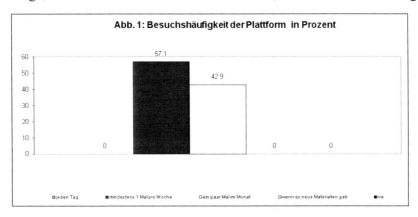

Wie man aus den Daten lesen kann, besuchten die meisten Teilnehmer die Plattform mindestens einmal in der Woche. Da die Kurse an der CCA-UFC für Hörer aller Fakultäten angeboten werden, haben viele Studierende aufgrund ihrer anderen Verpflichtungen im Rahmen ihres Studiengangs wenig Zeit, sich intensiv mit den Materialien zu beschäftigen. Trotzdem ist so ein Angebot unter Moodle wichtig für die Entwicklung und Förderung der Lernerautonomie, die in der brasilianischen schulischen Lernkultur gelernt und unterstüzt werden soll (Oliveira 2012: 12).

Die Ergebnisse auf die Frage, welche Aktivität die Teilnehmenden favorisiert haben, werden in der Abbildung 2 prozentual veranschaulicht:

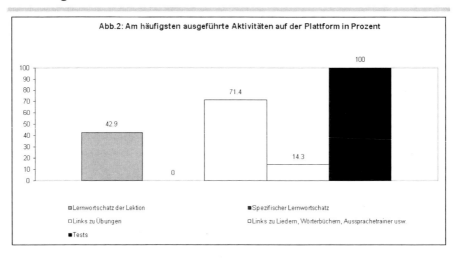

Abb.2: Am häufigsten ausgeführte Aktivitäten auf der Plattform in Prozent

Die Mehrheit der Lernenden besucht den Kursraum, um genau die Aktivitäten zu bearbeiten, die obligatorisch waren und zur Benotung beitragen könnten. Die Plattform wurde außerdem für Wortschatz- und Aussprachearbeit benutzt. In diesem Sinne bietet die Moodle-Plattform eine echte Möglichkeit des zeit- und ortsunabhängigen Lernens an und kann das Lehrwerk- und Präsenzangebot ergänzen.

Ebenfalls während des ersten Semesters 2011 wurde 25 Lernenden einer anderen Klasse des Niveaus A1/1 ein Blog[16] bereit gestellt. Auf diesem Blog konnten Lernende Links zu Online-Übungen, zu Lernwortschatz und zu Liedern finden. Besonders auf dem Blog wurde die Möglichkeit genutzt, die Online zur Verfügung gestellten Materialien zu verlinken.

Am Ende des Semesters wurden auch die Lernenden, die das Blog benutzt haben, im Präsenzunterricht aufgefordert, eine Einfachauswahlumfrage über die Häufigkeit der Benutzung des Blogs (Abbildung 3) zu beantworten. Die Ergebnisse der 16 Teilnehmenden auf die Frage, wie oft sie das Blog besucht haben, werden in der folgenden Abbildung 3 prozentual und graphisch dargestellt:

---

[16] http://alemao1cca.wordpress.com/ (letzter Zugriff am 20.8.2013).

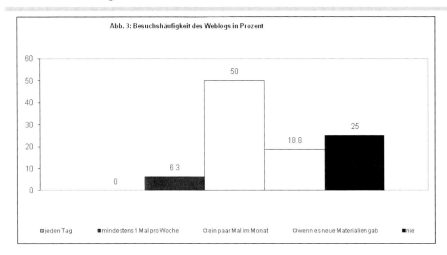

Anders als bei den Moodle-Teilnehmenden besuchten die Lernenden das Blog eher unregelmäßig. In diesem Zusammenhang kann ein Vorteil der Lernplattform erwähnt werden: Es gibt eine einfache Lerner- und Aufgabenverwaltung, die dem Lehrenden ermöglicht, schnell zu sehen, wer wann eine Aufgabe bearbeitet hat. Es wurde außerdem nachgefragt, welche im Blog verlinkten Online-Aktivitäten (Abbildung 4) am meisten genutzt wurden. Die Antworten können in der Abbildung 4 abgelesen werden:

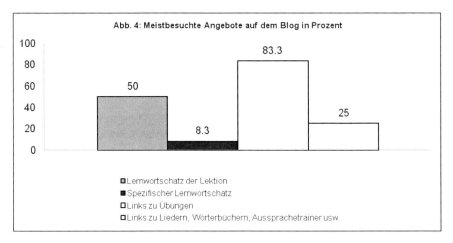

Wie man sieht, sehen die Ergebnisse der Blog-Benutzer prozentual ähnlich wie bei den Moodle-Benutzern aus: die Mehrheit benutzt den Blog, um Online-Übungen zu lösen und um den Lernwortschatz der entsprechenden Lektion zu wiederholen. Das Angebot mit Links zu Liedern, zu Wörterbüchern usw. und zu spezifischem Wortschatz wurde eher in geringem Umfang genutzt.

Anhand dieser Ergebnisse ist es berechtigt zu fragen, welche Vor- und Nachteile beide Medien mit sich bringen.

6. Vor- und Nachteile von Lernplattform und Blog: eine persönliche Beurteilung

Ein Semester lang wurden der Online-Kursraum auf Moodle und das Blog als Ergänzung des Präsenzunterrichts für das Niveau A1/1 genutzt. Beide wurden durch die Verfasserin des vorliegenden Beitrags entwickelt und tutoriert, so dass eine Beurteilung über die gesamte Praxis vorgestellt werden kann:

1. Sowohl das Blog als auch die Plattform ermöglichen ein zeit- und ortsunabhängiges Lernen, d.h. Lernende haben durch die Online-Aktivitäten die Möglichkeit, auch außerhalb des Unterrichts und unabhängig vom Lehrenden zu lernen. Moodle bietet außerdem die Möglichkeit des zeit- und ortsunabhängigen Betreuens, da der Lehrende bei den Aktivitäten z. B. bestimmen kann, wie oft der Lernende eine Aktivität wiederholen darf, und auch sehen kann, wie er zu dem Endergebnis gekommen ist;

2. Beide Medien geben die Möglichkeit der Differenzierung: Zusatzmaterialien werden zur Vertiefung, zum (nochmaligen) Üben und zur Vorbereitung bereitgestellt. Dies kann z. B. anhand der Flashcards zum Wortschatz der Lektion 1 unter *Wordchamp* veranschaulicht werden[17]:

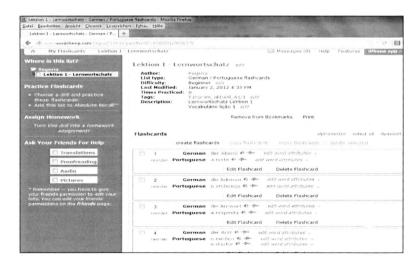

---

[17] http://www.wordchamp.com/lingua2/List.do?packItemID=9760955110639117 9 (Letzter Zugriff am 20.8.2013).

3. Moodle ermöglicht, anders als das Blog, eine bessere Organisation der zur Verfügung gestellten Materialien: die Lernplattform hat die Möglichkeit, die Inhalte in Themen bzw. Kapitel (bis zu 52) zu unterteilen und somit einen besseren Überblick über die verfügbaren Aktivitäten zu verschaffen. Da das Blog wie ein Tagebuch organisiert ist, werden die Inhalte nach Datum geordnet, nicht nach Thema. Um diese automatische Organisation im Blog zu umgehen, können die Inhalte in verschiedene Kategorien unterteilt und Tags eingefügt werden, wie im obigen Abschnitt 4 zu sehen ist.
4. Unter Moodle hat man als Lehrende/r eine einfache Übersicht über gelöste Aufgaben bzw. Tests. Diese Funktion erweist sich als sehr nützlich, um sich z. B. einen Überblick zu verschaffen, wer die jeweiligen Aktivitäten inwieweit bearbeitet hat. So kann der Lehrende rechtzeitig und individuell intervenieren und die Lernenden unterstützen, die vielleicht Schwierigkeiten haben. Auch bei Aufgaben oder Tests, die benotet werden sollen, erweist sich das System als sehr hilfreich.
5. Moodle braucht einen Server, das Blog nur einen Internetzugang: Um die Lernplattform benutzen zu können, muss sie auf einem Server, z. B. der Hochschule, installiert sein. So sind einige bürokratische und technische Voraussetzungen zu erfüllen, bevor der Lehrende mit der Plattform arbeiten kann. Für die Benutzung eines Blogs braucht der Lehrende lediglich einen Internetzugang, den er vielleicht zu Hause schon besitzt.

Die hohe Abbruchquote im ersten Semester der CCA-UFC konnte leider anhand der vorher dargestellten Online-Materialien noch nicht reduziert werden. Beide Gruppen zeigten immer noch eine sehr hohe Anzahl an Lernenden, die den Kurs unterbrochen haben: 45% bei der Moodle-Gruppe und 36% bei der Blog-Gruppe. Im vorliegenden Beitrag kann man leider nur über die Gründe spekulieren, warum die Lernenden den Deutschkurs schon so früh abgebrochen haben: fehlende Motivation für das Lernen, Gesamtsituation des persönlichen Zeitplans bzw. der Kurszeiten, Kurskonzeption bzw. –methodik, Arbeitsaufwand für das Lernen, usw. Gründe für den Abbruch des Kurses müssen noch explorativ und quantitativ erforscht werden, wobei ein längerer Zeitraum und eine höhere Anzahl an Lernenden untersucht werden sollen.

Obwohl die E-Plattform Moodle für den Lehrenden einfach zu bedienen ist, hat sie einen großen Nachteil: die Erstellung von Kursen ist zeitintensiv und –aufwendig. Das gilt ebenfalls für das Blog: Man muss als Lehrende/r viel Zeit und Arbeit in die Materialien- und Aufgabenentwicklung investieren, was ganz selten vergütet wird.

Es ist aber schließlich anzumerken, dass es nach der Einrichtung eines Moodle-Kursraums bzw. eines Blogs nur einer regelmäßigen Kontrolle und Aktualisierung der Aufgaben und Materialien bedarf. So können diese von anderen Kollegen und Kursen genutzt werden, was eine „echte Zeitersparnis für die Beteiligten ebenso wie eine zumindest digitale Öffnung des Unterrichts" darstellt (Donath & Klemm 2009: 124 f.).

Literaturverzeichnis

99 Stichwörter für den Fremdsprachenunterricht, unter: https://www.hueber. de/wiki-99-stichwoerter/index.php/Lernerautonomie (25.04.2013).

Blake, Robert J. (2011), „Current trends in Online Language Learning". In: *Annual Review of Applied Linguistics* 31, 19-35.

Dallapiazza, Rosa-Maria / Eduard von Jan / Til Schönherr (2004), *Tangram aktuell 1. Kursbuch und Arbeitsbuch*, Lektion 1 – 4. Ismaning: Hueber.

Donath, Reinhard & Klemm, Uwe (2009), „Sprachhandlungskompetenzen entwickeln in multimedialen Lern- und Lebenswelten". In: Bach, Johannes / Timm, Johannes-Peter (Hg.): *Englischunterricht: Grundlagen und Methoden einer handlungsorientierten Unterrichtspraxis*. Stuttgart: A. Francke / UTB, 4. Auflage, 121-149.

Nárosy, Thomas & Riedler, Verena (2008), *E-Learning in der Schule*, unter: http://www.e-teaching-austria.at/e-LISA_Archiv/download/e-learning_in_ der_schule.pdf (20.8.2013).

Oliveira, Paulo (2012), „Escrita em ambientes eletrônicos: colaboração e avaliação inter-pares no Moodle". In: *Anais Eletrônicos IX Congresso Brasileiro de Linguistica Aplicada*, unter: http://alab.org.br/images/stories/alab/ CBLA/ANAIS/ temas/19_14.pdf (23.04.2013).

Oliveira, Paulo / Wucherpfennig, Norma / Vetter, Anisha (2008), „Alemão para universitários: formas híbridas". In: *Cadernos de Letras* (UFRJ) 24, 59-84.

Reimer, Ricarda (2004), „Blendend Learning – veränderte Formen der Interaktion in der Erwachsenenbildung". In: *Report* 27, 1, 265-271.

Roche, Jörg (2008), *Handbuch Mediendidaktik Fremdsprachen*. Ismaning: Hueber.

Rösler, Dietmar (2008), „Deutsch als Fremdsprache mit digitalen Medien – Versuch einer Zwischenbilanz im Jahr 2008". In: *Info DaF* 35, 4, 373-389.

Stark, Ulrike (2005), *Erfahrungsbericht über die Arbeit mit der E-Learning-Plattform Moodle*, unter: *ZPG-Mitteilungen* 04: 3-4, unter: http://www.ls-bw.de/projekte/berufschulen/zpg/hls/mitteil/05_4_03.pdf (20.8.2013).

Strasser, Thomas (2010), *Die Moodle-Cyberschool im Fremdsprachenunterricht – Blended Learning als didaktisch-innovativer Ansatz im Italienischunterricht oder pädagogische Eintagsfliege?*, Dissertation: Universität Wien.

Waba, Stephan (2011), *E-lecture: Organizationswunder Moodle*, unter: https://proj.adobeconnect.com/_a789908106/p6cbalkbpn8/?launcher=false&f csContent=true&pbMode=normal (20.8. 2013).

Skype-Konferenz der Deutschen Schule Guadalajara (Mexiko) mit der Ganztagsschule Maria-Montessori Jena (Deutschland) – ein Erfahrungsbericht

Mathias Sannemann, Deutsche Schule Guadalajara

Einleitung

In Zusammenarbeit mit OIKOS[1] und der Ganztagsschule „Maria Montessori" Jena (MMJ)[2] realisierte die Deutsche Schule Guadalajara (DS GDL)[3] von November 2011 bis Juni 2012 im Rahmen des Unterrichts Deutsch als Fremdsprache (DaF) ein bilaterales Videokonferenzprojekt mit Schülerinnen und Schülern (SuS) der Jahrgangsstufe acht. Die achtzehn mexikanischen TeilnehmerInnen lernten bereits im achten Lernjahr DaF, während sich die acht deutschen SuS erst seit Schuljahresbeginn (Mitte August) Kenntnisse in Spanisch als Fremdsprache (SaF) im Rahmen einer Spanisch AG aneigneten. Die zumeist vierzehnjährigen Jugendlichen verfügten über Sprachkenntnisse in DaF auf den Niveaustufen A2/B1 bzw. SaF in A1.[4]

Unter Berücksichtigung des DaF-Rahmenplans der Zentralstelle für das Auslandsschulwesen (ZfA) werden hier die Ziele dieses Projekts vorgestellt.

---

[1] Eine entwicklungspolitische Nichtregierungsorganisation mit Sitz in Berlin; cf. http://www.oikos-berlin.de/wir/wir.htm (25. Juni 2013).

[2] http://www.montessorischule.jena.de/index.php?option=com_frontpage&Itemid=1 (25. Juni 2013).

[3] Bei der DS GDL handelt es sich um eine deutsche Auslandsschule mit verstärktem Deutschunterricht. An der mit Mitteln aus Deutschland geförderten Schule wird von Klasse eins bis neun Deutsch als Fremdsprache wöchentlich fünfstündig unterrichtet. Darüberhinaus werden – je nach Personalsituation – ab Klasse sieben zusätzlich Mathematik, Physik, Chemie, Biologie, Kunst und Musik auf Deutsch unterrichtet. In den Jgst. zehn und zwölf legen die Schülerinnen und Schüler (SuS) das Deutsche Sprachdiplom (DSD) I bzw. II ab. Außerdem können sie das *International Baccalaureate* (IB) erwerben. http://www.colegioalemanguadalajara.edu.mx/ (25. Juni 2013).

[4] Ausführliche Informationen zu den Kompetenzstufen des GeR finden sich unter Europarat (2001).

In erster Linie sollten die Sprachkompetenzen der mexikanischen und deutschen SuS trainiert sowie ihr Interesse an Zielsprache und -land gesteigert werden (s. Abschnitte 5 und 6). Aufgrund der Vielschichtigkeit des Projekts ergaben sich jedoch weitere Ziele. Durch das Einbeziehen der jugendlichen SprachlernerInnen in die Planung und Organisation des Projektablaufs sollten sie ihre Kompetenzen in diesen Bereichen schulen (Abschnitt 2). Des Weiteren galt es, ihre Medienkompetenzen beim Erstellen der Referate zu fördern und beim Präsentieren der Referate während der Videokonferenzen ihre Präsentationskompetenzen zu verbessern (3). Um Schwierigkeiten zu identifizieren und nach Lösungen zu suchen, fanden im Anschluss an jede Videokonferenz Evaluationen statt. Damit sollte Erlerntes bewusst gemacht und kritisches Bewerten trainiert werden (4). Im Diskurs mit gleichaltrigen SuS aus einem anderen Kulturkreis sollten die TeilnehmerInnen ihre interkulturellen Kompetenzen schulen (6). Ein weiteres Ziel war, ein diplomatisches Reagieren auf Fehlern zu entwickeln (7). Hauptaugenmerk lag jedoch auf der Förderung des Spracherwerbs und der Motivationssteigerung, die Zielsprache zu erlernen (5).

Um eine Kommunikation, welche durch beiderseitiges Interesse und Arbeitsbereitschaft getragen wird, zwischen den zwei sich unbekannten Lerngruppen zu ermöglichen, wurden altersgerechte Themen gewählt. Gleichzeitig durften jedoch auch für Lernstandserhebungen, Klausuren und für das Sprachdiplom (DSD) relevante Themen nicht außer Acht gelassen werden.

1. Projektablauf

Insgesamt fanden vier Videokonferenzen statt. Um einerseits das Interesse der SuS zu wecken und sie andererseits auf das DSD I vorzubereiten, wurden alltagsnahe Themen gewählt: a) Gegenseitiges Vorstellen, b) Taschengeld, c) Bräuche und Traditionen zur Weihnachtszeit, sowie d) Vorurteile und Stereotype. Für jede Skype-Konferenz verständigten sich die betreuenden Lehrkräfte auf ein Thema, um eine Gesprächsgrundlage zu schaffen. In Kleingruppen von zwei bis sechs SuS recherchierten die TeilnehmerInnen im Internet und befragten ihre Eltern oder führten *peer*-Interviews innerhalb der Klasse durch und bereiteten ihre Ergebnisse in Kurzreferaten (2-5 Minuten) auf.

Diese Präsentationen in deutscher Sprache stellten die Kleingruppen in einem Probelauf in den Stunden vor der eigentlichen Konferenz vor, wonach sie durch kritische Beiträge aus dem Plenum Änderungsvorschläge bekamen. Zu Beginn jeder Skype-Konferenz hielten die SuS ihre Referate, indem sie abwechselnd in Kleingruppen vor Kamera traten und in Mikrofon und Kamera sprachen. Gemäß den Forderungen von Bausch et al. (2009: 36f.) werden die SuS durch dieses Vorgehen befähigt, „(…) Strategien für die produktiven Teilkompetenzen ein[zu]setzen und unterschiedliche Sprech- und Schreibstrategien [zu] nutzen. Im Einzelnen können sie z. B. […] für die Darstellung von Arbeitsergebnissen (einfache) Präsentationstechniken nutzen – auch unter Berücksichtigung zeitgemäßer Technologien." Im Anschluss an die Kurzreferate stellten die deutschen bzw. mexikanischen Partner Fragen, kommentierten und verglichen die Inhalte, sodass häufig ein Dialog in der Zielsprache Deutsch entstand. In der Folgestunde fanden inhaltliche und organisatorische Evaluationen statt.

2.   Planungskompetenzen entwickeln

Nachdem die SuS mit den Grundzügen des Projekts vertraut gemacht worden waren, wurde im Plenum nach sinnvollen Strukturen und Themen gesucht. Aufgrund der unterschiedlich großen Lerngruppen, mangelnder technischer Ausrüstung (PCs, Webcams, Mikrofone) und nicht zuletzt, um als pädagogischer Moderator einen Überblick zu haben, wurde von parallelen Videokonferenzen in Zweier-/Dreiergruppen abgesehen. Die anschließend gebildeten Arbeitsgruppen stellten zu den entsprechenden Themen zu Hause und im Unterricht Recherchen auf Spanisch und Deutsch an und bereiteten die Ergebnisse mediengestützt in der Zielsprache auf (z. B. mit Fotos und/oder Postern). Zum Thema „Kompetenzen für den Umgang mit Texten und Medien" bemerkt der DaF-Rahmenplan: „Im Einzelnen können die Schüler z. B. unter Anleitung unterschiedliche Methoden der Informationsbeschaffung aufgabenbezogen für Recherchen und Kommunikation nutzen" (Bausch et al., 2009: 28).

  Zwar stellten die beiden involvierten Lehrkräfte den Kontakt zwischen den Schulen her, verständigten sich über Zeiten zum gemeinsamen Skypen, gaben Oberthemen vor, assistierten bei der Vorbereitung der Kurzpräsentation (sprachliche Richtigkeit) und stellten technisches Zubehör bereit (Webcam, Mikrophon, Kabel, Software, etc.), doch entschieden die SuS über Fragen der Umsetzung. Beispielsweise verständigten sich die mexikanischen SuS auf das Mitbringen und Erklären von Realien (*rosca de reyes*[5], *piñata*[6],

---

[5] Hefezopf mit Trockenobst und Orangeat/Zitronat, in den eine oder mehrere Figuren eingebacken sind. Wer beim Anschneiden auf eine Figur stößt, muss am 2. Januar *tamales* (Gemüse und/oder Fleisch (herzhaft) oder Ananas (süß) mit Maismehl in Maisblättern gedünstet) für alle Beteiligten kochen.

[6] Eine mit Süßigkeiten (früher Obst) gefüllte Figur aus Pappmache oder Ton, die an einer Schnur in ein bis drei Meter Höhe aufgehängt wird. Zumeist der jüngste Gast

Adventskranz, ...), Präsentationsformen, Arbeitsverteilung, Gruppenzusammensetzung und Unterthemen.

3. Schulung von Medien- und Präsentationskompetenzen

Obwohl die SuS bei der Recherche und beim Verfassen ihrer Skripte Computer und Internet benutzten, ist im vorliegenden Fall mit Schulung von Medienkompetenz v. a. das Sprechen in Mikrophon und Kamera gemeint. Hieraus ergeben sich zwei Vorteile für die Aussprache: Da die SuS ins Mikrophon sprachen und es häufig zu Einschränkungen der Tonqualität (Übertragungsschwierigkeiten wie Verzögerung, Verzerrungen, Echo, etc.) kam, waren die TeilnehmerInnen gehalten, langsam, laut und deutlich zu sprechen. Dies schult eine klare Aussprache (mündliche Kommunikation: monologisches und dialogisches Sprechen). Außerdem übten sie sich im Zuhören (Hörverstehen) und abwechselnden Sprechen (Etikette).

Darüber hinaus erkannten die Jugendlichen beim Präsentieren schnell die Wichtigkeit, in die Kamera zu schauen, anstatt den Text vorzulesen. Sie übten so, beim Vortragen keinen vollständigen Text abzulesen, sondern stichwortgestützt (Karteikarten) zu präsentieren. Auch trainierten sie, beim Präsentieren Blickkontakt zum Publikum (Kamera) zu halten. Durch die so entstehende Verbindung können die Zuhörenden leichter dem Vortrag folgen und bei Unklarheiten Wortmeldungen einbringen. Durch das Vorstellen von Kurzreferaten während der Videokonferenzen stärkten die SuS ihre Präsentationskompetenzen. Im DaF-Rahmenplan für die Stufe A2 heißt es dazu:

> Die Schüler können am Ende des zweiten Bildungsabschnitts mit einfachen zusammenhängenden Sätzen eine kurze, eingeübte Präsentation in logischer Abfolge zu einem vertrauten Thema ihres Erfahrungs- oder Interessensgebiets vortragen und dabei elementare Satzverknüpfungen verwenden. (Bausch et al., 2009: 20)

Da bei den Präsentationen das Publikum nur virtuell anwesend war, war folgende technische Ausstattung in den Klassenräumen für die Realisation des Pro-

---

(oder das Geburtstagskind) versucht mit verbundenen Augen (ähnlich wie beim Blinde-Kuh-Spiel), die Figur zu schlagen, bis sie kaputt geht und die Süßigkeiten auf den Boden fallen. Der/Die KandidatIn darf jedoch nur so lange schlagen, wie die übrigen Gäste das *piñata*-Lied singen. Oftmals zieht eine Person an der Schnur, um das Spiel in die Länge zu ziehen. Der Brauch ist fester Bestandteil von Festivitäten wie Weihnachten oder Geburtstagen in der spanischsprachigen Welt und vielen Teilen der USA.

jekts notwendig: Neben einem PC mit Internetzugang und Mikrophon sowie einem Benutzerkonto bei Skype ermöglichten der Einsatz von Beamer, Leinwand und Lautsprechern allen SuS das Verfolgen der Videokonferenzen. Bei der Sitzordnung erwies sich ein Präsentationstisch mit Mikrophon in der Mitte des Klassenraums als sinnvoll. Die übrigen SuS konnten so im Halbkreis um den Tisch sitzen, an dem die präsentierende Gruppe vortrug, und den Referaten ebenso folgen.

4.   Bewusstes Lernen

Im Anschluss an die Videokonferenzen – spätestens in der nachfolgenden Stunde – fand jeweils eine inhaltliche und strukturelle Evaluationen der Konferenz statt, um die SuS reflektieren zu lassen, sie in die weitere Planung miteinzubeziehen und ihnen somit Erlerntes bewusst zu machen. Die betreuende Lehrkraft machte sich während der Videokonferenzen Notizen zu Aspekten wie sprachlichen Entgleisungen (Grammatik, Aussprache, Kasus-, Numerus-, Tempusgebrauch, usw.), Gelungenes/Verbesserungsmöglichkeiten und Organisation und unterbricht an dieser Stelle nicht, da „(…) in erster Linie [der Unterricht] auf das Gelingen kommunikativen Handelns in konkreten Situationen ausgerichtet [ist]. Erst in zweiter Linie geht es um die Sicherung formaler normorientierter Sprachrichtigkeit.". (Bausch et al. et al., 2009: 13). Gemäß des Grundsatzes *message before accuracy* stoppt die Lehrkraft somit nicht die Präsentationen bzw. Dialoge, sondern nutzt die Notizen für sprachliche Korrekturen zu einem späteren Zeitpunkt (z. B. während der Evaluation). Idealerweise kamen Korrekturen, Lob und Verbesserungsvorschläge dann von der Schülerschaft. Lohnenswerte Aspekte für Beobachtungsaufträge an die SuS können flüssiger Gesprächsverlauf, Beteiligung (innerhalb der Klasse, aber auch auf Seiten der anderen Lerngruppe), Verhalten der Nicht-Vortragenden, Verbesserungsmöglichkeiten im Allgemeinen, sein. Um für zahlreiche Gesprächsbeiträge zu sorgen, empfehlen sich hier Methoden wie Kartenabfrage[7] oder Blitzlicht[8].

---

[7] Es werden Karteikarten, Post-Its oder Din-A6 Zettel ausgeteilt, die SuS schreiben in Stichworten ihre Kommentare darauf und diese werden an der Klassenraumtür, Tafel oder den Fenstern aufgehängt (Magneten, Klebeband) (s. Abb. 5). Zwei SuS oder die Lehrkraft (je nach Sprachstand der SuS bzw. Zeitbudget) moderieren die Auswertung. Die anonyme Kartenabfrage, bei der die Lehrkraft kurzzeitig den Klassenraum verlässt, ermöglicht den SuS auch das Thematisieren delikater Themen.

[8] Mündliches Evaluieren, bei dem jede/r SuS reihum nur 1-2 Sätze sagt.

5. Förderung der sprachlichen Kompetenzen

5.1 Mündliche Kommunikation

Im Vordergrund standen die mündliche Kommunikation, also das monologische und dialogische Sprechen sowie das Hörverstehen, um die TeilnehmerInnen in Begegnungssituationen sprachlicher Handlungen zu ermöglichen. Immerhin hat nach Bausch et al. (2009: 6f.) der DaF-Unterricht den Bildungsauftrag, authentische Kommunikationsanlässe in der Zielsprache zu schaffen und SuS zum interkulturellen Handeln zu befähigen:

> Der Unterricht in ‚Deutsch als Fremdsprache' erfüllt vorrangig folgende Aufgaben: Er bietet Lerngelegenheiten, damit Schüler im schulischen und außerschulischen Alltag ihre Handlungsabsichten differenziert und situationsangemessen mündlich und schriftlich verwirklichen können. […] Er vermittelt Einblicke in deutschsprachige Lebenswirklichkeiten und schafft Anlässe dafür, dass Schüler diese in Vergleiche und Kontraste zur eigenen Lebenswirklichkeit setzen können.

Das Skype-Projekt fördert neben Zuwachs an interkulturell-kontrastivem Wissen (s. Abschnitt 6) auch Sprachkompetenzen. Wie oben erwähnt führten das Ins-Mikrophon- und In-die-Kamera-Sprechen die SuS zu einer lauten, klaren und deutlichen Aussprache und Intonation, da sie sonst nicht verstanden wurden (unmittelbare Rückmeldung durch Gegenüber).

Durch die Struktur der Videokonferenzen ergab sich ein hoher weitgehend authentischer Gesprächsanteil auf Seiten der SuS: Nach einer kurzen Plenumsphase zu Beginn einer Unterrichtsstunde setzten sich die SuS in Kleingruppenpenarbeit zusammen und widmeten sich der Vorbereitung ihrer Präsentation bzw. erledigten den Rest in der Hausaufgabe. In den Folgestunden fanden Probeläufe der Referate statt, wonach die übrige Klasse Verbesserungsvorschläge zu Sprache, Inhalt, Medien und Präsentationsform machte.

In der Skype-Konferenz selber stellen die SuS nach der Begrüßung ihre Kurzreferate vor, beantworteten Fragen und besprachen Gemeinsamkeiten und Unterschiede. Deutsch[9] diente also als Kommunikationsmedium in den Plenumsphasen (Unterrichtssprache), sowie als Metasprache in der Evaluationsphase. Nur in Ausnahmen (Zeitökonomie, Abstraktionsgrad) greift der

---

[9]   Auf Seiten der Jenaer SuS sollen selbstverständlich auch die Spanischkenntnisse ausgebaut werden, doch können im ersten Lernjahr Aufgrund des niedrigen Sprachstandes weder Unterrichtsgespräche und Referate noch Evaluation und Fehleranalysen ausschließlich in der Zielsprache geführt werden. Daher fanden lediglich Begrüßung, Small-Talk und Verabschiedung auf Spanisch statt.

Lehrer auf die Muttersprache (Spanisch) zurück. Bausch et al. (2009: 14) bemerken zur aufgeklärten Einsprachigkeit:

> Darüber hinaus zeichnet sich der Unterricht ‚Deutsch als Fremdsprache' durch das unterrichtsmethodische Prinzip der funktionalen, lernerseitig begründeten Einsprachigkeit aus, d.h., der Lerner nutzt bei (subjektiv) begründeten Kommunikations- und/oder Lernschwierigkeiten seine Muttersprache bzw. seine Kompetenz in bereits erworbenen (Fremd-)Sprachen.

Während der Skype-Konferenz hielt sich die Lehrkraft als Moderator im Hintergrund und assistierte etwa bei sprachlichen Schwierigkeiten (z. B. Vokabelfragen), Gesprächsstockungen (Frageimpulse auf Karteikarten oder Post-Ist) oder technischen oder organisatorischen Problemen (Soft-/Hardware, Präsentationsform). Im DaF-Rahmenplan heißt es zu dialogischem Sprechen:

> Die Schüler können sich am Ende des zweiten Bildungsabschnitts in einfachen routinemäßigen Situationen über vertraute Themen und persönliche Interessensgebiete austauschen. Sie können dabei auch Rückfragen stellen und mit einfachen sprachlichen Mitteln die eigene Meinung mitteilen bzw. auf die Meinung Anderer reagieren.
> Im Einzelnen können die Schüler z. B. aus dem eigenen Erlebnis- und Erfahrungsbereich berichten Tätigkeiten, Gewohnheiten, Alltagsbeschäftigungen beschreiben, über […] Ereignisse, Absprachen informieren, persönliche Vorlieben und Abneigungen beschreiben und erklären eigene Meinungen zu einem vertrauten Thema formulieren und mit einfachen sprachlichen Mitteln begründen und unkomplizierte Nachfragen dazu beantworten. (Bausch et al. 2009: 19)

Genau dies geschah im Anschluss an die Kurzpräsentationen während der Skype-Konferenzen. Beispielsweise fand zum Thema Taschengeld ein reger Meinungsaustausch statt, bei dem unterschiedliche Ansichten[10] vertreten wurden.

5.2 Umwälzung von Wortschatz und Grammatik

In den meisten Phasen des Projekts, wie etwa Planung, Recherche, Präsentation, Evaluation, wälzten die SuS den ihnen bereits bekannten Wortschatz um und verwendeten schon erlernte Grammatikelemente. Schließlich können die SuS

---

[10] Auch innerhalb der mexikanischen Klasse vertraten die SuS abweichende Meinungen, ob, wie viel und wofür Kinder und Jugendliche Taschengeld von ihren Eltern erhalten bzw. ob/wie viel Jugendliche arbeiten sollten.

(…) am Ende des zweiten Bildungsabschnitts einen funktionalen und thematisch erweiterten Grundwortschatz im Allgemeinen so angemessen anwenden, dass sie sich zu vertrauten Themen und in vertrauten Situationen verständigen können. Dies gilt für das Unterrichtsgespräch, ausgewählte Themen und Erfahrungsfelder des interkulturellen Lernens […] [und] das kooperative Arbeiten. (Bausch et al., 2009: 26)

Ähnliches gilt für ihr Grammatikwissen: „Die Schüler können am Ende des zweiten Bildungsabschnitts ein erweitertes grammatisches Inventar in vertrauten Situationen i. d. R. korrekt verwenden. [...] Im Einzelnen können die Schüler z. B. über gegenwärtige, vergangene und zukünftige Ereignisse berichten bzw. davon erzählen" (Bausch et al., 2009: 27). Um das Verständnis zu sichern, war der Grad an Steuerung durch den Lehrer bei der Themenauswahl hoch. Hierbei lieferten der DaF-Rahmenplan[11] und das Lehrbuch *Geni@l A2* zum einen inhaltliche Themen wie „Taschengeld – wie viel, wofür?" (Einheit 13), „Typisch deutsch" (14) und „Weihnachten" (15). Um die Themen des Skype-Projekts auch immer aus interkultureller Sicht zu beleuchten, werden die einzelnen Aspekte immer bilateral und komparativ betrachtet. D. h. konkret, es werden Essgewohnheiten in Deutschland und Mexiko oder Bräuche zur Weihnachtszeit und an Sylvester in Deutschland und Mexiko thematisiert.

Zum anderen wandten die SuS auch ihr Grammatikwissen an – sowohl in schriftlicher als auch in mündlicher Kommunikation. Beispielsweise sind bei der Beschreibung von Weihnachtsbräuchen anhand von konkreten Beispielen aus der eigenen Familie Relativsätze (Lektionen 1, 6 & 9) und Perfekt (3) und Präteritum (11) notwendig sowie beim interkulturellen Vergleich die Verwendung des Komparativs unabdingbar.

5.3 Schriftliche Kommunikation / Wörterbucharbeit

Zur Redaktion von Texten in der Zielsprache ist die Arbeit mit ein- und zweisprachigen Wörterbüchern unabdingbar. Neben eigenständigem Arbeiten, Selbstorganisation und -kontrolle sollen die SuS laut DaF-Rahmenplan den Umgang mit Nachschlagewerken üben. Die Zielformulierung lautet:

---

[11] Bzgl. der zu behandelnden Themen- und Erfahrungsfelder gibt der DaF-Rahmenplan für den ersten und zweiten Bildungsabschnitt für das Themenfeld „Gesellschaftliches Leben" […] z. B. „Essen und Trinken – Feste und Festtage – Gebräuche – sprachliche und kulturelle Pluralität in Institutionen, Schule und Nachbarschaft" vor.

> Die Schüler können ihr unterrichtliches Arbeiten organisieren und kontrollieren.
> Im Einzelnen können sie […] z. B. im Zusammenhang mit Recherchen Entschei-
> dungen dazu treffen, welche Quellen für die Aufgabenbewältigung geeignet sind
> (z. B. bei der Arbeit mit Zeitungen/Zeitschriften, mit dem Internet, mit Nach-
> schlagewerken). (Bausch et al., 2009: 34)

Obschon sich viele SuS gegen das Konsultieren von Printmedien in Ergänzung
zum Internet sträuben, ist es wichtig, die SprachlernerInnen mit ihrem Gebrauch
vertraut zu machen, um ihnen eigenständiges und fehlerarmes Sprachhandeln
zu ermöglichen und sie zu einem kritischen Umgang mit Internetquellen zu
erziehen. Gleichzeitig wird so ein lebenslanges Lernen ermöglicht und einer
Fossilisierung (Plateauwissen) vorgebeugt.

> Der Unterricht in ‚Deutsch als Fremdsprache‘ erfüllt vorrangig folgende Aufga-
> ben: […] Er gibt den Schülern Mittel und Strategien an die Hand zur Erkundung
> von Sprache(n), von individueller und gesellschaftlicher Mehrsprachigkeit sowie
> von Kommunikationsprozessen – auch in Hinblick darauf, dass sie zunehmend
> Verantwortung für ihr eigenes sprachliches Lernen übernehmen und dabei ihre
> Sprach(en)lern- und Kommunikationserfahrungen systematisch für die Weiterent-
> wicklung ihrer sprachlichen Handlungsfähigkeit nutzen. (Bausch et al., 2009: 6f.)

Neben der sprachlichen Handlungsfähigkeit geht es langfristig auch um die
Vorbereitung auf das *International Baccalaureate* (DS GDL) sowie das Abi-
tur (Jena), in denen Wörterbücher eingeschränkt benutzt werden dürfen. Dies
spart jedoch nur Zeit und fördert die Qualität bzw. die Verständlichkeit der
Texte, wenn die SuS die Arbeit mit dem Wörterbuch gewohnt und somit mit
Abkürzungen vertraut sind, um Bedeutungsnuancen wissen und nicht zuletzt
Querverweise verstehen. Während zweisprachige Wörterbücher v. a. bei Vo-
kabelfragen und Aussprache hilfreich sind, lernen die SuS die Verwendung
von einsprachigen Wörterbüchern u. a. zur Klärung von Kasus- und Dekli-
nationsfragen sowie zum Identifizieren der im Kontext korrekten Bedeutung.
Im Rahmen des Skype-Projekts verfassten die SuS Texte als Basis für ihre
Kurzreferate in Kleingruppen und in der Hausaufgabe, da „[d]er Umgang mit
Texten und Medien (…) günstige Lerngelegenheiten für authentisch kommunikatives Handeln in der Fremdsprache sowie für die Festigung und Erweite-
rung der Verfügbarkeit von sprachlichen Mitteln (z. B. Wortschatz, Satz- und
Textstrukturen) [bietet]“ (Bausch et al., 2009: 10). Hierbei trainierten sie die
Arbeit mit den Wörterbüchern in Einzel-, Partner- und Gruppenarbeit.

6.   Motivationssteigerung Deutsch zu lernen / Schulung von interkulturellen Kompetenzen

Grundsätzlich stellt sich natürlich die Frage nach der Notwendigkeit eines Skype-Projekts. Ist herkömmlicher Fremdsprachenunterricht nicht ausreichend? Immerhin ist der organisatorische und technische Aufwand größer als beim Vorbereiten einer traditionellen Lehrbuchstunde. Aufgrund der Zeitverschiebung von sieben Stunden ist das Zeitfenster zudem relativ klein und es dürfen keine technischen Schwierigkeiten auftreten (z. B. Internetausfall), da sonst die Konferenz verschoben werden muss. Dennoch sprechen diverse Faktoren für das Projekt, wie der DaF-Rahmenplan fordert:

> Der dem Rahmenplan zugrunde liegende ganzheitliche und komplexe Sprach- und Kommunikationsbegriff hat zur Folge, dass unterrichtliche Lehr- und Lernsituationen konkret und handlungsbezogen angelegt werden. Das bedeutet für die Planung von Unterrichtsvorhaben, dass (Teil-)Kompetenzen nicht einzeln und isoliert fachsystematisch geschult werden, sondern dass ausgehend von lebensweltlich und kommunikativ bedeutsamen Aufgabenstellungen komplexe, vielfältige und der jeweiligen Altersgruppe angemessene Lerngelegenheiten geschaffen werden, die mehrere Kompetenzbereiche – ggf. in unterschiedlicher Gewichtung – in ihrem funktionalen Zusammenspiel berücksichtigen. Hierbei gilt es, deutlich situative und/oder thematisch-inhaltsorientierte Schwerpunkte zu setzen, die den Schülern transparent gemacht werden und die die (Teil-)Kompetenzen integrieren und bündeln. Den Anforderungen an einen inhalts-, anwendungs- und adressatenorientierten kommunikativen Unterricht in ‚Deutsch als Fremdsprache‘ – bezogen auf situatives und lebensweltbezogenes Lernen in bedeutsamen Zusammenhängen – wird durchgehend Rechnung getragen. (Bausch et al., 2009: 8)

Im vorliegenden Fall kommunizierten die SprachlernerInnen in Echtzeit mit Muttersprachlern und erhielten unmittelbar Rückmeldung, inwieweit sie verstanden worden waren (lebensweltbezogenes Lernen). Obschon Lehrbuchthemen behandelt wurden, waren es eben nicht irgendwelche fiktiven Buchfiguren, die über ihre Traditionen und Ansichten sprechen, sondern gleichaltrige auf der Leinwand sichtbar Jugendliche (lebensweltlich und kommunikativ bedeutsame Aufgabenstellungen / der Altersgruppe angemessene Lerngelegenheiten). Darüber hinaus bestand ein echtes Interesse am Austausch über Alltagsleben, Erfahrungen und Sichtweisen (authentischer Kommunikationsanlass). Das Projekt besaß also das Potential, die Motivation zum Erlernen der Fremdsprache zu steigern, das Interesse an Deutschland im Allgemeinen zu wecken (Urlaub, Schüleraustausch, Studium in der BRD), aber auch insbesondere das Wissen über Sprache, Kultur und Traditionen auszubauen (komplexe vielfältige Lern-gelegenheit).

Das Skype-Projekt schuf somit eine Begegnungssituation, in der interkultu-relles Lernen stattfinden konnte. Schließlich sollen die Schüler

> […] sich außerunterrichtlich Lerngelegenheiten verschaffen [können]. Im Einzel-nen können sie z. B. die Begegnung mit deutschen Muttersprachlern suchen und authentische Kommunikationssituationen für das eigene (Fremd-)Sprachenlernen nutzen (z. B. *Redemittel für den eigenen Sprachgebrauch übernehmen, Kompen-sations- bzw. Vermeidungs- oder sog. Überlebensstrategien zur Aufrechterhaltung der Kommunikation erproben*) mit deutschen Muttersprachlern im Face-to-Face-bzw. Distanz-Tandem arbeiten und entsprechende Lernstrategien einsetzen (z. B. *Formulierungshilfen einholen und klären, ob das, was man sagen wollte, so auch angemessen formuliert ist*) das Internet mit seinem Informations- und Kommu-nikationsangebot als Lerngelegenheit nutzen (z. B. *deutschsprachige Blogs, In-ternet-Telefonate*). (Bausch et al., 2009: 35)

Es fanden also nicht nur Spracharbeit im eigentlichen Sinne und interaktives Sprachhandeln unter der Verwendung von neuen Medien statt. Indem die me-xikanischen und deutschen Jugendlichen jeweils Kurzpräsentation anfertigten und das Gehörte in der inhaltlichen Evaluation im Anschluss an die jeweilige Videokonferenz verglichen, wurden darüber hinaus Unterschiede und Gemein-samkeiten deutlich bzw. konnten Vorurteile/Stereotype überprüft werden. Um tolerant, diplomatisch und (selbst-)kritisch im interkulturellen Kontext agie-ren zu können, bedarf es dieser Voraussetzungen und Kompetenzen. Ziel des DaF-Unterrichts ist, diese zu schaffen und zu festigen:

> Interkulturell kompetent sprachlich handeln zu können, setzt die Bereitschaft und Fähigkeit voraus, in der Begegnung mit zunächst fremden Wirklichkeiten planvoll Beobachtungen anzustellen, Erkenntnisse zu sammeln und zu ordnen, Vergleiche zur eigenen Wirklichkeit durchzuführen und auf dieser Grundlage begründet zu Haltungen und Einstellungen zu gelangen. Der Fremdsprachenunterricht unter-stützt die Schüler, solche Kompetenzen zu erwerben. (Bausch et al., 2009: 11)

Konkret zeigten sich in der zweiten Konferenz diverse Parallelen in der Weih-nachtszeit (Adventskranz, einige Weihnachtslieder), aber eben auch Unter-schiede (Adventskalender, Geschenke an Heilig Abend vs. *piñata*, *posada*, *rosca de reyes*- und *tamales*-Essen, Geschenke erst am 25.12.). Ähnliches galt für Taschengeld: Während einige mexikanische SuS von ihrem Taschengeld auch Kleidung und Essen in der Schule sowie Kinobesuche etc. bezahlen müssen, übernehmen in anderen mexikanischen Familien die Eltern solche Kosten – genau wie in Deutschland. Nicht alle deutschen SuS haben einen Nebenjob und nur wenige mexikanische SuS jobben nebenbei, da auch die Beträge von Familie zu Familie variieren.[12] Ebenso zeigte sich beim letzten Thema Vorurteile und Stereotype, dass Mexikaner nicht mit dem Esel zur Schule reiten und nicht alle Deutschen immer groß, blond, blauäugig und ernst sind.

7. Auseinandersetzung mit Vorurteilen / Umgang mit Fehlern

Kommunikation funktioniert selten fehlerfrei. Während des Erlernens einer Fremdsprache gehören Aussprache-, Grammatik- und Wortschatzfehler ebenfalls zum Alltag. Umso wichtiger ist der sensible Umgang mit Fehlern bei der Interaktion der SuS untereinander und der der Lehrerkraft mit den SuS. Insbesondere bei introvertierten SuS ist die Reaktion auf das Gesagte mitunter ausschlaggebend für die weitere Art und Frequenz der Beteiligung am Projekt. Zwar dürfte die Hemmschwelle beim Kommunizieren mit MuttersprachlerInnen höher liegen als beim Kontakt mit anderen FremdsprachlerInnen, doch wiegen gleichermaßen die Glücksgefühle bei gelungenen Gesprächen schwerer. Da jedoch beide (zumindest zeitweise) in der Zielsprache kommunizieren, trainieren die SuS, sensibel, tolerant bzw. empathisch auf Fehler zu reagieren. Gleichermaßen wird ihr Metawortschatz[13] umgewälzt, wenn sie beispielsweise Unklarheiten oder Missverständnisse ausräumen. Hierbei machen sie sich auch mit Grundzügen der Diplomatie vertraut. Eine Sprache zu lernen, darf Spaß machen und natürlich soll dabei auch gelacht werden. Situationskomik oder Mehrdeutigkeiten sind aber nicht immer für beide Seiten ersichtlich, weshalb eine Erklärung umso wichtiger ist. Sonst kann leicht das Gefühl aufkommen, ausgelacht zu werden.[14]

---

[12] Randbemerkung: Bei der DS GDL handelt es sich um eine relativ teure Privatschule, die sich, abgesehen von einigen Stipendiaten, fast nur Mexikaner der Mittel- und Oberschicht leisten können. Die Maria Montessori Schule in Jena hingegen ist eine staatliche Schule, bei der die Durchschnittseinkommen der Familien im Verhältnis wesentlich niedriger liegen.

[13] Z. B. „Kannst du das bitte wiederholen?", „Könnt ihr bitte etwas lauter sprechen?" oder „Was ist ein/e ___?" wurden von beiden Gruppen verwendet.

[14] Bei einer der ersten Videokonferenzen betrat ein Schüler aus Jena den Raum, rutschte aus und fiel hin, doch fand dieses Ereignis außerhalb des Bildes statt; die Kamera fing jedoch die lachenden Jenaer Schüler ein, was für Verunsicherung auf mexikanischer Seite führte.

Zusammenfassung

Selbstverständlich kann nicht von einem gleichmäßigen Lernzuwachs bei allen TeilnehmerInnen ausgegangen werden, was entwicklungspsychologische/altersbedingte, geschlechtliche und individuelle Gründe hat. So haben sich beispielsweise bei der Übernahme von Referaten Mädchen engagierter gezeigt als Jungen. Auch beim Schüleraustausch fahren letztendlich weniger Jungen als Mädchen nach Jena.

Besonders in den Bereichen mündliche Kommunikation und Motivationssteigerung hat sich das Skype-Projekt als sehr wirksam erwiesen. Die anfängliche Scheu, in Mikrophon und Kamera zu sprechen, um sich mit Fremden zu unterhalten, verflog bereits im Verlauf der ersten Konferenz. Die SuS tauschten Kontaktadressen (Facebook, E-Mail) aus und die Kommunikation wurde zunehmend flüssiger, womit ein weiteres Lernziel erreicht wurde:

> Der Unterricht in ,Deutsch als Fremdsprache' erfüllt seine Aufgaben dann, wenn die Schüler innerhalb und außerhalb von Schule in Begegnungssituationen mit Menschen anderer Sprachen und Kulturen handlungsfähig sind [und] in Auseinandersetzung mit deutschsprachigen Lebenswirklichkeiten und kulturellen Traditionen zur Erweiterung ihrer Selbst- und Weltverständnisse gelangen [...]. (Bausch et al., 2009: 7)

Auch die Bereitschaft, Kurzreferate zu übernehmen, belegt das Interesse am Dialog mit der deutschen Partnerschule. Nach jeder Konferenz wurde es zunehmend leichter, SuS zu finden, die bereit waren, während der Videokonferenz auf Fragen zu antworten und das Gespräch am Laufen zu halten. Zugleich ist das Interesse am Zielland auf beiden Seiten erheblich gestiegen, sodass vereinzelte SuS sich verabredet haben, einen 1:1-Austausch durchzuführen. Ab Frühjahr 2013 gehen drei mexikanische TeilnehmerInnen nach Jena und im Anschluss treten die deutschen SuS den Gegenbesuch an. Langfristig ist eine dauerhafte Beziehung zwischen den beiden Schulen erwünscht.

Selbst wenn das Skype-Projekt mehr Engagement von Lehrkraft (Organisation im Hintergrund z. B. bei inhaltlichen und terminlichen Absprachen oder der Beschaffung von technischer Ausrüstung, Stundentausch mit KollegInnen) und SuS (Mehrarbeit am Nachmittag beim Verfassen der Skripte oder in den Pausen bei den Videokonferenzen) bedarf, war es eine lohnenswerte Erfahrung für alle Beteiligten.

Literaturverzeichnis

Bausch, Karl-Richard et al. (2009), *Rahmenplan „Deutsch als Fremdsprache" für das Auslandsschulwesen*. Köln: Bundesverwaltungsamt – Zentralstelle für das Auslandsschulwesen, unter: http://www.auslandsschulwesen. de/nn_2141552/Auslandsschulwesen/Auslandsschularbeit/DSD/DaF-Rahmenplan/DaF Rahmenplan,templateId=raw,property=publicationFile.pdf/ DaF-Rahmenplan.pdf (03. April 2013).
Funk, Hermann et al. (2004), *Geni@l – Deutsch als Fremdsprache für Jugendliche*, Band A2. Berlin und München: Langenscheidt.
Europarat (2001), *Gemeinsamer europäischer Referenzrahmen für Sprachen: lernen, lehren, beurteilen*. Berlin u. a.: Langenscheidt, unter: http://www. goethe.de/referenzrahmen (25. Juni 2013).

Übersetzen im DaF-Unterricht

Ulrike Pleß, Universidad de Guadalajara/ DAAD-Lektorin

1. Einführung

Seit jeher hat Sprache eine herausragende Bedeutung für den Menschen. Sie dient „... als Sender u. Empfänger von sprachl. Äußerungen [...] der Mitteilung (*Kommunikation*)" (Bertelsmann Lexikon 1987: 339). Durch zunehmende Globalisierung wird die Kommunikation zwischen Personen, die unterschiedlichen Sprachgemeinschaften angehören, immer wichtiger. Ist Kommunikation zwischen zwei Personen unterschiedlicher Sprachgemeinden nicht möglich, wird oftmals die Dienstleistung eines Übersetzers oder Dolmetschers zu Hilfe gezogen. Demzufolge gewinnt heutzutage sowohl das Fremdsprachenlernen als auch die Translation an zunehmender Bedeutung.

Mit der Grammatik-Übersetzungsmethode wurde zunächst die Translation Jahrzehnte lang aus dem Fremdsprachenunterricht verbannt (vgl. Haß in Hallet 2010: 151 ff.). Bereits seit einiger Zeit bestehen jedoch verschiedene erfolgreiche Ansätze, die Translation wieder in den Deutsch als Fremdsprache (DaF) – Unterricht zu integrieren. Davon zollt beispielsweise der Einzug des Sprachmittelns in den Gemeinsamen europäischen Referenzrahmen (GeR) (Europarat 2001: 89 ff.). Der von der Leipziger Schule geprägte Begriff der Sprachmittlungsstand ursprünglich in der Übersetzungswissenschaft als Oberbegriff für das Übersetzen und Dolmetschen, wurde jedoch bereits vor geraumer Zeit von dem Terminus ‚Translation' abgelöst. Derzeit wird ‚Sprachmittlung' für das nicht professionelle Übersetzen und Dolmetschen im Fremdsprachenunterricht verwendet:

> Sprachmitteln liegt vor, wenn in alltäglichen Situationen in Gesprächen zwischen Personen, die einander mangels gemeinsamer Sprache sonst nicht verstehen können, ein Dritter [...] ad hoc dolmetscht, der [...] die jeweiligen Sprachen mehr oder weniger gut beherrscht, und eine nur sinngemäße Wiedergabe des Gesagten ist gewöhnlich ausreichend. (De Florio-Hansen 2008: 3)

Heutzutage bildet das Fremdsprachenlernen einen wichtigen Teil sowohl für das private als auch berufliche Vorankommen vieler Menschen. So erlernt man in der Regel bereits in der Schule verschiedene Fremdsprachen und wird in diesem Zusammenhang mit der einen oder anderen Form des Übersetzens, gegebenenfalls auch des Dolmetschens konfrontiert. Im Folgenden soll diskutiert werden, welche Formen der Übersetzung in den Fremdsprachenunterricht integrierbar sind und auf welchen Niveaustufen dies sinnvoll ist. Es wird dabei bewusst der Terminus Translation bzw. Übersetzen verwendet, da in diesem Artikel von der tatsächlich für diese Wissenschaft konzipierten Theorie Gebrauch gemacht wird, um zu sehen, inwiefern diese im Fremdsprachenunterricht umgesetzt werden kann. Konkret wird dabei auf die von Christiane Nord (2011) für die Tranlsation erstellte Texttypologie Bezug genommen und angewandt. Es handelt sich also um professionelles Übersetzen, das im DaF-Unterricht von nicht-professionellen Übersetzern durchgeführt wird. Das Dolmetschen wird in diesem Fall außer Acht gelassen.

Die theoretischen Ansätze werden dabei mit praktischen Erfahrungen im Deutschunterricht auf verschiedenen Niveaustufen am geisteswissenschaftlichen Universitätszentrum (CUCSH) der Universität Guadalajara (UdeG) in Mexiko ergänzt. Die Beispiele beziehen sich folglich auf Unterricht in einsprachigen Gruppen mit Spanisch als Muttersprache.

2. Übersetzen von Wörtern

Im Fremdsprachenunterricht ergibt sich tagtäglich die Situation, dass ein Kursteilnehmer ein Wort nicht versteht und den Kursleiter nach der Bedeutung fragt. Der Kursleiter hat dann die Möglichkeit, das Wort direkt zu übersetzen, es zu erklären, es anzumalen, vorzuspielen oder seine Kreativität anderweitig zu nutzen, um die Bedeutung des Wortes darzustellen. Es ist immer empfehlenswert, eine Mischung aus den verschiedenen Semantisierungstechniken zu verwenden, um einen möglichst großen Lerneffekt beim Kursteilnehmer zu erzielen (vgl. Müller, 1994, 54 ff.).

Der Kursteilnehmer kann das Wort außerdem im Wörterbuch nachschlagen. Ein großes Problem dabei am CUCSH und womöglich auch anderorts ist, dass die Kursteilnehmer sich oftmals mit dem zuerst gefundenen Wort zufrieden geben, auch wenn dies gar nicht in den Kontext passt.

Eine Frage, die man sich hier stellen mag, ist, ob diese Art der Übersetzung auch als solche bezeichnet werden kann. Lucrecia Keim plädiert dafür, dass man erst dann von einer Übersetzung sprechen sollte, wenn das Wort dem Kontext entsprechend funktionsgerecht übersetzt wird (vgl. Keim 2003: 384). Im Unterricht an der Universität Guadalajara wurde Keims Aussage ebenfalls bestätigt: In einem A1.2-Kurs wurden zum Thema ‚Arbeit' kurze, von Kindern verfasste Texte über ihre Traumberufe verteilt, mit denen die Kursteilnehmer arbeiten und die anderen Teilnehmer mündlich über den Inhalt der Texte informieren sollten. Die Arbeit mit Wörterbüchern stand ihnen für diese Aufgabenstellung frei. In mehreren Texten kam die Zusammensetzung „Spaß machen" vor, wie auch in folgendem Beispiel:

> Mein Traumberuf: Schauspieler
> Ich will Schauspieler werden, weil man so gute Kostüme anziehen kann und weil es mir Spaß macht. Man lernt auch viele Leute kennen und es ist lustig. Sicher ist es manchmal auch richtig spannend. – Tim[1]

Während der Vorbereitung wurde ich mehrfach nach der Bedeutung von „Spaß machen" gefragt, da die Kursteilnehmer dafür im Wörterbuch die Bedeutung von Scherz (*broma*) fanden und den Kontext nicht verstanden. Erst als sie darauf hingewiesen wurden, nach weiteren Bedeutungen zu suchen, fanden sie die für diesen Zusammenhang passende: *diversión* bzw. *gustar*:

> **Spaß** [ʃpaːs] *m* <-es, Späße> **1.** (Scherz) broma f; **(keinen)** ~ **verstehen** tener (poca) correa **2.** *ohne pl* (*Vergnügen*) diversión *f*; ~ **machen** gustar; **jdm den ~ verderben** aguar(le) la fiesta a alguien; **viel** ~! ¡que te diviertas! (Pons, 2005: 1223)

Die Übersetzung eines Wortes kann also erst dann als tatsächliche Übersetzung gewertet werden, wenn das Wort dem Kontext entsprechend korrekt in die andere Sprache übertragen wird.

3. Texttypologie

Um auf weitere Formen der Übersetzung einzugehen, soll an dieser Stelle kurz auf die Texttypologie von Christiane Nord (2011) eingegangen werden. Nord unterscheidet grundsätzlich zwischen der dokumentarischen und der instrumentellen Übersetzung (vgl. Nord 2011: 20 ff.). Die Gruppe der dokumentarischen Übersetzungen verfolgt, wie der Name sagt, das Ziel, einen bestimmten Text in der Zielsprache zu dokumentieren. Die Gruppe der instrumentellen Übersetzungen hingegen verwendet den Ausgangstext als Instrument; der Rezipient ist sich nicht zwangsläufig darüber im Klaren, dass es sich bei dem Zieltext um eine Übersetzung handelt. Beide Gruppen unterteilen sich in verschiedene Texttypen, die nachfolgend aufgezählt werden, mit

---

[1] Quelle: Traumberufe der 4a <http://www.twainweb.de/traumberufe/index.html> [14.08.2012].

je einem praktischen Beispiel für den Fremdsprachenunterricht und einem Erfahrungsbericht, wie erfolgreich bzw. erfolglos die praktische Umsetzung war.

3.1 Dokumentarische Übersetzung

Für die Gruppe der dokumentarischen Übersetzungen dient die hier abgebildete Grafik zur Illustration der Textgebundenheit der vier Übersetzungstypen.

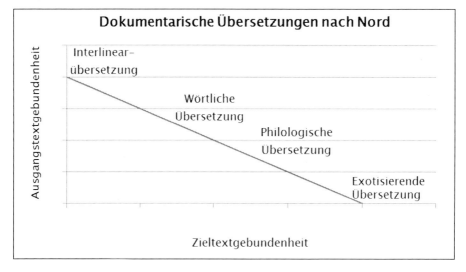

Abb. 1: Textgebundenheit in dokumentarischen Übersetzungen.[2]

Die Ausgangstextgebundenheit deutet dabei auf die Nähe der Übersetzung zum Ausgangstext und zieltextgebunden meint dementsprechend die Ausrichtung an der Zielsprache.

Fortan soll folgender häufig genutzter Beispielsatz den Grad der Textgebundenheit eines jeden Übersetzungstyps veranschaulichen: „Nachrichten sollte man besser schnell bekommen"[3].

Der erste Texttyp, den Nord in der Gruppe der dokumentarischen Übersetzungen ansiedelt, ist die Interlinearversion oder auch Wort-für-Wort-Übersetzung. Diese wird in der Regel verwendet, um die Struktur einer Sprache zu vermitteln. Sie ist nur in Verbindung mit dem Original gültig

---

[2] Grafik von der Autorin erstellt.

[3] Der Standard AT <http://derstandard.at/1814455> [14.08.2012]. Dieser Satz wurde als Werbesatz vom österreichischen Nachrichtendienst derStandard.at verwendet.

und wird oftmals in Philologiestudiengängen verwendet. Traditionsgemäß wurde dieser Übersetzungstyp beispielsweise bei der Übersetzung der Bibel verwendet, deren Schrift als heilig gilt und so auch ihre Satzstruktur, die nicht aufgebrochen werden durfte (vgl. Nord 2011: 20).

Eine Möglichkeit für die Übersetzung des oben genannten Beispielsatzes sieht aus wie folgt: *Noticias debería uno mejor rápido recibir.[4]

Für den Fremdsprachenunterricht könnte man sich diese Art der Übersetzung zur Verdeutlichung grammatikalischer Strukturen vorstellen, beispielsweise zum Erklären von trennbaren Verben wie „wiedergeben" (*reproducir*): In seinem Bericht **gibt** er die Rede des Präsidenten **wieder**. – *En su informe* **produce** *el discurso del presidente* **re**. (korrekt: *En su informe* **reproduce** *el discurso del presidente*.). Dies soll den Kursteilnehmern lediglich helfen, die Struktur zu verstehen, und ist sicherlich mit Vorsicht zu genießen, da sich nicht davon ausgehen lässt, dass diese Art und Weise, trennbare Verben zu erklären, für jeden Kursteilnehmer schlüssig ist.

Die wörtliche Übersetzung bzw. grammatikalische Übersetzung als zweiter Übersetzungstyp in der Gruppe der dokumentarischen Übersetzungen berücksichtigt laut Nord zwar die grammatikalischen Regeln der Zielsprache, orientiert sich dennoch sehr stark an der Ausgangssprache und hört sich in der Zielsprache womöglich untypisch an (vgl. Nord 2011: 21). Eine mögliche Übersetzung für den Beispielsatz könnte man sich folgendermaßen vorstellen: *Uno debería mejor recibir las noticias rápidamente.*

Diesen Übersetzungstyp habe ich persönlich bereits oftmals im Unterricht genutzt und sehr gute Erfahrungen damit gemacht, da ich die Kursteilnehmer so auf ihre Fehler aufmerksam machen und sie zu selbstständiger Verbesserung anregen konnte. Als Beispiel soll folgender Satz dienen, den ein Kursteilnehmer äußerte: *Mit 18 durfte ich mit Auto fahren. Als ich ihn darum bat, mir den Satz auf Spanisch wiederzugeben, sagte er: *Con 18 pude manejar con **el** carro.* Auf die Frage, wo im Deutschen der Artikel *el* sei, verbesserte er seinen Satz zu: „Mit 18 durfte ich mit **dem** Auto fahren". Diese Selbstkorrektur ist auf jedem Lernerniveau vorstellbar.

Als dritter Übersetzungstyp orientiert sich die philologische Übersetzung bereits verstärkt an der Zielsprache, wahrt jedoch den vollständigen Sinngehalt der Ausgangssprache (vgl. Nord 2011: 21). Ein Übersetzungsvorschlag für unseren Beispielsatz ist dieser: *Es mejor recibir las noticias rápidamente.*

Für den Deutschunterricht habe ich diesen Übersetzungstyp auf den Niveaustufen von A1.1 bis A2.2 verwendet. Die Kursteilnehmer sollten sich

---

[4] Die Markierung * weist darauf hin, dass der Vorschlag in der Sprache inkorrekt ist.

ein deutsches Lied aussuchen und den Liedtext ins Spanische übersetzen. Der Übersetzungsauftrag lautete dabei: „Ein mexikanischer Freund hat ein deutsches Lied gehört, das ihm sehr gefallen hat. Er versteht jedoch kein Deutsch und weiß, dass du die Sprache lernst. Er bittet dich daher, ihm mit der Übersetzung des Liedtextes zu helfen. Übersetze den Liedtext so, dass dein Freund keine Probleme hat, ihn zu verstehen. Füge, wenn nötig, Erklärungen hinzu."

Diese Aufgabe wurde außerhalb des Unterrichts gelöst und die Kursteilnehmer hatten die Möglichkeit, auf jegliche Hilfsmittel zurückzugreifen. Bei den Kursteilnehmern traf die Aufgabe auf viel Anklang, da sie eine authentische Situation widerspiegelt. Die Kursteilnehmer fertigten selbst auf Anfängerniveaus ausgesprochen überzeugende Übersetzungen mit Erklärungen an und machten dabei nur wenige und kaum das Verstehen einschränkende Fehler. Hier ein Beispiel einer Übersetzung aus einem A2.2-Kurs:

Du lebst nur einmal

Unterwegs auf der Straße, die dich nach morgen führt.
Im Rückspiegel siehst du all die Jahre hinter dir.
Keine Zeit, groß zu bereuen; niemand gibt dir was zurück.
Dreh dich nicht zu lange um - es ist dafür zu spät.

Weil du nur einmal lebst!
Weil du nur einmal lebst,
und es dich nicht ewig gibt!

Keine weiße Fahne, kein fauler Kompromiss,
es gibt nur eine Regel, sie heißt: alles oder nichts!
Jedes GUTEN TAG heißt irgendwann AUF WIEDERSEHN.
Pack deine Sachen und mach dich auf den Weg!

Weil du nur einmal lebst!
Weil du nur einmal lebst,
und es uns nicht ewig gibt!

Es wird keiner kommen, um dich einmal zu holen,
geh alleine los!

Sólo vives una vez

En el camino por la calle, que hacia el mañana te lleva.
En el espejo retrovisor ves todos los años detrás de ti.
No hay tiempo, para arrepentirse;
nadie te devuelve lo que quedó atrás.
No le des muchas vueltas- es muy tarde para ello.

¡Porque sólo vives una vez!
Porque sólo vives una vez,
¡y no estarás por siempre!

Ninguna bandera blanca, ningún mal compromiso,
sólo hay una regla, nombrada: ¡todo o nada!
Cada BUEN DIA en algún momento será decir "ADIOS"
¡Empaca tus cosas y hazte el camino!

¡Porque sólo vives una vez!
Porque sólo vives una vez,
¡y no estaremos para siempre!

Nadie vendrá, una vez más a buscarte
¡ve tu solo

Die Toten Hosen es una banda de punk-rock de Düsseldorf, Alemania formada en 1982. Son una de las bandas más representativas de la escena musical de Alemania y del movimiento punk. Este movimiento inicia en los 70's bajo el contexto inglés, cuando grupos de jóvenes empiezan a cuestionar el establishment y a manifestarse por medio de la música contra diversos aspectos negativos del gobierno, la política, la realeza, la crisis económica, la educación, etc.

Esta música se caracteriza por su gran simplicidad, su espontaneidad, su energía y su actitud agresiva. De esta actitud e influenciados por bandas representativas del genero como The Ramones o los Sex Pistols, hacen eco en Alemania Die Toten Hosen, que en este 2012 festejan 30 años de carrera manteniéndose vigentes en la escena musical mundial.

Abb. 2: Liedübersetzung (vgl. Die Toten Hosen[5])

Abgesehen von einigen orthografischen und unbedeutenden Fehlern wurde der Inhalt korrekt verstanden und wiedergegeben.

---

[5] Die Toten Hosen / Songtexte < http://www.dietotenhosen.de/veroeffentlichungen_ songtexte.php?text=alben/auswaerts/du_lebst_einmal.php> [12.08.2012].

Der letzte Übersetzungstyp in der Gruppe der dokumentarischen Übersetzungen ist die exotisierende Übersetzung. Dieser Übersetzungstyp richtet sich zwar grammatikalisch und sprachlich nach den Regeln und Gepflogenheiten der Zielsprache, es werden jedoch bewusst die in der Zielkultur als fremd wahrgenommenen Elemente nicht eingebürgert, um eine gewisse Fremdheit im Text hervorzurufen und gezielt über die andere Kultur zu informieren (vgl. Nord 2011: 22).

Für unseren Beispielsatz soll an dieser Stelle kein Übersetzungsvorschlag gebracht werden, da er keine spezifischen lokal belegten Begriffe beinhaltet. Es lässt sich über ein hypothetisches Beispiel nachdenken, wo in einer Übersetzung ins Deutsche eines in Mexiko angesiedelten Textes bewusst der Begriff *Zócalo* verwendet wird, statt eine Übersetzung wie ‚Hauptplatz‘ oder ‚zentraler Platz‘ zu wählen.

In einem A2.2-Kurs wurde der allgemeinsprachliche Text „Samstagnacht in Deutschland“ aus dem Lehrwerk „Blaue Blume“ von den Kursteilnehmern ins Spanische übersetzt (Eichheim 2009: 209). Die lokal belegten Wörter wie Ortsnamen (Unterhaching) und typische Konzepte (Deutsche Mark) wurden dabei beibehalten. Nachstehend ein Auszug des ersten Teils aus dem Text sowie ein Übersetzungsvorschlag für diesen aus dem Unterricht:

Das Haus: Es steht achtzehn S-Bahn- und einige Gehminuten vom Münchner Zentrum entfernt im Vorort Unterhaching, ist neun Jahre alt und sechs Stockwerke hoch. Die 52 modernen Wohnungen mit ein bis vier Zimmern kosten monatlich ziwschen 330 und 900 Mark[1] Miete, Heizungskosten inbegriffen. Den betonierten Parkplatz können die Kinder der Anwohner zum Rad- und Rollschuhfahren benutzen, bis die von der Arbeit kommenden Väter ihre Autos darauf parken.

[1]entspricht 160 bzw. 450 Euro

(Eichheim 2009: 209)

Übersetzungsvorschlag:

La casa se encuentra a 18 minutos de la estación del tren y a solo unos minutos a pie del centro de Múnich a las afueras de Unterhaching, tiene 9 años de antigüedad y 6 pisos de alto. Los 52 modernos departamentos de 1 a 4 habitaciones se rentan mensualmente entre 330 y 900 marcos con calefacción incluida. Los niños de los inquilinos pueden andar en bicicleta o patines en el estacionamiento del sótano hasta que lleguen los padres para estacionar sus carros.

Die Kursteilnehmer waren mit dieser Übersetzungsübung sehr zufrieden, da sie bereits beim Lesen des Textes den groben Inhalt sehr gut verstanden und so für die Übersetzung nicht allzu viel Mehraufwand betreiben mussten. Diese Aufgabe führte bei den Kursteilnehmern zu Erfolgserlebnissen, was stets ein sehr wichtiges Element im Unterricht darstellt. Eine Aufgabe dieser Art dient dazu, den Kursteilnehmern zu zeigen, welches Textverständnis sie bereits haben, das in der Regel ihre Selbsteinschätzung übersteigt.

3.2 Instrumentelle Übersetzung

Als erster Übersetzungstyp in der Gruppe der instrumentellen Übersetzung ist die funktionskonstante Übersetzung zu nennen. Bei diesem Übersetzungstyp werden die im Text enthaltenen Informationen an die Zielkultur angepasst; der Zieltext erfüllt also dieselbe Funktion wie der Ausgangstext (vgl. Nord 2011: 23). Für unseren Beispielsatz könnte man sich folgende Übersetzung vorstellen: *¡Con nuestras noticias se mantendrá al corriente!*

Im Deutschkurs sollten die Kursteilnehmer innerhalb der Thematik ‚Erfindungen' kurze Fachtexte über deutsche Erfindungen ins Spanische übersetzen. Dabei wurden die Kursteilnehmer gezielt überfordert. Es sollte unter Beweis gestellt werden, dass die Kursteilnehmer im Stande sind, Texte, die grundsätzlich ihr Niveau übersteigen, bei intensiver Auseinandersetzung mit dem Text vollständig zu verstehen. Das Ergebnis dieses Unterrichtsprojekts war überraschend positiv, die Kursteilnehmer haben ausgesprochen gute Übersetzungen eingereicht. Hier soll beispielhaft ein Fachtext zur Thematik ‚Erfindungen' zusammen mit einem im A2.2-Kurs eingereichten Übersetzungsvorschlag abgedruckt werden.

Nachfolgend finden Sie den Fachtext aus „50 Innovationen, die jeder kennen sollte" von ‚Partner der Innovation':

Megaerfolg im Mikrobereich
Todesursache: Milzbrand. Als 1870 Viehherden in ganz Europa von der gefährlichen Krankheit befallen werden, beschließt Robert Koch, ein Landarzt aus Posen, die Ursache zu erforschen. Er spart einen Großteil seines Geldes für ein Mikroskop und untersucht tierische Substanzen auf mögliche Erreger. Schon bald wird er fündig. Bakterien sind der Auslöser der Krankheit. Mit diesem Ergebnis begründet Koch einen neuen Zweig der Wissenschaft: die Bakteriologie. Ob Seuchen oder Wundbrand: Die neuen Kenntnisse bedeuten eine Kampfansage für viele Infektionskrankheiten und den Vormarsch der Hygiene als Grundlage der menschlichen Gesundheit. Die Entdeckung des Tuberkelbazillus 1882 bringt Robert Koch in-

ternationalen Ruhm und spornt den Wissenschaftler zu weiteren Untersuchungen an. Sein Engagement für die Seuchenbekämpfung führt Koch rund um die Welt.[6]

Hier der Übersetzungsvorschlag einer Kursteilnehmerin:

> **Gran descubrimiento en el campo de la microbiología**
>
> Causa de muerte: ántrax. Cuando en 1870 el ganado en toda Europa se veía atacado por una peligrosa enfermedad desconocida, un médico de Posnania llamado Robert Koch decidió investigar la causa de dicho fenómeno. Ahorró gran parte de su dinero para comprar un microscopio mediante el cual examinó flujos provenientes de animales infectados para determinar las causas patógenas, lo cual no le llevó mucho tiempo. El científico descubrió que las baterías eran la causa de dicha enfermedad. A partir de este descubrimiento, Robert Koch fundó una nueva rama científica: la bacteriología. Fueran epidemias o gangrena, estos nuevos conocimientos significaron la solución a muchas enfermedades infecciosas y también significaron el avance de la higiene como base de la salud. El descubrimiento de la tuberculosis le dio Robert Koch reconocimiento internacional e inspiró a muchos científicos a seguir investigando. Su compromiso hacia el control de epidemias influyó en todo el mundo.

Abb. 3: Übersetzung eines Fachtextes

In die Gruppe der instrumentellen Übersetzungen fällt auch die funktionsvariierende Übersetzung. Bei diesem Übersetzungstyp wird der ausgangssprachliche Text sehr stark verändert und an die Zielsituation angepasst. Eine entsprechende Version für unseren Beispielsatz ist folgende: *Manténganse informados con nuestras noticias de última hora!*

Im Deutschunterricht habe ich auf einem A2.2-Niveau Lucrecia Keims Beispiel (vgl. Keim 2003: 4) aufgegriffen und einen deutschen Text mit viel Lokalkolorit ins Spanische übersetzen lassen, mit dem Auftrag, diesen für eine mexikanische Zeitschrift, die in einer entlegenen Region in der Nähe von Guadalajara, in *los Altos de Jalisco*, erscheint, zu übersetzen. Nachfolgend werden Ausgangstext und eine gemeinschaftlich im Unterricht erstellte Übersetzung abgedruckt. Als Vorbereitung auf die Übersetzung sollten die Kursteilnehmer die Bedeutung der kulturell belegten Begriffe herausfinden. Darauf aufbauend konnten sie sich Gedanken machen, in welcher Form diese an die angegebene Region angepasst werden könnten.

---

[6] Partner für Innovation. *Deutsche Stars. 50 Innovationen, die jeder kennen sollte.* <http://www.innovationen-fuer-deutschland.de/pressebuero/pressemitteilungen/detail.php?klasse=16&oid=1064#> [12.08.2012]

Im Kleinstädtchen Donaueschingen am Rande des Schwarzwaldes ist alles beschaulich und überschaubar. Kaiser's Kaffee-Geschäft liegt gegenüber den Redaktionsstuben des Südkurier, der schon seit fast drei Jahrzehnten dpa-Funkbilder aus aller Welt im Schaufenster aushängt [...]. (In: Behal-Thomsen 1993: 109)

*El pueblo de **Jalostotitlán** en los **Altos de Jalisco** es un lugar chiquito y tranquilo. El **Café-Bar Taurinos** queda enfrente de la oficina de la redacción del **Diario de Los Altos**, en las vitrinas del cual siguen exponiendo, desde hace ya décadas, **fotos del informador** provenientes de todo el mundo [...].*

Als letzter Übersetzungstyp in der Gruppe der instrumentellen Übersetzung ist die korrespondierende Übersetzung zu nennen. Dieser Übersetzungstyp bezieht sich hauptsächlich auf das Übersetzen von künstlerischen Texten, Poesie etc. Eine denkbare Übersetzung für den Beispielsatz in Anlehnung an diesen Übersetzungstyp könnte folgende sein: *¡jornada.unam.mx para información instantánea!*

Dieser Übersetzungstyp bietet sich für das Übersetzen von Werbetexten, Poesie etc. auf höheren Niveaus (ab B2) an. Der Fremdsprachenlehrer sollte sich jedoch dabei und bei der Wahl des Materials bewusst sein, dass diese Übersetzungen bereits für gut ausgebildete Übersetzer eine große Herausforderung darstellt.

4. Zusammenfassung

Der vorliegende Artikel zeigt, dass das Übersetzen variantenreich im Fremdsprachenunterricht eingesetzt werden kann und veranschaulicht, auf welche Weise dies möglich ist. Die Übersetzungstypologie von Nord ermöglicht eine Differenzierung verschiedener Übersetzungstypen und ihre Umsetzung auf unterschiedlichen Niveaustufen. Das Übersetzen beschränkt sich dabei nicht, wie möglicherweise anzunehmen wäre, auf fortgeschrittene Niveaus, sondern kann bereits ab A1 angewandt werden.

Der Einsatz auf Anfängerniveau (A1, A2) bezieht sich vor allem auf die ersten drei Übersetzungstypen in der Gruppe der dokumentarischen Übersetzung (Interlinearversion, wörtliche Übersetzung und philologische Übersetzung). Die exotisierende Übersetzung ließe sich mit einem dem Niveau gerecht werdenden Ausgangstext wohl ebenfalls auf Anfängerniveau erproben und auf allen höheren Kursstufen anwenden. Die Übersetzungstypen der instrumentellen Übersetzung sollten hingegen der Mittelstufe (B1, B2) bzw.

den fortgeschrittenen Niveaus (C1, C2) vorbehalten bleiben. Wie die aufge-führten Erfahrungswerte zeigen, ist die Anwendung der funktionskonstanten und funktionsvariierenden Übersetzung ab einem fortgeschrittenen A2-Ni-veau möglich. Die korrespondierende Übersetzung sollte hingegen lediglich in fortgeschrittenen Niveaustufen eingesetzt werden und mit dem Beispiel der Übersetzung eines Gedichts nur bei vorhandenem Interesse der Kursteil-nehmer durchgeführt werden. Für Niveaustufen unter B2 ist dieser Überset-zungstyp nicht zu empfehlen.

Schlussfolgernd lässt sich sagen, dass das Übersetzen einen wichtigen Be-standteil des Fremdsprachenunterrichts darstellen kann und auch darstellen sollte. Die Beanspruchung von Laien für Übersetzungen oder auch Verdol-metschungen stellt einen allzu realistischen Anspruch im Alltag dar, als dass dieser in der Fremdsprachenausbildung ungeachtet bleiben könnte. Aus die-sem Grund sollte die Wichtigkeit von Übersetzungsaufgaben Einzug sowohl ins Bewusstsein der Fremdsprachenlehrer als auch in weitaus mehr Lehrwerke finden. Dieser Artikel stellt lediglich einen Anreiz für all die möglichen Ver-wendungen der Übersetzung im Fremdsprachenunterricht dar, die von jeder Lehrkraft weitergedacht und umgesetzt werden können. Dass das Übersetzen stets nur eine den allgemeinen Zielen des Unterrichts untergeordnete Rolle spielen kann, soll nicht zusätzlich betont werden, versteht sich diese Auflage doch von selbst.

Literaturverzeichnis

Behal-Thomsen, Heinke / Lundquist-Mog, Angelika / Mog, Paul (1993), *Ty-pisch Deutsch? Arbeitsbuch zu Aspekten deutscher Mentalität*. München: Langenscheidt.

Bertelsmann Lexikon (1987), Band 13. Gütersloh: Bertelsmann Lexikothek Verlag GMBH.

Caspari, Daniela (2008). „Sprachmittlung". In: PRAXIS Fremdsprachenun-terricht, 5, 60.

De Florio-Hansen, Inez (2008). „Sprachmitteln. Überlegungen zu Mediati-on im Fremdsprachenunterricht". In: PRAXIS Fremdsprachenunterricht, 5, 3-8.

Eichheim, Hubert; Bovermann, Monika; Tesarova, Lea; Hollerung, Marion (2009). *Blaue Blume. Kursbuch. Englische Ausgabe*. Ismaning: Hueber.

Europarat / Rat für kulturelle Zusammenarbeit (2001). *Gemeinsamer europä-ischer Referenzrahmen für Sprachen: lernen, lehren, beurteilen*. Berlin et al.: Langenscheidt.

Haß, Frank (2010), Methoden im Fremdsprachenunterricht. In: Hallet, Wolfgang / Königs, Frank G.: *Handbuch Fremdsprachendidaktik*. Berlin: Klett/
Kallmeyer, 151-156.

Keim, Lucrecia (2003), „Übersetzung im DaF-Unterricht". In: Info DaF 30,
4, 383-394.

Müller, Bernd-Dietrich (1994), *Wortschatzarbeit und Bedeutungsvermittlung.*
München: Langenscheidt

Nord, Christiane (2011), *Funktionsgerechtigkeit und Loyalität. Theorie, Methode und Didaktik des funktionalen Übersetzens*. Berlin: Frank & Timme.

Reiß, Katharina; Vermeer, Hans J. (1984), *Grundlegung einer allgemeinen
Translationstheorie*. [Linguistische Arbeiten 147]. Tübingen: Max Niemeyer.